Leben und Wohnen im Alter

Leben und Wohnen im Alter

STIFTUNG WARENTEST

Bertelsmann Stiftung
Kuratorium Deutsche Altershilfe (KDA)

Sabine Keller

ISBN-10: 3-937880-26-7
ISBN-13: 978-3-937880-26-6

Zu diesem Buch

Wohl jeder Mensch macht sich Gedanken darüber, wie das eigene Leben im Alter aussehen könnte. Dazu gehört, wie man am liebsten wohnen würde, und was passiert, wenn die Kräfte nachlassen und Unterstützung durch andere nötig werden sollte. Meist bleibt es bei eher vagen Plänen und Gedankenspielen – und die Zukunft scheint immer noch sehr weit entfernt.

Dieser Ratgeber bietet Entscheidungshilfen, um die eigene Wohnsituation oder die der Eltern zu verbessern und den Bedürfnissen auch des höheren Alters anzupassen. Aktuelle Informationen und praktische Tipps helfen, die Antworten auf drei grundlegende Fragen zu finden:

- Was kann ich tun, wenn ich so lange wie möglich in meinem vertrauten Zuhause wohnen bleiben möchte?
- Welche Möglichkeiten habe ich, wenn ich mich noch einmal neu orientieren und umziehen möchte?
- Welche Alternativen gibt es, falls ich einmal Hilfe und Pflege benötige?

Nach dem Motto „selbstbestimmt – aber sicher" zeigen zahlreiche Beispiele, was derzeit erprobt und künftig machbar ist. Die Palette reicht von der Wohnungsanpassung über Hilfen im Alltag bis hin zu gemeinschaftlichen Wohnprojekten und betreuten Wohngruppen. Das Buch ermuntert auch zu eigenem Engagement – denn leider sind neue Wohn- und Betreuungsmodelle längst nicht überall in Deutschland zu finden. Der Ratgeber bietet daher auch einen Überblick über die herkömmlichen Wohnformen für das Alter wie das Betreute Wohnen und das Pflegeheim.

Wohnen im Alter: Gegenwart und Zukunft

Zu den wichtigsten Vorbereitungen auf das Alter gehört es, sich frühzeitig Gedanken darüber zu machen, wie und wo man später wohnen möchte – denn die Wohnqualität bestimmt stets ganz entscheidend die Lebensqualität. Das Zuhause ist der wichtigste Rückzugs- und Erholungsraum, das private Reich. Im Laufe der Jahre gewinnt es an Bedeutung. Mit dem Eintritt in den Ruhestand verbringen die meisten Menschen immer mehr Zeit zu Hause. Die Wohnung wird, besonders wenn im höheren Alter die Beweglichkeit nachlässt, allmählich zum Lebensmittelpunkt.

Zwar ist der Wunsch, so lange wie möglich im vertrauten Heim wohnen zu bleiben, hierzulande der Normalfall. Doch vor dem Hintergrund veränderter Familienverhältnisse interessieren sich immer mehr Menschen für selbst organisierte gemeinschaftliche Wohnformen, und für Alternativen zum Leben in Wohnanlagen oder Heimen.

Experten diskutieren bereits seit den 1980er-Jahren über neue Wohn- und Betreuungskonzepte für ältere Menschen. Der Bedarf ist groß, doch das bereits vorhandene Spektrum an Wohnalternativen ist in der Bevölkerung bisher nur wenig bekannt. Hier ist das Engagement jedes einzelnen besser Informierten gefragt: Mehr Nachfrage zu schaffen ist wichtig, damit sich mehr alltagstaugliche, lebenswerte Wohnmodelle für Ältere entwickeln und verbreiten können – und nicht zuletzt auch gefördert werden!

Die Bevölkerungsentwicklung

Die demografische Entwicklung in Deutschland macht deutlich, warum neue und zukunftstaugliche Wohnformen für ältere Menschen dringend gebraucht werden. In den nächsten vier Jahrzehnten steigt die Zahl der alten und hochaltrigen Menschen weiter kräftig an. Neuesten Vorausberechnungen des Statistischen Bundesamtes zufolge wird im Jahr 2050 insgesamt ein knappes Drittel der Bevölkerung über 65 Jahre alt sein. Aber schon in zwanzig Jahren, wenn sich die geburtenstarken 1960er

Jahrgänge allmählich dem Rentenalter nähern, wird es immer normaler, alt und sehr alt zu sein.

Vor allem die Zahl der Hochbetagten steigt: Lebten im Jahre 2004 hierzulande etwa dreieinhalb Millionen über 80-Jährige, werden es im Jahr 2020 bereits fast sechs Millionen sein. Für das Jahr 2050 rechnen die Demografen mit über neun Millionen Hochaltrigen. Dabei nimmt ihr Anteil unter den alten Menschen besonders zwischen den Jahren 2030 und 2050 stark zu: von knapp 28 auf über 40 Prozent. Entsprechend wird das Thema Hilfe und Pflege in Zukunft weiter an Brisanz gewinnen, denn Pflegebedürftigkeit ist vor allem ein Thema des hohen Alters: Das Risiko, pflegebedürftig zu werden, liegt heute bei den 60- bis 80-Jährigen bei etwa drei Prozent, bei den über 80-Jährigen bei 25 Prozent.

Es wird immer normaler, alt und sehr alt zu sein. Daher wird auch das Thema Pflege an Brisanz gewinnen. Denn pflegebedürftig werden vor allem sehr alte Menschen.

Für die Alterung der Gesellschaft insgesamt ist aber vor allem die Abnahme der jüngeren Bevölkerung unter 40 Jahren ausschlaggebend: Ist derzeit noch fast die Hälfte der Bevölkerung unter 40 Jahre alt, wird dieser Anteil im Jahre 2050 auf ein gutes Drittel geschrumpft sein.

Die niedrige Geburtenrate führt dazu, dass die familiären Netze weiter ausdünnen. In Ostdeutschland beschleunigt sich diese Entwicklung derzeit noch zusätzlich, weil so viele junge Menschen in den Westen abwandern.

Im Bundesdurchschnitt leben heute etwa 60 Prozent der Hochbetagten und 33 Prozent der „jungen Alten“ allein. Noch werden aber über 80 Prozent der Hilfe- und Pflegebedürftigen in erster Linie von Angehörigen unterstützt. Dies wird sich in Zukunft vor allem deshalb ändern, weil es weniger Nachkommen gibt. Stützende Netzwerke müssen also über die Familie hinauswachsen und Freunde, Bekannte und Nachbarn stärker einbeziehen. Die persönliche Vorsorge wird wichtiger, in sozialer wie gesundheitlicher Hinsicht.

Netzwerke schaffen

Es ist daher wichtig, sich rechtzeitig auf das Alter vorzubereiten und eine Wohn- und Lebensform zu wählen, die auch dann noch trägt, wenn Hilfe und Pflege nötig werden sollten.

Dabei kann die Unterstützung durch berufsmäßige Helfer das selbst geschaffene soziale Netz zwar ergänzen, aber nicht ersetzen. Denn die demografische Entwicklung schwächt auch das professionelle Versorgungssystem – zum einen durch den Mangel an jüngeren Pflegekräften, zum anderen durch zunehmende Finanzierungsprobleme.

Obwohl der allgemeine Trend zum Individualismus derzeit noch ungebrochen scheint, wird der älter werdenden Gesellschaft auf Dauer nichts anderes übrig bleiben, als sich enger zusammenzuschließen. An immer mehr Orten tut sie dies bereits, und das kann trotz der düsteren demografischen Prognosen optimistisch stimmen: Gemeinschaftliche Wohnformen, Nachbarschaftshilfe, ehrenamtliches Engagement, Gemeinsinn, (Hilfe zur) Selbsthilfe – all dies sind Möglichkeiten, die wachsenden Lücken im familiären und staatlichen Versorgungsnetz nicht nur zu flicken, sondern mit neuem Leben auszufüllen.

Neue Wohn- und Betreuungsformen sind gefragt

Die „jungen Alten“ sind heute von Altersproblemen wie Gebrechlichkeit, Hilfebedürftigkeit oder Vereinsamung im Durchschnitt weit weniger betroffen als frühere Generationen. Eine steigende Zahl älterer Menschen hat nach dem Renteneintritt noch viele aktive Jahre vor sich. Dadurch haben sich auch die Ansprüche an das Wohnen im Alter gewandelt. Der Wunsch nach Unabhängigkeit ist groß, und immer mehr ältere Menschen sind bereit, noch einmal umzuziehen und Neues auszuprobieren. Mit der Zahl der „jungen Alten“ steigt die Nachfrage nach Wohnformen, die zwar auf ein selbstständiges Leben ausgerichtet sind, aber innerhalb einer Gemeinschaft und mit der Möglichkeit gegenseitiger Unterstützung. Das Interesse an Wohnprojekten, die eine Alternative zum familiären Netz bieten, wächst.

Gleichzeitig nimmt der Bedarf an Wohnmodellen zu, die den pflegebedürftigen alten Menschen eine umfassende Betreuung bieten und ihnen trotz körperlicher oder psychisch-geistiger Einschränkungen ein möglichst selbstbestimmtes Leben ermöglichen. Denn das herkömmliche Pflegeheim mit seinen vielfach starren Strukturen wird als Wohnform von Älteren kaum noch akzeptiert. Zudem wird es langfristig gar nicht möglich sein, für die wachsende Zahl hilfebedürftiger Hochbetagter genügend Heimplätze zu schaffen und zu finanzieren. Ein weiterer, zunehmend bedeutsamer Punkt: Auch für die meisten älteren Migranten ist es unvorstellbar, ihren Lebensabend in einem traditionellen Pflegeheim zu verbringen.

Um auch mit Hilfebedarf weitgehend selbstständig und den persönlichen Bedürfnissen entsprechend wohnen zu können, ist eine altersgerechte, möglichst barrierefreie Gestaltung der Wohnungen älterer Menschen und ihres Umfelds wichtig. Ebenso entscheidend sind funktionierende Nachbarschaften und ein tragfähiges Versorgungsnetz im vertrauten Wohnviertel. Damit sich alternative Betreuungs- und Wohnformen auch im Rahmen des normalen Wohnungsbaus entwickeln können, sind neben der

Altenhilfe auch die Bauwirtschaft, die Wohnungseigentümer und natürlich die Politik gefragt.

Nicht zuletzt kommt es auf die Tatkraft und den Ideenreichtum der jüngeren Alten an. Viele aktive Menschen im Ruhestand suchen nach einem sinnvollen Betätigungsfeld. Was liegt näher, als gleichzeitig im ureigensten wie im allgemeinen gesellschaftlichen Interesse tätig zu werden? Das Engagement für neue Wohnformen im Alter, für die Förderung von Beratungsstellen und Projekten, für die Verbesserung der Lebensbedingungen und Mitwirkungsmöglichkeiten von alten Menschen ist eine spannende und lohnende Aufgabe.

Die Studie „Leben und Wohnen im Alter"

Das Gemeinschaftsprojekt „Leben und Wohnen im Alter“ wurde von der Bertelsmann Stiftung und dem Kuratorium Deutsche Altershilfe (KDA) durchgeführt. Ein Expertenbeirat aus Politik, Wissenschaft, Altenhilfe und Seniorenorganisationen aus dem In- und Ausland begleitete das Projekt. Die gleichnamige Studie begann im Mai 2002 und wurde im Mai 2005 mit dem „Werkstatt-Wettbewerb Quartier“ (→ Seite 188) abgeschlossen.

Ein wichtiges Anliegen der Untersuchung war, Alternativen zur traditionellen Heimversorgung zu fördern, die „den Wohnbedürfnissen älterer Menschen entsprechen und gleichzeitig den zukünftigen gesellschaftlichen und volkswirtschaftlichen Veränderungen Rechnung tragen“. Es entstand ein systematischer Überblick über das Gesamtangebot an Wohnformen im Alter. Die Möglichkeiten und Grenzen der verschiedenen Modelle wurden ausgelotet und dabei auch Erfahrungen aus dem Ausland einbezogen. Als besonders zukunftstaugliche Konzepte bewerteten die beiden Stiftungen die Versorgung Pflegebedürftiger in betreuten Wohngruppen und die Organisation von Betreuungs-Netzwerken in Wohnquartieren.

Ziel dieses Ratgebers ist, es die Ergebnisse der Studie bekannt zu machen. Dieses Buch der Stiftung Warentest ist in Zusammenarbeit mit der Bertelsmann Stiftung und dem Kuratorium Deutsche Altershilfe entstanden.

Kontakt und Information

www.bertelsmann-stiftung.de
www.aktion2050.de (Stichwort „Themen“, „Altern in Deutschland“, „Leben und Wohnen im Alter“)
www.kda.de (Stichwort „Projekte“, „Leben und Wohnen im Alter“)

Wie will ich später leben und wohnen?

Bleiben oder umziehen?

Die meisten älteren Menschen bleiben in ihrem angestammten Zuhause, auch nachdem die Kinder längst ausgezogen und die Familienwohnung oder das Haus zu groß geworden sind. Viele arrangieren sich lieber mit Unbequemlichkeiten und Einschränkungen, als ihre gewohnte Umgebung aufzugeben. Untersuchungen bestätigten immer wieder: Die meisten Menschen möchten im Alter eigentlich so wohnen, wie sie es auch bisher getan haben.

Mit einem frühzeitigen Umzug ist häufig der Wunsch verbunden, im Alter nicht zu vereinsamen.

Doch das Denken wandelt sich allmählich: Immer mehr Menschen sind bereit, sich für das Alter noch einmal ganz neu zu orientieren. Sie entscheiden sich oft schon frühzeitig und aus freien Stücken dafür, ihre Wohnung zu wechseln oder ihr Haus aufzugeben, an einen anderen Ort zu ziehen oder auch ihre Lebensform zu verändern, indem sie zum Beispiel mit anderen Menschen eine Haus- oder Wohngemeinschaft gründen. Damit ist der Wunsch verbunden, im Alter nicht zu vereinsamen, wenn man alleinstehend ist oder es durch den Tod des Partners wird, und auch bei späterer Hilfebedürftigkeit nicht noch einmal umziehen zu müssen.

Wenn umfassende Pflege nötig wird, lässt sich ein Umzug an einen Ort, der eine Rundum-Betreuung bietet, meist nicht völlig ausschließen. Wer für sich oder seine Eltern vorsorgen will, sollte sich deshalb auch auf den möglichen „Pflegefall“ vorbereiten und sich beizeiten und gründlich über das Angebot an guten Alten- und Pflegeheimen oder betreuten Wohngemeinschaften vor Ort informieren.

Die drei Entscheidungssituationen

Das heute verfügbare Spektrum an Wohnmöglichkeiten im Alter lässt sich drei „Entscheidungssituationen" zuordnen:
Ich möchte
1. so lange wie möglich in meiner Wohnung bleiben.
2. meine Wohnsituation verändern.
3. umziehen, weil ich eine Rundum-Betreuung brauche.

Für sich selbst oder die Eltern eine solche Entscheidung zu treffen – wohnen bleiben oder umziehen, aus freien Stücken oder weil es nicht mehr anders geht –, scheint auf den ersten Blick einfach. Trotzdem ist jeder gut beraten, die eigenen Wünsche und die vorhandenen Möglichkeiten zu ihrer Verwirklichung kritisch zu überprüfen. Wichtige Fragen in diesem Zusammenhang sind zum Beispiel:

- Wie zufrieden bin ich mit meiner jetzigen Wohnsituation?
- Wie stark ist mein Wunsch nach Veränderung?
- Steht mehr mein Wunsch oder die Notwendigkeit (mein wachsender Hilfebedarf) im Vordergrund?
- Was möchte ich vor allem ändern:
  - die Wohnung selbst (Aufteilung, Ausstattung)?
  - die Wohnlage?
  - die Wohnform (allein, zu zweit, mit mehreren Menschen)?

Sich für ein bestimmtes Wohnmodell zu entscheiden, fällt dann meist schon schwerer. Nicht jeder ist zum Beispiel dazu geeignet, in einer Wohngemeinschaft zu leben. Bevor Sie also Weichen für Ihre Zukunft stellen, sollten Sie eine gründliche Selbsteinschätzung vornehmen. Lassen Sie sich dabei von anderen unterstützen – reden Sie mit Ihren Freunden und Angehörigen, nehmen Sie eine Seniorenberatung oder eine Wohnberatung in Anspruch (→ Seiten 62, 50) und nehmen Sie Kontakt zu Menschen auf, die bereits Erfahrungen mit der von Ihnen gewünschten Wohnform gemacht haben.

Das Spektrum der Wohnformen

Die neue Vielfalt der Wohnformen spiegelt sich in einer Fülle von Begriffen. Was mit gängigen und weniger bekannten Bezeichnungen für bestimmte Wohnmodelle gemeint ist, ist hier im Überblick und nach Entscheidungssituationen zusammengefasst:

Situation I: Zu Hause wohnen bleiben

Barrierefreie Wohnung

Eine barrierefreie Wohnung ist ohne Hindernisse wie Treppenstufen, Türschwellen oder zu schmale Türen zugänglich und nutzbar. Bad und Küche bieten ausreichende Bewegungsflächen, Bedienelemente wie Lichtschalter sind in leicht erreichbarer Höhe angebracht.

Die Kriterien für barrierefreies Bauen sind in einer DIN-Norm festgelegt, die sich in erster Linie auf Neubauten bezieht. Vor Einführung dieser Norm wurden altersgerecht gestaltete Wohnungen auch als „Altenwohnungen" bezeichnet.

Angepasste Wohnung

Eine Wohnungsanpassung bedeutet, die vorhandene Wohnung eines älteren oder behinderten Menschen von möglichst allen Hindernissen und Gefahrenquellen zu befreien, die ihm das selbstständige Leben in seinem vertrauten Zuhause erschweren. Zum Beispiel wird statt einer Badewanne, die wegen des hohen Einstiegs nicht mehr benutzt werden kann, eine bodengleiche Dusche eingebaut. Die Maßnahmen orientieren sich so weit wie möglich an den Standards der Barrierefreiheit.

Für eine solche „individuelle Anpassung" empfiehlt sich eine Wohnberatung (→ Seite 49). Sie hilft dabei, eine auf den Bewohner persönlich zugeschnittene, optimale Lösung zu finden und umzusetzen.
Von „struktureller Anpassung" spricht man, wenn mehrere Wohnungen in einem Gebäude oder Wohnblock gleichzeitig angepasst werden, zum Beispiel von einer Wohnungsbaugesellschaft.

Betreutes Wohnen zu Hause

Bei dieser Wohnform, die auch als „Betreutes Wohnen im Bestand" oder „Wohnen plus" bezeichnet wird, leben ältere Menschen weiterhin selbstständig in der bisherigen, nach Möglichkeit angepassten Wohnung. Sie werden jedoch von einem ambulanten Dienst, einer Sozialstation oder einer Koordinierungsstelle unterstützt. Mit diesem Anbieter schließen sie einen Betreuungsvertrag, dessen Grundleistung neben allgemeiner Beratung, Koordination von Hilfen und Notrufsystem auch regelmäßige Hausbesuche umfasst. Je nach Bedarf lassen sich die vereinbarten Service- und Betreuungsleistungen erweitern.

Quartiersbezogene Wohnprojekte

Hier werden in einem Stadtviertel oder in einer größeren Siedlung Versorgungsstrukturen geschaffen und Unterstützungsleistungen angeboten, die es älteren Bewohnern erleichtern, auch mit Handicaps weiterhin selbstständig in ihren Wohnungen zu leben und nicht zu vereinsamen. Organisatoren und Träger von Gemeinschaftsaktivitäten und Hilfsangeboten können Wohnungsbaugesellschaften, Kommunen, soziale Einrichtungen und/oder Nachbarschafts-Initiativen sein. Spezielle Wohnformen wie zum Beispiel betreute Wohngemeinschaften im Viertel sind mit diesen Hilfsangeboten verknüpft.

Situation II: Die Wohnsituation verändern

Betreutes Wohnen

Beim „Betreuten Wohnen" leben ältere Menschen weitgehend selbstständig in einer barrierefreien Wohnung, verbunden mit einem Angebot individuell abrufbarer Service- und Betreuungsleistungen. Betreute Wohnungen sind Miet- oder Eigentumswohnungen meist innerhalb einer Wohnanlage.
Zum Miet- oder Kaufpreis kommt in der Regel eine Pauschale für die Grundleistungen wie Hausnotrufanlage und regelmäßige Beratung. Je nach Bedarf können die Bewohner dann Reinigungs-, Mahlzeiten- und Pflegedienste in Anspruch nehmen, die sie extra bezahlen müssen. Diese in den 1990er-Jahren entstandene, derzeit weit verbreitete und sehr unterschiedlich entwickelte Wohnform wird auch „Service-Wohnen" oder „unterstütztes Wohnen" genannt.
Betreutes Wohnen bieten auch manche Alten- und Pflegeheime an, entweder in räumlich angegliederten Altenwohnungen oder einer „Altenwohnanlage" in unmittelbarer Nähe.

Selbst organisiertes, gemeinschaftliches Wohnen

Bei diesen von Privatpersonen selbst initiierten „gemeinschaftlichen Wohnprojekten" leben je nach Konzept ältere und auch jüngere Menschen („Mehrgenerationenwohnen") zusammen in einer Miet- oder Eigentumswohnung, einem Haus oder einer Wohnanlage.
In einer Wohngemeinschaft hat jeder Bewohner sein eigenes Zimmer; Bad, Küche und Gemeinschaftsraum werden geteilt. Diese Form der „Alten-WG" ist eher selten.
Häufiger ist die Hausgemeinschaft: Hier hat jede Partei ihre abgeschlossene Wohnung, darüber hinaus gibt es noch Gemeinschaftsräume. Das Ideal des „gemeinschaftlichen Wohnens" ist die gegenseitige Anteilnahme und Unterstützung im Alltag, aber auch im Krankheitsfall – wenn nötig mit Unterstützung von ambulanten Diensten.

Das Spektrum der Wohnformen (Fortsetzung)

Wohnstift, Seniorenresidenz

Bewohner eines Wohnstifts oder einer Seniorenresidenz leben in einer eigenen Wohnung innerhalb einer Wohnanlage für „gehobene Ansprüche“. Die angebotenen, oft sehr vielfältigen Betreuungs- und Serviceleistungen können nur zum Teil wie beim Betreuten Wohnen nach Bedarf in Anspruch genommen werden, viele Angebote sind dagegen im meist stattlichen Pauschalpreis enthalten. Die zum Teil hotelähnlich gestalteten Residenzen bieten in der Regel auch eine Rundum-Betreuung und unterliegen deshalb dem Heimrecht (→ Seite 182).

Situation III: Umziehen, weil eine Rundum-Betreuung nötig ist

Betreute Wohngemeinschaften

In einer „betreuten Wohngemeinschaft“ (auch „Pflegewohngruppe“, „begleitete Wohngruppe“ oder „Pflegewohnung“) lebt eine kleine Gruppe hilfe- oder pflegebedürftiger alter Menschen gemeinsam in einer großen Wohnung oder einem Haus. Jeder Bewohner hat sein eigenes Zimmer oder kleines Apartment, daneben spielt sich das Alltagsleben im Gemeinschafts-Wohnzimmer und in der Küche ab. Ein Betreuerteam unterstützt die Gruppe beim Kochen, in der Haushaltsführung und bei Gemeinschaftsaktivitäten. Pflegeleistungen werden je nach persönlichem Bedarf der Bewohner von ambulanten Diensten erbracht. Diese Wohnform unterliegt nicht dem Heimrecht.

Betreute Hausgemeinschaften

Diese Wohnform wurde vom Kuratorium Deutsche Altershilfe (KDA) als Alternativmodell zum herkömmlichen Pflegeheim entwickelt und wird deshalb auch „KDA-Hausgemeinschaft“ genannt. Auch hier werden Pflegebedürftige in einer Wohngruppe betreut, allerdings meist im Rahmen der stationären Versorgung. Deshalb gilt für KDA-Hausgemeinschaften im Gegensatz zu betreuten Wohngemeinschaften das Heimrecht. In der Regel befinden sich mehrere Hausgemeinschaften auf einem Grundstück oder in einem größeren Gebäude eines Heimträgers. Inzwischen werden solche Hausgemeinschaften auch in Pflegeheimen eingerichtet. Wie bei den betreuten Wohngemeinschaften steht nicht die Pflege, sondern der von Hauswirtschaftskräften unterstützte Wohnalltag im Mittelpunkt. Je nach Bedarf werden zusätzlich Pflegekräfte eingesetzt.

Alten- und Pflegeheime

Alten- und Pflegeheime sind die herkömmliche Form der stationären Rundum-Betreuung bei Hilfe- und Pflegebedürftigkeit. Zwischen den vorhandenen Heimen gibt es große Unterschiede in der Qualität der Versorgung und den zugrundeliegenden Betreuungskonzepten.

Situation I: Zu Hause wohnen bleiben

Sie fühlen sich wohl in Ihrem Zuhause und sind sich sicher, dass ein Umzug für Sie oder Ihre Eltern in absehbarer Zeit keine positive Veränderung bedeuten würde. Dann sollten Sie kritisch prüfen, ob sich die Wohnung überhaupt eignet, um auch in höherem Alter und mit möglichen Behinderungen selbstständig darin wohnen zu können (→ Seite 32). Denn manchmal wird Hilfe im Alltag nur deshalb unumgänglich, weil die Wohnung nicht altersgerecht ausgestattet ist. Im Extremfall wird eine mangelhafte Wohnsituation zur Ursache für einen Einzug ins Heim, obwohl eine Vollversorgung keineswegs nötig wäre. So wird man sich zum Beispiel in einer Wohnung, die nur über viele Treppen zu erreichen ist, eines Tages wahrscheinlich eingesperrt fühlen. Eine solche Wohnung kann gefährden, behindern und einsam machen, denn auch Freunde und Bekannte werden älter und scheuen irgendwann vielleicht den „Aufstieg" zu Ihnen.

Für die Möglichkeiten, sich außerhalb der Wohnung zu bewegen, ist die Wohnlage entscheidend. Auch wenn Sie daran gewöhnt sind, sich hauptsächlich mit dem Auto fortzubewegen, sollten Sie damit rechnen, dass Sie irgendwann Ihren Wagen stehen lassen müssen oder wollen. Dann kommt es auf eine gute Anbindung an das öffentliche Verkehrsnetz an – natürlich auch, damit Ihre Freunde und Bekannten Sie weiterhin besuchen kommen können.

Neben der Ausstattung und der Lage der Wohnung sind das Umfeld und die Infrastruktur wichtig: Wie gut sind Einkaufsmöglichkeiten, Spazierwege, Treffpunkte oder Ärzte zu erreichen? Wie steht es um die nachbarschaftlichen Kontakte, bestehen Chancen, sie zu verbessern? Gibt es ein ausreichendes Angebot an sozialen und pflegerischen Hilfen vor

Ort (→ Seite 59)? Dies ist wichtig, falls einmal Unterstützung im Alltag nötig wird.

Verschieben Sie notwendige Veränderungen nicht auf später. Denn wer zu lange in einer nicht altersgerechten Wohnung bleibt, geht auch das Risiko ein, eines Tages sein Zuhause sehr plötzlich, unvorbereitet und ohne eigene Entscheidungsmöglichkeit aufgeben zu müssen.

Gute Gründe für einen Umzug

Ein Haus oder eine Wohnung, in der vielleicht die Kinder groß geworden sind und sich eine große Spanne des eigenen Lebens abgespielt hat, ist eng mit der persönlichen Identität verwoben. Dort auszuziehen, kann zunächst einen schmerzlichen Verlust bedeuten – für viele Menschen ist es, als sollten sie ein Stück von sich selbst aufgeben.

Doch das Festhalten an der Devise: „Einen alten Baum verpflanzt man nicht“ versperrt den Blick für neue Wege und Chancen. Es gibt viele gute Gründe, sich einen Wohnungswechsel zu überlegen. Neben befürchteter Hilfebedürftigkeit im höheren Alter können dies ganz praktische Gründe sein: Die Pflege einer mittlerweile zu großen Familienwohnung oder gar eines Einfamilienhauses mit Garten wird zur Last. Ein Wechsel in eine kleinere und preiswertere Wohnung kann den finanziellen Spielraum erweitern und es möglich machen, lang gehegte Pläne zu verwirklichen. Vielleicht ist auch die Wohnlage nicht optimal, oder man möchte nicht mehr allein leben und sucht nach Möglichkeiten, sich mit anderen zusammenzutun.

Möglicherweise steht die Aufgabe des eigenen Hauses nur deshalb außer Frage, weil es später einmal an die Kinder oder Enkel übergehen soll? Versuchen Sie, Ihre Bedürfnisse unabhängig von eventuellen Erbfragen zu klären, und besprechen Sie diese ganz offen mit Ihren Kindern. Sie sollten sich nicht den Kindern zuliebe an etwas hindern lassen, das Ihnen das Leben im Alter erleichtern und neue Perspektiven eröffnen kann – wie zum Beispiel der Einstieg in ein Wohnprojekt oder der Umzug in eine Betreute Wohnung.

Situation II: Die Wohnsituation verändern

Sie spielen mit dem Gedanken oder sind bereits entschlossen, Ihre Wohnsituation zu einem bestimmten Zeitpunkt zu verändern. Mit Blick auf Ihr Alter möchten Sie Ihre Lebensqualität sichern oder verbessern, für den Fall vorsorgen, dass Sie einmal mehr Unterstützung benötigen, bestimmte Vorstellungen verwirklichen oder sich einen Traum erfüllen. Überprüfen Sie Ihre Motivation und überlegen Sie, ob Ihre Wünsche realistisch sind. Auch der Zeitpunkt für einen Umzug in ein neues Zuhause will gut überlegt sein.

Bei der Entscheidung für eine Wohnform spielen viele unterschiedliche Kriterien eine Rolle. Wer sich zum Beispiel wünscht, mit anderen Menschen gemeinsam alt zu werden und sich gegenseitig zu unterstützen, sollte ehrlich prüfen, welche Voraussetzungen er für das gemeinschaftliche Leben mitbringt. Dabei sind persönliche Gesichtspunkte meist wichtiger als finanzielle. Das vergleichsweise preisgünstige Leben in einer Wohngemeinschaft (WG) könnte im Gegenteil dazu verleiten, diese Alternative zu wählen, obwohl man gar nicht so sicher ist, ob man sich in einer WG wohl fühlen könnte.

Persönliche Gesichtspunkte sind bei der Wahl einer Wohnform meist wichtiger als finanzielle. Es kostet kein Vermögen, sich ein gutes Zuhause für das Alter einzurichten.

Wer über ein üppiges Budget verfügt, hat reichlich Spielraum bei den Vorsorgemöglichkeiten. Doch auch wenn Ihnen keine großen Sprünge möglich sind, können Sie vieles verwirklichen. Es kostet kein Vermögen, sich ein gutes Zuhause für das Alter einzurichten. Sie sollten allerdings früher und besser planen als Menschen, deren finanzielles Polster es ihnen erlaubt, ihre Bedürfnisse spontan zu befriedigen. Sie brauchen einen langen Atem und eine gewisse Durchsetzungsfähigkeit, um sich Finanzierungsmöglichkeiten wie zum Beispiel öffentliche Fördergelder zu erschließen.

Ein Trost: Wer sich alles kaufen kann, auch Sicherheit und Zuwendung, ist nicht unbedingt zufriedener – und bestimmt nicht flexibler. Eine teure Überversorgung zum Beispiel kann das Altern sogar beschleunigen und frühzeitig abhängig machen.

Mit den Kindern unter einem Dach?

Nicht wenige Menschen liebäugeln mit dem Gedanken, im Alter zu ihren Kindern zu ziehen. Doch die Großfamilie, in der drei Generationen in einem Haus harmonisch und glücklich miteinander leben, ist ein nur selten verwirklichtes Ideal. Das war auch früher nicht anders: Die „guten alten Zeiten" des großen Hauses, in dem die Rollenverteilung zwischen Alt und Jung zum Wohle aller funktionierte, die Alten geliebt und anerkannt waren, zufrieden mit den Enkeln spielten und ihr „Altenteil" genossen, sind ein zählebiger Mythos. Drei Generationen wohnten in den „guten alten Zeiten" schon deshalb meist nur für kurze Zeit unter einem Dach, weil die Menschen eine viel geringere Lebenserwartung hatten. Wurden sie gebrechlich und pflegebedürftig, starben sie meist sehr schnell. Eine auch medizinisch anspruchsvolle Hauspflege war damals gar nicht möglich.

Die meisten älteren Menschen bevorzugen die „Nähe auf Distanz": Sie möchten unabhängig von den Kindern leben, aber nicht weit entfernt.

Früher waren die Generationen allerdings insgesamt viel stärker aufeinander angewiesen als heute. Sie wirtschafteten oft gemeinsam, wohnten – häufig unfreiwillig – das ganze Leben lang eng beieinander, lebten nach den gleichen gesellschaftlichen Spielregeln. Wenn heute die Kinder aus dem Haus sind, fängt für Eltern wie für Kinder ein neues Leben an, das sehr verschieden voneinander verlaufen kann. Diese Entwicklung hat negative, aber auch positive Seiten. Sie erlaubt mehr Spielraum für alle – und Wahlmöglichkeiten. So sind die Eltern nicht davon abhängig, im Alter von ihren Kindern versorgt zu werden.

Viele Umfragen zeigen, dass die meisten älteren Menschen eine Wohnform der „Nähe auf Distanz" als ideal empfinden; das heißt, sie möchten in einer eigenen Wohnung leben, die aber nicht weit von den Kindern entfernt liegt. Wer sich jedoch wünscht, im Alter ganz zu seinen Kindern zu ziehen, sollte die Voraussetzungen dafür genau prüfen. Die Erwartungen aneinander und auch die gegenseitigen Grenzen müssen offen ausgesprochen und respektiert werden. Das kann unter Familienmitgliedern schwieriger sein als in einer Wohngemeinschaft.

Wenn sich Großeltern, Kinder und Enkel sehr gut verstehen, die nötige Toleranz füreinander und auch Konfliktbereitschaft mitbringen, das gemeinsame Haus genügend Platz bietet und ein Zusammenleben von allen gewünscht und als Bereicherung empfunden wird, kann die harmonische Großfamilie Wirklichkeit werden. Ist das Verhältnis der Generationen aber von Problemen überlagert, die nicht gelöst werden können und die immer wieder zu Streit und Spannungen führen, oder gehen die Gewohnheiten, die Lebensweisen und -vorstellungen weit auseinander, ist es besser, getrennt zu wohnen.

Selbst unter günstigen Voraussetzungen sind für ein Zusammenleben unter einem Dach getrennte Haushalte in der Regel die beste Lösung. Ideal ist zum Beispiel ein Haus mit zwei abgeschlossenen Wohnungen: ein Einfamilienhaus mit Einliegerwohnung, oder zwei Mietwohnungen in einem Mehrfamilienhaus.

Zu bedenken ist außerdem: Im Alter bei den Kindern zu wohnen, bedeutet nicht automatisch, dass diese später dazu in der Lage sind, bei der häuslichen Pflege zu helfen, falls dies nötig wird. Auch über den möglichen Pflegefall sollte man sich frühzeitig verständigen und gemeinsam überlegen, welche Lösungsmöglichkeiten infrage kommen.

Stadt oder Land?

Wer als Stadtmensch schon immer davon geträumt hat, aufs Land zu ziehen, ist mit der Realisierung dieses Traums im Alter nicht unbedingt gut beraten. Bedenken Sie: Auf dem Land sind meist weite Wege nötig, um einzukaufen, zum Arzt zu gehen, Besuche zu machen oder gar kulturelle Angebote zu nutzen. Die Gefahr, sich am Ende in „himmlischer Ruhe" im Grünen einsam zu fühlen, ist groß. Es sei denn, es handelt sich zum Beispiel um ein zusammen mit anderen schon lange geplantes und gründlich vorbereitetes Wohnprojekt.

Wann umziehen?

Wenn Sie die Entscheidung für einen Umzug bereits getroffen haben, sollten Sie die Umsetzung nicht zu lange hinauszögern. Für das Alter zu planen, dessen Beginn viele Menschen für sich selbst gern immer wieder in die Zukunft verschieben, birgt die Gefahr, auch konkrete Schritte auf „später" zu verschieben – so lange, bis erste Probleme auftauchen. Dann ist es aber oft schon zu spät, um die eigenen Wünsche verwirklichen zu können. Je nachdem, für welche Wohnform Sie sich entschieden haben, sollten Sie sich deshalb einen festen Zeitplan machen und möglichst auch einen Umzugstermin festlegen.

Je zufriedener Sie mit Ihrer derzeitigen Wohnsituation sind und je eher Sie aus „Vernunfts“- und Sicherheitsgründen umziehen wollen, desto schwerer wird es Ihnen wahrscheinlich fallen, den richtigen Zeitpunkt zum Beispiel für einen Umzug in eine betreute Wohnung zu erkennen. Wie die meisten Menschen vertrauen Sie vielleicht insgeheim darauf, dass bei Ihnen „schon nichts passiert“ und schieben den Umzugstermin zu lange hinaus.

„Zu früh“ kann die Entscheidung für den Bezug einer altersgerechten Wohnung jedoch kaum getroffen werden. Der Wechsel in eine neue Umgebung fällt in jedem Fall leichter, wenn er aus freien Stücken geschieht und solange man noch mobil und offen genug für neue Kontakte ist. Das betrifft nicht nur das Einleben im Umfeld der Wohnung, sondern auch die sozialen Beziehungen in der Nachbarschaft.

Situation III: Umziehen, weil eine Rundum-Betreuung nötig ist

In dieser Situation besteht nur wenig Entscheidungsfreiheit – ein Umzug lässt sich nicht umgehen, weil eine umfassende Betreuung und Pflege nötig wird, die zu Hause nicht mehr leistbar ist. Dies bedeutet heute jedoch nicht mehr zwangsläufig den Einzug in ein herkömmliches Pflegeheim.

Auch für stark Pflegebedürftige gibt es heute Alternativen zum herkömmlichen Pflegeheim.

So sind vielerorts betreute Wohngemeinschaften entstanden, und das Modell der KDA-Hausgemeinschaften (→ Seite 162) hat viele positive Veränderungen in den Heimen angestoßen. Allerdings übersteigt die Nachfrage nach Alternativen zum Pflegeheim das Angebot derzeit noch bei weitem.

Deshalb ist es ratsam, sich so früh es geht über die Möglichkeiten vor Ort zu informieren. Wenn absehbar ist, dass Sie oder Ihre Eltern eine Rundum-Betreuung benötigen, sollten Sie am besten schon eine Entscheidung für ein bestimmtes Pflegeheim, eine betreute Wohn- oder Hausgemeinschaft getroffen haben. Denn das nächstbeste Heim ist nur sehr selten tatsächlich das beste, und gute Einrichtungen haben häufig lange Wartelisten.

Falls ein Pflegeheim auf keinen Fall infrage kommt, es vor Ort aber noch keine Alternativen gibt, können Sie versuchen, sich selbst für den Aufbau einer betreuten Wohngemeinschaft einzusetzen, zum Beispiel gemeinsam mit dem Träger eines ambulanten Pflegedienstes (→ Seite 73). Für die Verwirklichung eines solchen Projekts muss allerdings viel Zeit eingeplant werden.

Aktiv werden

Wenn im Großen und Ganzen klar ist, welche Wohnform Sie oder Ihre Eltern künftig bevorzugen, sollten Sie konkrete Schritte nicht auf später verschieben. Werden Sie aktiv:

1. *Informationen einholen:* Informieren Sie sich als Erstes über die vorhandenen Angebote und Möglichkeiten vor Ort – ob es um eine Wohnberatung, Informationen über ambulante Hilfen, Betreutes Wohnen, ein gemeinschaftliches Wohnprojekt, eine betreute Wohngemeinschaft oder ein gutes Alten- und Pflegeheim geht. Falls Wohnprojekte bereits bestehen oder gerade gegründet werden, sind diese den örtlichen Beratungsstellen wahrscheinlich bekannt, sodass Sie Kontakt aufnehmen können (→ Seite 119).
2. *Netze knüpfen:* Wenn es in Ihrer Nähe kaum geeignete Wohnalternativen gibt, müssen Sie wahrscheinlich Pionierarbeit leisten, um Ihre Pläne verwirklichen zu können. Entsprechend mehr Vorlaufzeit ist nötig – und ein langer Atem. Doch schon der Weg zum Ziel kann sehr lohnend sein und viele neue Perspektiven eröffnen. Wichtig ist es, frühzeitig Interessierte zu finden und zusammenzubringen. Gespräche mit Angehörigen, Freunden und Bekannten stehen dabei am Anfang. Um gleichgesinnte Menschen kennen zu lernen, gibt es viele Möglichkeiten, zum Beispiel eine Anzeige im Lokalblatt, ein Aushang im

Gemeindezentrum oder Café, die Nutzung von Kontaktbörsen im Internet. Eine hervorragende Gelegenheit, verbindende Netze zu knüpfen, ist auch ein Ehrenamt zum Beispiel in der Nachbarschafts- und Altenhilfe (→ Seite 65).

3. *Ansprechpartner finden:* Wichtige Ansprechpartner für die Umsetzung Ihrer Pläne sind neben den Sozialämtern, den allgemeinen Beratungsstellen und Wohnberatungsstellen (→ Seite 49) auch Wohnungsbaugesellschaften und örtliche Sozialverbände, Vereine, Kirchen, Einrichtungen der Wohlfahrtspflege, ambulante Dienste etc.

Das Thema „Wohnen im Alter" stößt verstärkt auf großes öffentliches Interesse. Das Angebot an alternativen Wohnformen für Ältere und auch für Pflegebedürftige ist angesichts des steigenden Bedarfs dennoch viel zu knapp, mancherorts noch gar nicht vorhanden. Deshalb kommt es darauf an, Nachfrage zu schaffen. Private Initiativen werden gebraucht, und örtliche Entscheidungsträger sollten an Neuerungen interessiert sein. Gehen Sie davon aus, dass sich Ihnen, wenn Sie engagiert und in Ihrer Sache überzeugt vorgehen, viele Türen öffnen werden. Lassen Sie sich von einzelnen „Amtsschimmeln" nicht aufhalten.

Nicht alles ist planbar

Trotz sorgfältig erarbeiteter Pläne für die Zukunft sollte man jedoch stets auch bedenken, dass nicht alles im Leben planbar ist. Konkrete Vorstellungen und Wünsche, bereits gefasste Entschlüsse und eingeschlagene Wege müssen immer wieder an der Realität überprüft werden. Auch die schönsten Ideen und Strategien können scheitern, und unvorhergesehene Ereignisse können einen Strich durch jede Rechnung machen. Dies im Hinterkopf zu behalten, fördert die Gelassenheit und Flexibilität, die nötig sind, um vor Enttäuschung und Resignation geschützt zu sein.

Bedenken Sie auch, dass sich persönliche Vorlieben und Möglichkeiten ändern können. Werte wie Unabhängigkeit und die Freiheit, individuell zu entscheiden, können unter anderen Lebensumständen – zum Beispiel wenn man hilfebedürftig geworden ist – einmal weniger wichtig werden. Dann wächst vielleicht auch bei ausgesprochenen Individualisten der Wunsch nach menschlicher Nähe und Geborgenheit.

Im vertrauten Zuhause bleiben

Um auch im höheren Alter im vertrauten Zuhause wohnen bleiben zu können, muss sich die Wohnung eignen oder entsprechend anpassen lassen. Heute gibt es viele Möglichkeiten, normale Wohnungen so zu verändern, dass ein Umzug selbst bei Pflegebedürftigkeit meist vermieden werden kann.

Wohnungsanpassungen – ob als Einzelmaßnahme, in einem ganzen Wohnblock oder einer Siedlung durchgeführt – werden angesichts der steigenden Zahl älterer Menschen hierzulande eine der wichtigsten Zukunftsaufgaben des Planens und Bauens sein: Weil die meisten Menschen das „normale Wohnen" in ihrem bisherigen Umfeld bevorzugen, aber auch, weil selbst organisierte Wohnprojekte, betreute Wohnanlagen, Alten- und Pflegeheime nur einen kleinen Teil des künftigen Bedarfs abdecken können.

Die Wohnung, in der man alt werden möchte, mit dem Gedanken an später möglichst barrierefrei, komfortabel und sicher zu gestalten, ist eine Grundvoraussetzung, um dort wohnen bleiben zu können. Die andere ist die Verfügbarkeit von Hilfen zur Unterstützung im Alltag: neben privaten Helfern mobile soziale Dienste, ambulante Pflegedienste und im Idealfall ein gut funktionierendes Netz aus Service-, Betreuungs- und Freizeitangeboten im Wohnviertel.

Wohnungsanpassung

Eine Wohnung altersgerecht zu gestalten, bedeutet vor allem, sie der abnehmenden körperlichen Beweglichkeit im höheren Alter anzupassen und die Sicherheit zu verbessern, zum Beispiel um Stürze zu vermeiden. Eine individuelle Wohnungsanpassung soll es außerdem ermöglichen, den eigenen Haushalt trotz Handicaps selbstständig weiterzuführen.

Dazu sind nicht immer Umbauten erforderlich. Oft reichen kleine Maßnahmen mit großer praktischer Wirkung – Veränderungen in der Einrichtung oder der Einsatz von Hilfsmitteln –, um das alltägliche Hantieren in der Wohnung erheblich zu erleichtern. Um den Anpassungsbedarf Ihrer oder der Wohnung Ihrer Eltern festzustellen und nötige Veränderungen umzusetzen, ist es in jedem Fall ratsam, eine Wohnberatung in Anspruch zu nehmen (→ Seite 49).

Maßnahmen zur Wohnungsanpassung orientieren sich heute an den Standards der „Barrierefreiheit" (→ Seite 33). Dabei wird sowohl die Wohnung als auch ihr unmittelbares Umfeld weitgehend von den baulichen Barrieren befreit, die älteren und behinderten Menschen die Nutzung erschweren oder unmöglich machen. Erfahrungsgemäß werden die meisten Anpassungsmaßnahmen im Sanitär- und Zugangsbereich einer Wohnung oder eines Hauses durchgeführt.

Sehr wichtig ist es, eine Wohnungsanpassung nicht zu lange hinauszuschieben. Denn je älter man wird, desto schwerer fällt es meistens, sich zum Beispiel von liebgewordenen, aber unprak-

Strukturelle Wohnungsanpassung

Bisher werden hierzulande vor allem individuelle Wohnungsanpassungen durchgeführt. Angesichts des steigenden Bedarfs an altersgerechten Wohnungen sind jedoch auch mehr strukturelle Anpassungsmaßnahmen nötig. Damit ist die gleichzeitige Anpassung mehrerer Wohnungen in einem Gebäude oder in einer Siedlung gemeint – zum Beispiel im Rahmen von Sanierungsmaßnahmen, die der Hauseigentümer oder die Wohnungsbaugesellschaft durchführen.

Dabei sollten Eigentümer und Bauträger unbedingt mit einer Wohnberatungsstelle zusammenarbeiten. Denn die Wohnberater erleben immer wieder, dass Umbauten nicht optimal geplant und ausgeführt werden. Das Ergebnis geht dann trotz aller guten Absichten oft an den Bedürfnissen der Bewohner vorbei.

Die barrierefreie Umgestaltung vorhandener Wohnungen in größerem Maßstab ist bisher in Deutschland vergleichsweise selten, weil über zwei Drittel des Wohnungsbestandes privaten Eigentümern gehört. Strukturelle Anpassungen von Wohnungen werden zwar von öffentlichen Trägern, Wohnungsbaugesellschaften und großen Bauunternehmen hier und da bereits umgesetzt. Und immerhin gibt es hierfür in Nordrhein-Westfalen seit Januar 2006 ein spezielles Förderprogramm. In Ländern wie Schweden oder den Niederlanden, mit einem viel höheren Bestand an Wohnungen im Besitz von Wohnungsunternehmen, ist man jedoch schon weiter: Dort werden erheblich mehr strukturelle Anpassungen durchgeführt.

tischen Möbelstücken zu trennen – und desto eher findet man sich mit Mängeln ab, die nicht nur den Wohnkomfort beeinträchtigen, sondern auch gefährlich werden können. Informationen einzuholen, der Aufwand einer Umgestaltung, Vorbereitungen, Neuanschaffungen, ungemütliche Tage mit Handwerkern in der Wohnung und nicht zuletzt die damit verbundenen Kosten schrecken später wahrscheinlich mehr ab als heute.

Kriterien für eine altersgerechte Wohnung

Eine altersgerechte Wohnung – ob angepasst oder von vornherein barrierefrei gestaltet – zeichnet sich im Idealfall durch die folgenden Merkmale aus:

Die Wohnung ist

- über einen Aufzug zu erreichen oder ebenerdig gelegen.
- weder zu groß noch zu klein: das heißt, sie bietet auch einer Person einen abgetrennten Wohn- und Schlafbereich, eine geräumige Küche und ein nicht zu enges Bad mit angepassten Sanitäreinrichtungen.
- einfach und bequem zu beheizen, am besten über eine Zentralheizung mit Temperaturreglern in Greifhöhe. Die Bedienung von Kohle- oder Ölöfen ist für Ältere unzumutbar und kann zur Gefahr werden.
- hell, gut zu belüften und hat einen stufenlos zugänglichen Balkon, eine Terrasse oder einen kleinen Garten. Die Möglichkeit, auch einmal an der frischen Luft sitzen zu können, ist vor allem dann wichtig, wenn man nicht mehr sehr mobil ist.
- großzügig geschnitten: Die Räume sind nicht zu eng und verwinkelt; Flur, Bad und Küche bieten ausreichend Raum, um sich auch mit

Gehhilfen oder einem Rollstuhl sicher bewegen zu können.

- ohne Stufen und Schwellen: Eventuell vorhandene Türschwellen sind entfernt, Treppenabsätze, Podeste oder Balkonschwellen sind abgebaut oder können über eine fest installierte Rampe überwunden werden. Die Türen sind auch für einen Rollstuhl breit genug (mindestens 80 Zentimeter) oder lassen sich verbreitern.
- mit Fenstern ausgestattet, die auch in Sitzhöhe den Ausblick nach draußen ermöglichen und sich leicht öffnen und schließen lassen.

Wichtig sind auch die Wohnlage und das Wohnumfeld:

Hohe Balkonschwellen lassen sich ausgleichen.

- Die Wohnung ist mit öffentlichen Verkehrsmitteln gut zu erreichen, eine Haltestelle von Bus oder Bahn befindet sich in der Nähe.
- Die täglichen Einkäufe lassen sich zu Fuß erledigen.
- Eine Allgemeinarztpraxis ist nicht weit entfernt, im Wohnviertel sind ambulante Dienste ansässig.
- Unterhaltungsmöglichkeiten, soziale und kulturelle Treffpunkte befinden sich in der Nachbarschaft.
- Ein Park oder eine Grünanlage zum Spazierengehen ist problemlos erreichbar.

Standards für barrierefreies Wohnen

Die Anforderungen an barrierefreie Wohnungen sind in der Norm für barrierefreies Bauen DIN 18025 Teil 2, „Planungsgrundlagen barrierefreier Wohnungen“ festgelegt. (Eine Neufassung ist als DIN 18030 in Arbeit.) Diese Planungsnorm hat den Begriff „behinderten- oder altengerecht“ durch „barrierefrei“ ersetzt. Barrierefreie Bauten können von älteren wie jüngeren Menschen mit und ohne Handicaps, von Rollstuhlfahrern, nicht zuletzt von Kindern und Eltern mit Kinderwagen genutzt werden. Wichtige Standards der Norm sind:

Vermeiden von Stufen und Schwellen

- keine Türschwellen innerhalb der Wohnung, maximale Höhe der Balkonschwelle 2 cm
- stufenloser Hauseingang und stufenloser Zugang zu mindestens einer Wohnebene oder die Möglichkeit einen Aufzug nachrüsten zu können
- bodengleiche Dusche

Ausreichende Bewegungsflächen

- Standard-Bewegungsflächen in der Wohnung, zum Beispiel freier Raum vor Einrichtungen in Küche und Bad, oder vor dem Bett im Schlafzimmer: mindestens 1,20 m × 1,20 m
- Standard-Bewegungsflächen außerhalb der Wohnung, zum Beispiel vor Aufzügen, zwischen Wänden, auf Balkonen: mindestens 1,50 m × 1,50 m

Barrierefrei planen für alle

Bei Architekten und Bauunternehmen setzt sich erst allmählich die Erkenntnis durch, dass es sinnvoll ist, die Grundrisse von Neubauwohnungen von vornherein so anzulegen, dass sie ein komfortables und sicheres Wohnen für alle Generationen möglich machen. Denn im Grunde unterscheiden sich die Wohnbedürfnisse älterer Menschen nur unwesentlich von denen jüngerer. Allerdings sind Planungsmängel wie zu kleine Bäder, zu enge Küchen und Barrieren, die die Nutzbarkeit der Wohnung einschränken, für die Älteren nicht einfach nur ärgerlich, sondern können sie dazu zwingen, die Wohnung aufzugeben.

Nötig ist eine Bauweise, die die Wohnbedürfnisse Älterer von vornherein berücksichtigt, um nachträgliche Anpassungen leicht möglich und teure Umbauten überflüssig zu machen. Bund und Länder fördern zwar den Bau von barrierefreien Wohnungen, wenn sie die DIN-Norm 18025 erfüllen. Doch diese Norm ist für den allgemeinen frei finanzierten Wohnungsbau bisher nicht zur Auflage gemacht worden – obwohl die Baukosten dadurch kaum steigen würden. Angesichts der wachsenden Nachfrage nach barrierefreien Wohnungen bleibt es unverständlich, dass immer noch viele Neubauwohnungen entstehen, die älteren Menschen buchstäblich Stolpersteine in den Weg legen.

Dasselbe gilt für die Modernisierung und Instandsetzung von Wohnungen und Häusern. Dabei investieren Baufirmen und Privatleute zwar erhebliche Summen, denken aber nur selten an eine barrierefreie Gestaltung. Auf diese Weise wurden und werden noch immer viele Chancen vertan, ohne nennenswerte Zusatzkosten Wohnraum für die wachsende Zahl älterer Menschen zu schaffen.

- Mindest-Türbreiten: Innerhalb der Wohnung 80 cm, außerhalb 90 cm
- Maße für Aufzüge: mindestens 1,10 m × 1, 40 m

Höhenbegrenzung von Elementen

- Bedienungselemente wie Lichtschalter und Türgriffe: maximal in 85 cm Höhe
- Nichttransparenter Teil von Balkonbrüstungen: maximal 60 cm hoch

■ Beispiel: Umbau von Bad und Toilette

Frau B. wohnt seit dem Tod ihres Mannes vor fünf Jahren allein in ihrer geräumigen Zwei-Zimmer-Eigentumswohnung in einem Mehrfamilienhaus aus den 1960er-Jahren. Sie fühlt sich in ihren vier Wänden und auch im Haus mit den Nachbarn wohl und gut aufgehoben. Als sie vor einem Jahr einen leichten Schlaganfall erlitt und zeitweise auf den Rollstuhl angewiesen war, fürchtete sie, die Wohnung aufgeben zu müssen. Denn ihr Badezimmer und die separate Toilette konnte sie nun nicht mehr nutzen: die Türen waren zu schmal für den Rollstuhl, das Bad zu klein zum Rangieren, und die Badewanne stellte ein unüberwindliches Hindernis dar.

Grundriss (vorher): getrenntes Bad und WC

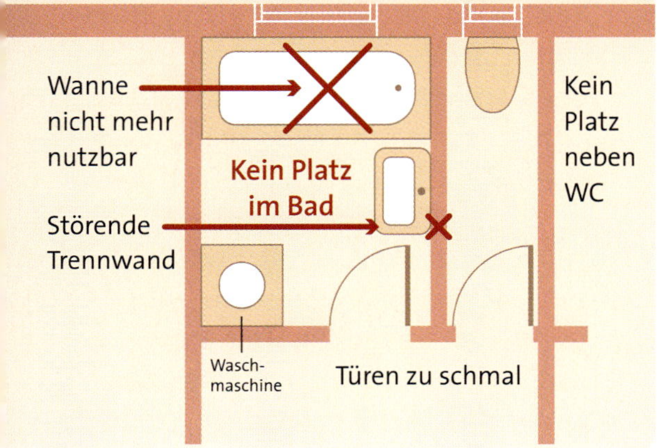

Grundriss (nachher): barrierefreies Bad

Quelle: Beratungsstelle Wohnen, München

Therapeuten der Rehahklinik und Wohnberater organisierten jedoch einen Umbau noch während ihres Klinikaufenthalts, sodass Frau B. nach der Entlassung wieder in ihre Wohnung zurück konnte. Mit Unterstützung eines ambulanten Pflegedienstes und sozialen Hilfsdiensten hat sie es inzwischen geschafft, ihren Alltag wieder weitgehend selbstständig zu meistern.

Die Arbeiten in Frau B.s Wohnung waren relativ aufwendig: Die Wand zwischen Bad und Toilette wurde entfernt und eine breite Tür eingebaut. Die Wanne wurde durch eine bodengleiche Dusche ersetzt, das Waschbecken und die Toilette so versetzt, dass genug Raum zum Rangieren und zum Anbringen von Haltegriffen entstand.

Die Kosten für den Badumbau betrugen etwa 10 000 Euro, die sie als Eigentümerin bis auf den Zuschuss der Pflegekasse von 2 557 Euro selbst zahlen musste. Dafür musste sie ihre Rücklagen angreifen. Dies wäre ihr allerdings auch bei einem Umzug in ein Pflegeheim nicht erspart geblieben, denn um die Heimkosten zu bezahlen, hätte ihre Rente zusammen mit dem Zuschuss aus der Pflegeversicherung nicht ausgereicht.

Sinnvolle Anpassungsmaßnahmen

Wenn Sie grundsätzlich mit der Lage und Größe Ihrer Wohnung zufrieden sind und dort wohnen bleiben möchten, stellen Sie sie in Gedanken zunächst einmal „auf den Kopf“: Welche Möglichkeiten bietet sie, nötige Umbauten und Verbesserungen durchzuführen? Lässt sie sich so anpassen, dass Sie auch mit körperlichen Einschränkungen weiter selbstständig darin leben könnten, oder im Falle einer Krankheit Hilfe und Pflege zu Hause möglich wäre? Gehen Sie Zimmer für Zimmer durch und überlegen Sie, was in der Wohnung getan werden muss und kann. Dasselbe können Sie zusammen mit den Eltern tun, wenn es darum geht, deren Wohnalltag zu erleichtern. Die weiter oben beschriebenen Kriterien für

Wichtig ist, eine realistische Lösung zu finden, die für die kommenden Jahre ein sicheres und komfortables Wohnen ermöglicht.

altersgerechtes und barrierefreies Wohnen sollten Sie dabei als Orientierungshilfe betrachten.

Vorhandene Wohnungen sind baulich nur selten optimal für das Leben im Alter ausgestattet – und manchmal widersprechen technische Ideale auch den eigenen Bedürfnissen. So entspricht das Wohnen im Erdgeschoss zwar den Kriterien der Barrierefreiheit, viele ältere Menschen fühlen sich aber in einem oberen Stockwerk sicherer. Nicht zuletzt fallen die Vertrautheit der bisherigen Wohnung, ihre Lage im Viertel und das Verhältnis zu den Nachbarn häufig stärker ins Gewicht als vorhandene bauliche Mängel.

Oft sind daher Kompromisse nötig. Wichtig ist, dass Sie eine realistische Lösung finden, die sich umsetzen lässt und für die kommenden Jahre sicheres und komfortables Wohnen ermöglicht.

Wenn es sich um eine Mietwohnung handelt und größere bauliche Veränderungen sinnvoll sind, müssen Sie den Vermieter informieren. Er muss den Umbau genehmigen. Zwar kann er behindertengerechte Anpassungsmaßnahmen nicht ablehnen, wohl aber verlangen, dass Sie Umbauten bei Aufgabe der Wohnung wieder rückgängig machen. In der Regel wird dies jedoch nicht der Fall sein, denn eine Wohnungsanpassung bedeutet eher eine Wertsteigerung der Immobilie. Machen Sie Ihrem Vermieter klar, dass die Investition sich auch für ihn rentiert. Vielleicht beteiligt er sich sogar an den Kosten.

Im Badezimmer

Viele herkömmliche Badezimmer sind sehr klein bemessen. Das ist immer unbequem und kann später zum Handicap werden. Um sich im Bad leicht und sicher bewegen zu können, sind deshalb häufig größere Umbauten nötig.

- Wichtig ist vor allem ein gefahrlos zugänglicher Duschplatz. Ideal ist der Einbau einer bodengleichen Dusche. Wenn das nicht möglich ist, können Sie ein Duschbecken mit einem sehr niedrigen Rand einbauen lassen. Zum bequemen und sicheren Duschen im Sitzen gibt es spezielle Duschstühle oder an der Wand zu befestigende Klappsitze.

- Um einem Ausrutschen in vorhandenen Duschbecken oder Badewannen vorzubeugen, sind rutschfeste Gummimatten oder -haftflecken mit Saugnäpfen empfehlenswert. Neue Duschbecken gibt es bereits mit rutschhemmendem Belag.
- Auch die rutschgefährlichen Bereiche außerhalb der Dusche sollten Sie sichern. Wird das Bad ohnehin umgebaut, wählen Sie möglichst kleinteilige, griffige Fliesen.

Ob es auch im höheren Alter und mit Handicaps gelingt, sich selbstständig zu waschen und auf die Toilette zu gehen, hängt oft von der Ausstattung des Badezimmers ab.

- Den Einstieg in eine Badewanne erleichtert ein Badebrett, das über die Wanne gelegt und an den Rändern befestigt wird. Darauf lässt sich auch im Sitzen duschen.
- Spezielle Wannenlifter machen es meist auch gebrechlichen Menschen möglich, gefahrlos in die Wanne zu gelangen und ein entspannendes Bad zu genießen. Die Kosten für einen Badewannenlifter übernimmt die Krankenkasse bis auf einen Eigenanteil, wenn das Gerät als Hilfsmittel ärztlich verordnet wurde.

Optimal ist ein bodengleicher Duschplatz.

- In der Dusche und an der Badewanne sind fest montierte Haltegriffe in der richtigen Position unverzichtbar. Wichtig ist, dass die Wandbeschaffenheit eine feste Montage zulässt.
- Auch neben der Toilette sind bei Bedarf Haltegriffe zum Abstützen beim Aufstehen sinnvoll. Die üblicherweise niedrigen Toilettensitze lassen sich durch einen Aufsatz mit Armstützen erhöhen.
- Vor dem Waschbecken brauchen Sie Platz, falls Sie beim Waschen einmal Hilfe benötigen. Ausreichende Beinfreiheit unter dem Waschbecken macht auch das Waschen im Sitzen möglich. Bringen Sie den Spiegel so an, dass Sie sich auch im Sitzen sehen können. Wichtig ist außerdem eine gute Beleuchtung.
- Sie können Platz im Bad gewinnen, wenn Sie den Türbeschlag auswechseln lassen, sodass die Tür nach außen aufgeht. Das ist auch aus

Sicherheitsgründen eine sinnvolle Maßnahme: So lässt sich die Tür auch dann öffnen, falls Sie bei einem Sturz davor zu liegen kommen.

- Wenn Sie Ihre Waschmaschine im Bad oder in der Küche aufstellen müssen, schaffen Sie sich am besten einen schmalen Toplader an. Dieser nimmt nicht so viel Platz weg und Sie müssen sich beim Be- und Entladen nicht bücken.
- Ein Wäschetrockner erspart das Aufhängen der schweren nassen Wäsche.

In der Küche

Die meisten Menschen lieben geräumige, wohnliche Küchen. Diese Vorliebe ändert sich im Alter kaum, deshalb sollten Küchen auch später nicht rein funktional ausgerichtet, sondern großzügig und freundlich gestaltet sein.

Eine Küche sollte in jedem Fall Platz für einen kleinen Esstisch bieten, außerdem für hilfreiche Elektrogeräte wie zum Beispiel eine Mikrowelle oder eine kleine Geschirrspülmaschine. Eine Küche zum Wohlfühlen, in der es sich komfortabel und sicher arbeiten lässt, erhöht die Freude am Kochen und guten Essen. Dies gilt, wie auch viele der folgenden Tipps, durchaus nicht nur für die älteren Jahrgänge.

- Herd und Spüle sollten nicht zu weit voneinander entfernt aufgestellt sein. Neben dem Herd ist eine Abstellfläche auf gleicher Höhe wichtig, auf die sich heiße Töpfe leicht herüberziehen lassen – nach Möglichkeit auf beiden Seiten. Vor dem Herd brauchen Sie genügend Platz.
- Lassen Sie die Höhe der Arbeitsflächen, an denen Sie im Stehen arbeiten – also Arbeitsplatte, Herd und Spüle – Ihrer Größe entsprechend anpassen: Ideal ist eine Arbeitshöhe von etwa zehn Zentimetern unter den waagerecht abgewinkelten Ellbogen.
- Wenn genügend Platz vorhanden ist, lässt sich ein Teil der Arbeitsplatte so einrichten, dass sie sich auch zum Arbeiten im Sitzen eignet: also tiefer anbringen und den Raum darunter frei lassen. Der Beinfreiraum macht es auch einfacher, an einer hohen Arbeitsplatte mit einer Stehhilfe (hoher Sitz) zu arbeiten.

- Schaffen Sie sich auf jeden Fall eine Möglichkeit für das Arbeiten im Sitzen. Wenn für einen Küchentisch kein Platz ist, eignet sich auch eine ausziehbare Arbeitsplatte.
- Zur Arbeit im Sitzen benötigen Sie einen stabilen Stuhl, bei Bedarf mit festen Armlehnen zum Abstützen. Ein leichter Bürostuhl mit verstellbarem Sitz und Rückenlehne leistet auch in der Küche gute Dienste. Falls Ihnen das Aufstehen Mühe macht, kann ein Drehstuhl auf Rollen bei der Küchenarbeit praktisch sein. Aus Sicherheitsgründen sollten mindestens zwei der fünf Rollen feststellbar sein.

Wichtig ist, dass Sie in Ihrer Küche auch im Sitzen arbeiten können und dass alle Geräte bequem erreichbar und leicht zu bedienen sind.

- Die Höhe von Stuhl und Arbeitsfläche muss gut aufeinander abgestimmt sein. Das ist der Fall, wenn Sie Ihre Unterarme flach auf die Tischplatte legen können, ohne die Schultern dabei hochzuziehen. Sie sitzen auf der richtigen Höhe, wenn Ihre Füße bequem auf dem Boden stehen und Ober- und Unterschenkel mindestens einen rechten Winkel bilden. Bei Beschwerden in den Beinen empfiehlt sich ein größerer Winkel, das heißt eine leicht nach vorn abfallende Sitzfläche oder ein Keilkissen als Sitzauflage.
- Der Kühlschrank sollte in Greifhöhe eingebaut sein, damit Sie sich nicht unnötig bücken müssen und einen leichteren Überblick über Ihre Vorräte haben. Dafür ist es gut, wenn die unteren Fächer Schübe haben.
- Auch die Spülmaschine ist müheloser zu be- und entladen, wenn sie etwas erhöht eingebaut ist.
- Backofen und Mikrowelle sind am besten ebenfalls in Greif- und Blickhöhe eingebaut oder aufgestellt. Wenn sich der Backofen nicht unter dem Kochfeld des Herdes befindet, kann dieser Platz frei bleiben. Dann können Sie, wenn nötig, auch bequem im Sitzen kochen.
- Elektroherde sind sicherer als Gasherde mit offener Flamme. Falls Sie lieber mit Gas kochen, sollten Sie einen modernen Gasherd mit Zündautomatik und Zündsicherung benutzen. Die Sicherung verhindert, dass unkontrolliert Gas ausströmen kann.
- Die ideale Lösung ist ein moderner Herd mit leicht zu reinigendem Glaskeramikkochfeld, das in die Arbeitsplatte integriert ist.

Eine Zeitschaltautomatik, mit der sich die Kochzeit einstellen lässt, spart Strom und dient der Sicherheit.

- Alle Elektrogeräte müssen in einwandfreiem Zustand sein und den gültigen Sicherheitsnormen entsprechen (VDE- und GS-geprüft). Sie sollten leicht zu bedienen und zu reinigen sein. Trennen Sie sich von älteren Modellen, die gefährlich werden könnten.
- Ein rutschfester, pflegeleichter Boden ist in der Küche ebenso unabdingbar wie eine gute Beleuchtung über Herd, Spüle und Arbeitsplatte, zum Beispiel durch Neonröhren oder Punktstrahler.
- Unterschränke können Sie bequemer nutzen, wenn Sie Modelle mit großen, leichtgängigen Schubladen oder ausziehbaren Drahtkörben wählen. Solche Körbe, die auf Schienen laufen, können Sie auch nachträglich einbauen lassen. Oberschränke sollten nicht zu hoch, also noch leicht erreichbar, angebracht sein.
- Ordnen Sie alle häufig benutzten Gerätschaften so ein, dass Sie sie ganz bequem und ohne Strecken oder Bücken erreichen können; täglich benötigte Utensilien am besten in direkter Reichweite auf der Arbeitsplatte oder einem darüber montierten Ablagebrett. Wenig benutzte Gegenstände gehören auf die hinteren Plätze und oberen Ränge, sofern Sie sie nicht ausrangieren wollen.
- Stellen Sie keine schweren Dinge in die untersten und obersten Schrank- oder Regalfächer.
- Benutzen Sie nur Töpfe und Pfannen mit großen, gut isolierten Griffen. Kochgeschirr, Schüsseln und so weiter sollten nicht zu schwer sein.
- Wer zum Beispiel wegen rheumatischer Beschwerden Schwierigkeiten hat, fest zuzugreifen, benötigt möglichst große, dicke Griffe an Schränken und Schubladen.
- Armaturen mit Hebeln (Mischbatterien) sind leichter zu bedienen als zierliche Wasserhähne mit Drehreglern.
- Mit einer „verlängernden“ Schlauchbrause, die sich bei Bedarf einfach auf den Wasserhahn setzen lässt, können Sie große Schüsseln oder Eimer, die auf dem Fußboden stehen, mit Wasser füllen. Das erspart das schwere Heben aus der Spüle heraus.

Große Schubladen erleichtern die Nutzung von Unterschränken.

Im Wohnzimmer

Viele Wohnräume sind im Verhältnis zu ihrer Größe zu üppig und gleichzeitig unpraktisch möbliert. Zu viele Möbel machen Räume eng und düster und schränken die Bewegungsfreiheit ein. Wenn das bei Ihnen oder Ihren Eltern der Fall sein sollte, schaffen Sie Abhilfe – selbst wenn das bedeutet, sich von liebgewonnenen, aber raumgreifenden Stücken zu trennen. Versuchen Sie, sich zugunsten Ihrer Beweglichkeit mit einer sparsamen Möblierung anzufreunden.

- Die Möbel sollten generell so stabil und kippsicher sein, dass es möglich ist, sich auf ihnen abzustützen.
- Teppiche sollten nach Möglichkeit fest verklebt oder so verlegt werden, dass sie nicht verrutschen können und keine Stolpergefahr darstellen. Ein pflegeleichter Teppichboden ist glatten Holzdielen oder Parkett mit Teppichen oder Läufern deshalb vorzuziehen. Wer sich von einem lose liegenden Teppich auf keinen Fall trennen möchte, sollte unbedingt eine rutschsichere Matte aus Gummi unterlegen und die Kanten mit beidseitigem Klebeband sichern (auf Faltenbildung achten!).
- Sofas und Sessel dürfen weder zu weich noch zu niedrig sein: Wenn Sie „gemütlich" darin einsinken, haben Sie – und auch Ihre Gäste – es gewöhnlich schwer, wieder hochzukommen. Wuchtige, zu weiche Polstergarnituren sind außerdem schlecht für den Rücken, weil sie den Körper in einer Sitzposition festhalten. Nach längerem Sitzen fühlt man sich dann steif und kreuzlahm. Besser sind fest gepolsterte Sessel mit Armlehnen, guten Stützeigenschaften, pflegeleichtem und strapazierfähigem Bezugsstoff und einer angemessenen Sitzhöhe – je nach Körpergröße etwa 50 Zentimeter über dem Boden.
- Zu Sesseln mit ausreichender Sitzhöhe sind kleine standfeste Tische mit höheren Beinen (60 bis 70 Zentimeter) passender und praktischer als niedrige Couchtische. Diese stehen oft nur im Weg; man kann sich nicht an ihnen abstützen, dafür aber leicht daran stoßen.

Schaffen Sie Platz im Wohnzimmer, damit Sie sich ungehindert bewegen können, und entfernen Sie Stolperfallen wie lose Teppiche und Kabel.

- Für längeres Sitzen ist ein Fernseh- beziehungsweise Lesesessel mit Armlehnen ideal. Ein guter „Liegesessel“ lässt sich per Knopfdruck in verschiedene Positionen verstellen und stützt den Körper in einer bequemen, halb liegenden Stellung ab. Diese so genannte Entlastungshaltung ist eine Wohltat für die Bandscheiben. Wenn Ihr Sessel keine „mitgehende“ Beinstütze hat, benutzen Sie einen Hocker zum Hochlagern der Beine.

Polstermöbel und Ihr Lieblingssessel sollten bequem, aber stabil und nicht zu niedrig sein.

- Zum Lesen ist eine ausreichend helle, nicht blendende Leselampe wichtig. An der Wand angebrachte Leuchten sind platzsparender, meist kabellos zu verlegen und weniger umfallträchtig als Stehlampen.
- Für die Regalwand oder den Wohnzimmerschrank gilt dasselbe wie für Küchen- oder Kleiderschränke: Oft benutzte Dinge werden am besten in Greifhöhe platziert.
- TV-Geräte mit großem Bildschirm (flimmerfrei!) entlasten die Augen. Achten Sie auf eine leicht handhabbare Fernbedienung mit großen Tasten und auf die Möglichkeit, einen schnurlosen Kopfhörer anzuschließen, falls Ihr Hörvermögen nachlässt. Je weniger Kabel herumliegen, desto geringer ist die Stolpergefahr.

Im Schlafzimmer

Ein Schlafzimmer, das in der Regel auch als Ankleidezimmer dient, muss genügend Platz bieten, um das Bett sicher zu erreichen, sich bequem an- und auskleiden sowie Gymnastikübungen machen zu können. Auch für das Schlafzimmer gilt: sich nach den aktuellen Bedürfnissen einzurichten und neuen Raum zu schaffen, kann das Lebensgefühl „aufmöbeln“ – selbst wenn es zunächst schwer fällt, sich zum Beispiel von der geerbten platzraubenden Kommode oder dem nicht mehr benötigten großen Ehebett zu trennen.

Für den Krankheitsfall ist es wichtig, dass das Bett nicht zwischen Wand und Schrank eingeklemmt steht, sondern möglichst von drei Seiten leicht zugänglich ist, um die Pflege zu erleichtern.

Wer viel Zeit im Bett verbringt, braucht Luft, Licht und Raum zum Atmen um sich herum. Und auch wer nachts häufig aufwacht, ist froh über eine angenehme und wohnliche Atmosphäre.

Von Ihrem Bett aus sollte ein leicht zu bedienendes Telefon gut erreichbar sein.

- Das Herz eines Schlafzimmers ist das Bett. Seine gute Qualität ist eine wichtige Voraussetzung für erholsamen Schlaf. Die richtige Betthöhe entspricht der eines Sessels: je nach Körpergröße um die 50 Zentimeter über dem Boden, damit das Aufstehen keine Mühe bereitet. Bei Bedarf erleichtert ein fest installierter Haltegriff neben dem Bett das Hochkommen zusätzlich. Um die Schlafstatt zu erhöhen, ist kein neues Bett nötig: In Sanitätshäusern gibt es Unterlegwürfel aus Holz mit Vertiefungen, in die die Beine des Bettes gestellt werden. Sie können sich solche Holzwürfel aber auch „maßtischlern" lassen. Ein höhenverstellbares Bett ist nur bei dauerhafter Pflege nötig.
- Auf ein stabiles und ausreichend großes Nachtschränkchen, auf dem Sie sich auch abstützen können, sollten sie keinesfalls verzichten. Darauf darf ein leicht zu bedienendes Telefon oder Handy ebenso wenig fehlen wie eine Uhr mit gut lesbaren Leuchtziffern. Wenn Sie ein schnurloses Telefon benutzen, sollten Sie die Basisstation nicht im Schlafzimmer aufstellen, sondern zum Beispiel im Flur, um unnötige Strahlenbelastung zu vermeiden.
- Besser als eine Nachttischlampe ist eine fest angebrachte, helle, aber blendfreie Wandlampe mit einfach erreichbarem Zugschalter. Praktisch ist es, wenn Sie die Deckenbeleuchtung des Zimmers vom Bett aus ein- und ausschalten können. Dies dient auch Ihrer Sicherheit, wenn Sie nachts aufstehen müssen.
- Neben einem stabilen Bettrahmen ist ein guter, zur Matratze passender Rost aus flexiblen Holzlatten wichtig. Bei Schaumstoff- und Latexmatratzen sollte der Lattenabstand vier bis fünf Zentimeter betragen. Wählen Sie ein Modell mit mehrfach verstellbarem Kopf- und Fußteil. Zum richtigen Hochlagern der Beine (zum Beispiel bei Venenleiden und zur Thrombosevorbeugung) ist ein zweifach verstellbares Fußteil ideal.
  Eine lohnende, wenn auch nicht ganz billige Investition kann ein Lattenrost sein, den Sie im Liegen per Knopfdruck verstellen

können. Damit ein guter Liegekomfort gewährleistet ist, muss der Federholzrahmen zu Ihren Körpermaßen passen. Lassen Sie sich ausführlich beraten, und probieren Sie die Modelle im Fachgeschäft aus.

- Optimale körperstützende Eigenschaften haben gute Schaumstoff- oder Federkernmatratzen. Moderne hochwertige Schaumstoffmatratzen aus Kaltschaum sind besonders pflegeleicht, und durch Luftkammersysteme auch luftdurchlässig. Ein abnehmbarer Bezug ist atmungsaktiv und lässt sich leicht waschen. Matratzen aus aufgeschäumtem Naturlatex sollten ab und an gewendet werden. Sie sind deutlich schwerer als Matratzen aus Kaltschaum. Das kann das Wenden zum Problem machen, wenn die Kräfte nachlassen. Dafür sind Latexmatratzen besonders flexibel und deshalb für vielfach verstellbare Lattenroste optimal geeignet. Federkernmatratzen können sich solchen Rosten meist zu wenig anpassen. Die Dichte des Materials entscheidet über die Festigkeit der Matratze. Leichtgewichtige Menschen und solche, die viel Zeit im Bett verbringen müssen, benötigen eine Matratze mit weichem Liegekomfort, die vor Druckstellen schützen kann. Bevor Sie sich für eine Matratze entscheiden, sollten Sie im Geschäft ausgiebig „probeliegen".

Mehrfach verstellbarer Lattenrost

- Zum Abdunkeln des Schlafzimmers genügt ein leichtes Rollo. Verzichten Sie auf schwere Vorhänge, die nur mit Mühe abzunehmen und zu pflegen sind.
- Während einer Krankheit oder in schlaflosen Nachtstunden ist ein Radio auf dem Nachttisch und/oder ein Fernseher mit Fernbedienung im Schlafzimmer eine feine Sache. Lassen Sie sich auch ins Schlafzimmer einen TV-Antennenanschluss legen.

Im Eingangsbereich

- Ideal, aber leider nicht die Regel, ist ein stufenloser Hauseingang oder eine Zugangsrampe. Sind Stufen vorhanden, sollte zumindest ein beidseitiger Handlauf angebracht werden.
- Wünschenswert ist zudem eine Überdachung des Hauseingangs, damit Sie vor Wind und Wetter geschützt sind, wenn das Öffnen der Tür einmal etwas länger dauert.
- Eine gute Ausleuchtung des Hauseingangsbereichs ist wichtig. In einer Notfallsituation sollte die Hausnummer gut erkennbar sein, ebenso Ihr Name auf dem Klingelschild.
- Am Hauseingang sollte sich eine Gegensprechanlage befinden. Prüfen Sie, ob sie laut genug eingestellt ist, damit die Ansagen deutlich zu verstehen sind.
- Wenn Treppen im Treppenhaus oder in der Wohnung zu überwinden sind: Achten Sie darauf, dass die Stufen in Ordnung sind, nicht ausgetreten oder gar schadhaft. Die Beläge sollten einwandfrei, rutschsicher und die Stufen gut erkennbar sein.

Rampe statt Treppen: Hauszugang vor und nach dem Umbau

Eingelassene farbige Profile erhöhen nicht nur bei eingeschränkter Sehkraft die Sicherheit.

- Entfernen Sie nicht verklebte Treppenläufer, denn diese sind eine große Stolpergefahr. Ein stabiles Geländer auf beiden Seiten der Treppe erleichtert den Weg. Auf einen breiten Treppenabsatz lässt sich ein Stuhl zum Ausruhen stellen. Wer in einem Mietshaus wohnt, sollte, am besten zusammen mit den übrigen Hausbewohnern, beim Vermieter oder Verwalter auf die Ausbesserung von Mängeln im Treppenhaus drängen.
- Auf jeden Fall müssen Treppenstufen gut ausgeleuchtet sein. Weisen Sie den Hausmeister oder den Vermieter darauf hin, dass eine längere Einstellung nötig ist, wenn sich das Licht im Treppenhaus nach einer Weile automatisch abschaltet und das Intervall für Sie oder Ihre Eltern zu kurz ist.
- Prüfen Sie die Möglichkeit, einen Treppenlift einbauen zu lassen, falls das Treppensteigen eines Tages zu mühsam wird. Dazu muss die Treppe breit genug sein. Ein solcher Lift besteht aus einem gesicherten Transportsessel, der elektrisch auf einer an der Treppenwand montierten Schiene läuft. Der Lift sollte immer vom Transportsitz aus zu bedienen sein, außerdem muss er gegen einen eventuellen Stromausfall mit einer Notbedienungsmöglichkeit (und Bremse!) von Hand gesichert sein. Die Pflegekasse kann die Kosten für einen Treppenlift bezuschussen.
- Sind nicht zu viele Stufen zu überwinden, können für Rollstuhlfahrer auch Treppensteigehilfen eine Alternative sein (Treppenraupe oder Treppensteigegerät, das allerdings eine Hilfsperson erfordert). Die Kosten der Geräte übernimmt, falls vom Arzt als Hilfsmittel verordnet, die Krankenkasse.
- Achten Sie darauf, dass Fußabtreter nicht zu Stolperfallen werden oder leicht verrutschen. Am besten sind in den Boden eingelassene Matten.
- Auch in Ihrem Wohnungsflur müssen Sie sich sicher bewegen können. Je sparsamer Sie ihn möblieren, desto mehr Bewegungsfreiheit haben Sie. Auf einen stabilen Stuhl zum bequemen An- und Ausziehen der Schuhe sollten Sie jedoch nicht verzichten.

Allgemeine Sicherheit

- Die Wohnungstür lässt sich mit einer Kette oder einem Bügelschloss sowie einem Weitwinkel-Spion in Blickhöhe sichern. Kette oder Bügelschloss sollten Sie allerdings nicht ständig einlegen, sondern nur wenn Sie die Tür für einen Spalt öffnen wollen. Dies ist wichtig, damit Helfern mit Wohnungsschlüssel im Notfall nicht der Weg in die Wohnung versperrt ist.
- Wenn sich das Hörvermögen verschlechtert, werden besonders hohe Töne wie Türklingeln nicht mehr gut registriert. Hier kann ein Zweiton-Gong oder auch ein Lichtsignal Abhilfe schaffen.
- Sparen Sie nicht am Licht: Leuchten Sie die Wohnung hell aus, und lassen Sie an wichtigen Stellen Leuchtschalter für die Nacht installieren.
- Wenn ein Elektrogerät, ein Schalter oder eine Leitung defekt ist, lassen Sie den Schaden sofort reparieren oder rangieren Sie das Gerät aus.
- Die Einrichtung und Ausstattung der Wohnung sollte Stolper- und Sturzgefahren generell ausschließen. Fest montierte, an den richtigen Stellen angebrachte Griffe und Handläufe helfen, Stürze zu vermeiden und erleichtern die Fortbewegung.

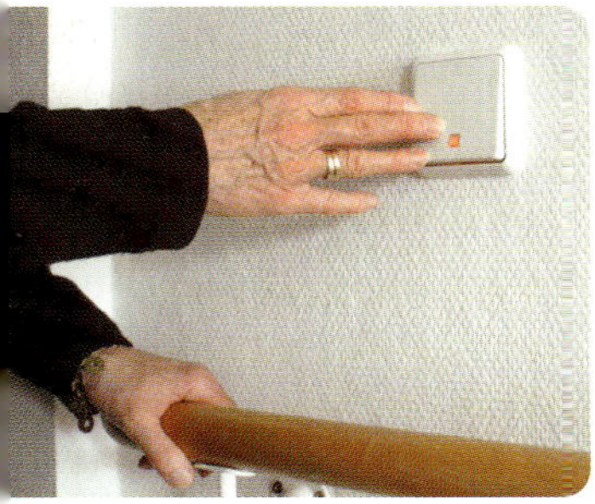

Große leuchtende Schalter sind nachts besonders wichtig.

- Um sich vor Verbrühungen in Bad oder Küche zu schützen, können Sie einen Verbrühschutz (Thermostat, Wassermischer) installieren lassen.
- Das Telefon ist nicht nur ein wichtiges Kommunikationsmittel, sondern dient gleichzeitig der Sicherheit. Achten Sie beim Kauf eines neuen Telefons auf leichte Handhabung wie zum Beispiel große Tasten und einfache Bedienfunktionen. Die wichtigsten persönlichen und Notrufnummern sollten unbedingt gespeichert werden, um mit einem Knopfdruck die gewünschte Verbindung herstellen zu können. Ein schnurloses Telefon – sofern es nicht zu kleine Tasten hat – ist ideal, weil es ohne Stolpergefahr durch Kabel überall in die Wohnung mitgenommen werden kann und somit stets zur Hand ist (→ auch Notrufsysteme, Seite 64).
- Wer einen Gehstock benutzt, kennt das Problem: Stellt man ihn irgendwo ab, weil man beide Hände braucht oder sich setzt,

fällt er leicht um, und um ihn aufzuheben, muss man sich tief bücken. Dagegen helfen Besenhalter, wie sie in Küchenschränken montiert werden, unauffällige Halter aus Metall, in die der Stiel hineingedrückt wird. Sie lassen sich überall dort anbringen, wo der Gehstock üblicherweise abgelegt wird.
- Lassen Sie einen Rauchmelder anbringen. Er warnt vor einem Zimmerbrand, noch bevor er richtig ausbricht.
- Ein kleiner Feuerlöscher, den Sie oder Ihre Eltern im Ernstfall auch bedienen können, sollte leicht zugänglich in der Wohnung stehen.

Wohnberatung

Eine Wohnberatungsstelle hilft mit Rat und Tat dabei, sich für das Alter „gut einzurichten". Professionelle Beratung und Unterstützung ist bei der individuellen Anpassung der Wohnung immer hilfreich, oft auch unverzichtbar. Denn nicht jeder ist in der Lage, den Veränderungsbedarf in den eigenen vier Wänden zu erkennen oder die nötigen Schritte in die Wege zu leiten. Sie kennen das vielleicht von sich selbst oder Ihren Eltern: Man hat sich an Unbequemes gewöhnt, nimmt Gefahrenquellen gar nicht wahr (zumindest solange nichts passiert), begegnet Veränderungen mit Widerwillen, hält sie für unbezahlbar oder denkt insgeheim „für mich lohnt sich das doch gar nicht mehr". Eine Wohnberatung kann hier wichtige Denkanstöße geben und deutlich machen, warum sich Anpassungen und Umgestaltungen nicht nur lohnen, sondern sogar notwendig sind, um im vertrauten Zuhause weiterhin gut und sicher leben zu können.

Die Mitarbeiter der Wohnberatungsstellen kommen auf Anfrage ins Haus und stellen vor Ort fest, welche Maßnahmen am besten geeignet sind, um die Wohnung an die persönlichen Bedürfnisse anzupassen.

An das Beratungsgespräch schließt sich ganz praktische Hilfe an, wenn es darum geht, die nötigen Schritte zu planen und umzusetzen – in finanzieller wie organisatorischer Hinsicht. Wohnberater klären zum Beispiel, welche Finanzierungsmöglichkeiten infrage kommen (→ Seite 53), sie vermitteln und überwachen anfallende Handwerksarbeiten und kümmern sich um die Beschaffung von Hilfsmitteln. Sie können Ihnen auch sagen, welche Mobilen Sozialen Dienste Sie vor Ort in Ihrem Alltag unterstützen können (→ Seite 59), und den Kontakt herstellen.

Wohnberatungsstellen arbeiten eng mit den Ratsuchenden und deren Angehörigen, mit Hauseigentümern, Handwerkern und Sanitätshäusern, den Kranken- und Pflegekassen, Ämtern und Behörden, bei Bedarf auch mit behandelnden Ärzten sowie mit betreuenden Hilfs- und Pflegediensten zusammen. In den meisten Beratungsstellen arbeiten zwei Wohnberater mit Qualifikationen im sozialen, therapeutischen, architektonischen oder handwerklich-technischen Bereich. Neben hauptamtlichen Mitarbeitern

Kontakte und Adressen zur Wohnberatung

Beratung und Informationen erhalten Sie bei den Wohnberatungsstellen der Gemeinden (bei Sozial- und Wohnungsämtern), der kirchlichen und freien Wohlfahrtsverbände, der Wohnungsunternehmen, der Verbraucherzentralen oder von Vereinen. Auskunft erhalten Sie außerdem bei Altenhilfeorganisationen, Ambulanten Pflegediensten, Sozialstationen sowie bei den Kranken- und Pflegekassen.

In Sanitätshäusern können Sie sich umfassend über Hilfsmittel wie Wannenlifter oder Duschhocker informieren, viele Produkte ausprobieren und vergleichen.

Inzwischen haben sich manche Handwerksbetriebe auf barrierefreies Wohnen eingestellt. Vielleicht kann Sie auch die Architektenkammer Ihrer Region bei Umbauten beraten oder Ihnen Adressen von Architekten vermitteln, die sich auf altersgerechtes Wohnen spezialisiert haben.

Überregionale Informations- und Kontaktadressen (→ auch Service, Seite 202):

Bundesarbeitsgemeinschaft
Wohnungsanpassung e. V.
c/o Koordinierungsstelle rund ums Alter
Mühlenstraße 48
13187 Berlin
Tel. 030 / 47 53 17 19
Fax 030 / 47 53 18 92
info@wohnungsanpassung.de
www.wohnungsanpassung.de

Unter der Rubrik „Kontakte“ erhalten Sie auf deren Homepage die Adressen der regionalen Ansprechpartner der Bundesarbeitsgemeinschaft (BAG) Wohnungsanpassung sowie als pdf-Dokument eine aktuelle Liste sämtlicher BAG-Wohnberatungsstellen. Auf der Homepage finden Sie außerdem Hinweise auf Veröffentlichungen. Die BAG versteht sich neben ihrer beratenden und koordinierenden Tätig-

sind häufig auch ehrenamtliche Kräfte mit spezieller Fortbildung im Einsatz.

Manche Wohnberatungsstellen finanzieren sich zum Teil über Gebühren, die die Ratsuchenden aus eigener Tasche zahlen müssen. Anerkannt Pflegebedürftige können die Beratungsgebühren von ihrer Pflegekasse als „vorbereitende Leistung für eine wohnumfeldverbessernde Maßnahme" (→ Seite 53) erstattet bekommen. Eine Erstberatung wird jedoch meist kostenlos angeboten.

Nachfrage schaffen

Das Angebot an Wohnberatungsstellen ist derzeit noch weit von einem flächendeckenden Service entfernt und regional sehr ungleich verteilt. Nach aktuellen Schätzungen gibt es an die 250 Wohnberatungsstellen in ganz Deutschland; dabei sind Nordrhein-Westfalen und Baden-Württemberg die Vorreiter. Ein Drittel aller Wohnberatungsstellen hierzulande arbeitet allein in Nordrhein-Westfalen. Dagegen gibt es vor allem in den neuen Bundesländern bisher nur sehr wenige Angebote.

Das Hauptproblem ist wie so oft die Finanzierung – schließlich kostet ein funktionierendes Büro samt Personal Geld. Die öffentlichen Kassen sind leer, und es gibt noch keine Regelfinanzierung. Die vorhandenen Stellen werden in den einzelnen Bundesländern ganz unterschiedlich finanziert. Über kurz oder lang wird sich dies ändern müssen, denn der Beratungsbedarf ist bereits heute erheblich und wird künftig stark zunehmen. Angesichts der demografischen Entwicklung gibt es zur Unterstützung des „normalen" Wohnens im

keit als Interessenvertretung für die Wohnungsanpassung und Wohnberatung.

Arbeitsgemeinschaft Wohnberatung e. V. (AGW)
Adenauerallee 113
53113 Bonn
Tel. 0228/264011
Fax 0228/264012
info@agw.de
www.agw.de

Die Arbeitsgemeinschaft Wohnberatung (AGW) wurde 1973 auf Initiative des damaligen Bundesbauministers als Bundesverband der Bau- und Wohnberatungen gegründet. Sie koordiniert die Beratungsaktivitäten des Verbandes für private Bauinteressenten, Haus-, Wohnungsbesitzer und Mieter. Der Beratungsschwerpunkt liegt auf Informationen zu allgemeinen Fragen des Bauens und Wohnens.

Alter – und damit zur Wohnungsanpassung – keine sinnvolle Alternative.

Zudem zahlt sich die Einrichtung von Wohnberatungsstellen für die Kommunen wie für die Sozialversicherungsträger langfristig aus: Denn durch ihre vorbeugende Arbeit helfen sie vielen Menschen, einen Umzug in ein Heim zu vermeiden oder zumindest weiter hinauszuschieben. Das trägt erheblich dazu bei, Leistungen der Pflegeversicherung, der Sozialhilfe sowie Kosten für den Bau und Unterhalt von stationären Einrichtungen einzusparen. Wie Berechnungen im Rahmen der wissenschaftlichen Begleitung des Modellprogramms „Wohnberatung" in Nordrhein-Westfalen ergeben haben, kann eine Beratungsstelle auf diese Weise im Durchschnitt das Doppelte ihrer Kosten wieder herausholen.

Wohnberatungsstellen freier Träger bieten meist eine unabhängige Beratung und helfen Betroffenen auch, Ansprüche gegenüber Ämtern und Kassen durchzusetzen.

Wenn es bei Ihnen vor Ort keine spezielle Wohnberatungsstelle gibt, können Sie sich an das Sozial- oder Wohnungsamt, an die Sozialstationen der Wohlfahrtsverbände, an ambulante Pflegedienste, aber auch an einzelne Wohnungsgenossenschaften richten. Auf Anfrage wird Ihnen nach Möglichkeit eine Wohnberatung vermittelt.

In Regionen, wo das vorhandene Angebot sehr dünn ist, ist es wichtig, immer wieder bei den zuständigen Behörden, bei Verbänden und Pflegeeinrichtungen nachzufragen und so den Bedarf an qualifizierter Beratung deutlich zu machen. Selbsthilfe und das Engagement von Betroffenen und ihren Angehörigen können viel bewegen. Setzen Sie sich in Ihrer Gemeinde für die Schaffung einer Wohnberatungsstelle ein: Suchen Sie Mitstreiter, nehmen Sie Kontakt auf zu bereits bestehenden Stellen (Adressen → Seite 50), sprechen Sie mit möglichen Trägern, schaffen Sie Öffentlichkeit, indem Sie die Lokalpresse für das Thema interessieren.

Finanzierung

Maßnahmen zur Wohnungsanpassung müssen nicht teuer sein. Viele praktische Hilfsmittel, die den Wohnalltag erleichtern, sind preiswert oder werden von der Kranken- oder Pflegekasse übernommen. Der aufwendigste Posten ist meist ein Umbau des Badezimmers, also zum Beispiel der Einbau einer bodengleichen Dusche, oder der Einbau eines Treppenlifts. Falls solche teuren Anpassungen nötig sind, gibt es aber in der Regel Zuschüsse, die sie erschwinglich machen können.

Wer bekommt Zuschüsse?

Finanzierungshilfen zur Wohnungsanpassung werden unter bestimmten persönlichen Voraussetzungen wie Pflegebedürftigkeit, Krankheit oder Behinderung gewährt. Auch wer mit einer sehr bescheidenen Rente auskommen muss und weder Ersparnisse hat noch Angehörige, die bereit und finanziell in der Lage sind einzuspringen, kann mit Hilfen rechnen.

Bei anerkannter Pflegebedürftigkeit zahlt die Pflegekasse bis zu 2557 Euro Zuschuss für eine Maßnahme zur Wohnungsanpassung, also zum Beispiel für den Einbau eines Treppenlifts oder die Verbreiterung von Türen. Der zu zahlende Eigenanteil richtet sich nach den jeweiligen Einkommensverhältnissen. Ein solcher Zuschuss kann auch ein zweites Mal gewährt werden: wenn der Pflegebedarf sich so verändert hat, dass erneute Anpassungsmaßnahmen nötig werden.

Wer mit einer sehr bescheidenen Rente auskommen muss, kann mit Zuschüssen rechnen.

Die Kosten für Hilfsmittel wie zum Beispiel einen Badewannenlift übernimmt die Krankenkasse, wenn sie ärztlich verordnet wurden. Menschen mit einer Behinderung können Zuschüsse oder ein zinsloses Darlehen im Rahmen der Eingliederungshilfe für Behinderte über das Sozialamt erhalten. Finanzhilfen für die Instandsetzung und altersgerechte Verbesserung von Wohnraum können bei Bedürftigkeit auch nach dem Altenhilfeparagraf des Sozialhilfegesetzbuchs gewährt werden. Der zuständige Ansprechpartner ist das Sozialamt.

Manche Gemeinden bieten auch Finanzierungshilfen als Zuschüsse für Umbaumaßnahmen aus kommunalen Sonderprogrammen oder Landesmitteln zur Modernisierungsförderung; darüber informieren die Wohnungsämter. So gibt es zum Beispiel in Nordrhein-Westfalen seit 2006 Fördermittel für „Bestandsumbau“, also den altersgerechten Umbau vorhandener Wohnungen.

Den richtigen Kostenträger finden

Die zuständigen Kostenträger sind in den meisten Fällen die Pflege- und Krankenkassen, Unfall- oder Rentenversicherungen sowie die Sozial- und Wohnungsämter. Verschiedene Maßnahmen zur Wohnungsanpassung können auch durch mehrere Kostenträger finanziert werden (so genannte Mischfinanzierung).

Eine wichtige Aufgabe der Wohnberatung (→ Seite 49) ist es zu ermitteln, welche Kostenträger für die Finanzierung einzelner Maßnahmen zuständig sind. Sie hilft auch dabei, entsprechende Ansprüche durchzusetzen.

Nicht am falschen Ende sparen

Wer nicht mit Zuschüssen rechnen kann, muss auf Eigenmittel zurückgreifen. Dies lässt viele Menschen vor einer nötigen Umrüstung der Wohnung zurückschrecken, selbst wenn sie im Laufe ihres Berufslebens mit durchschnittlichem bis gutem Verdienst relativ viel Geld zur Seite legen konnten. Ältere Menschen sehen das Sparbuch oder die Geldanlage häufig als unantastbare „eiserne Reserve“ für befürchtete Notzeiten oder denken vor allem an das Erbe für die Kinder. Wenn auch Sie oder Ihre Eltern Hemmungen haben sollten, die Ersparnisse anzugreifen, bedenken Sie: Es geht um den Erhalt von Lebensqualität, Beweglichkeit und Unabhängigkeit. Darüber werden sich die Kinder bestimmt mehr freuen als über eine etwas größere Erbsumme. Und wer spürt, dass dies nicht der Fall ist, sollte ohnehin mehr an sich selbst denken.

Was könnte sinnvoller sein als die Investition in Maßnahmen, die das alltägliche Leben entscheidend erleichtern und dadurch die Lebensfreude spürbar heben? Die einmaligen Aufwendungen für eine Umgestaltung machen sich schnell bezahlt – und lassen Sie viele Jahre davon profitieren. Aus Kostengründen sollte niemand darauf verzichten, sich den Wohnalltag zu erleichtern – und denken Sie daran: Ein Umzug kommt meist erheblich teurer!

Wohnung teilen

Wenn die Wohnung oder das Haus zu groß geworden sind, kann es eine Alternative sein, die Räume mit jemandem zu teilen – zum Beispiel, indem ein oder zwei Zimmer untervermietet werden. Oft lassen sich Häuser oder große Wohnungen durch kleine Umbauten so verändern, dass die gewünschte Distanz und die Intimsphäre im Zusammenleben gewahrt bleiben. Auch in kleineren Wohnungen könnte zum Beispiel der Einbau einer schrankkähnlichen „Singleküche" oder der Ausbau eines Gäste-WCs zum kleinen Bad mit Duschkabine für einen zusätzlichen Bewohner ermöglicht werden. Bei Mietwohnungen ist natürlich die Erlaubnis des Vermieters zur Aufnahme eines Untermieters und auch zu eventuellen Umbauten Voraussetzung.

Neben finanziellen Erleichterungen kann eine Untervermietung auch Unterstützung im Alltag bedeuten. So lässt sich vereinbaren, dass ein Untermieter bestimmte Hilfeleistungen übernimmt – ob Rasen mähen oder einkaufen – und dafür weniger Miete zahlt (→ Beispiel „Wohnen für Hilfe", Seite 57). Je nachdem, wie gut man sich versteht und wie groß das Bedürfnis nach Gemeinsamkeiten ist, kann man auch manchmal etwas zusammen unternehmen oder sich ab und an zum Kaffee oder zum Essen treffen.

Eine zu große Wohnung unterzuvermieten kann auch Hilfe im Alltag bedeuten.

Wer sich mit unkonventionellen Lösungen anfreunden kann und gern „Leben in der Bude" hat, kann zum Beispiel an eine Studentin oder einen Studenten oder an eine alleinerziehende Mutter untervermieten. Oder er kann im Rahmen eines Jugend- oder Kulturaustausches einen jungen Menschen aus einem anderen Land für einen bestimmten Zeitraum bei sich wohnen lassen. Das kann viele neue Anregungen und Erfahrungen mit sich bringen.

Möglicherweise führt ein solches Zusammenleben auch zu Konflikten. Hier kommt es darauf an, sich vorher darüber klar zu werden, welche gegenseitigen Erwartungen bestehen, wo die eigenen Grenzen liegen, und dies einem potenziellen Mitbewohner deutlich zu machen.

Bei einem reinen Untermietverhältnis gibt es unter Umständen weniger Reibungspunkte als zum Beispiel beim Zusammenleben mit Freunden in einer Wohngemeinschaft (→ auch Seite 90). Dafür ist das Verhältnis zueinander distanzierter. Eine rechtliche Absicherung für beide Parteien in Form eines Untermietvertrags sollte selbstverständlich sein.

Tipp: Wohnungstausch

Wer in einer zu groß gewordenen Wohnung lebt und hört, dass ein junges Paar in der Nachbarschaft Nachwuchs bekommt und nach einer größeren Wohnung Ausschau hält, hat vielleicht schon mal mit dem Gedanken gespielt, die Wohnungen zu tauschen. Vielleicht war nur der Gedanke an die Mühen eines Umzugs zu abschreckend, um einen solchen Wechsel zu realisieren.

Ein Wohnungstausch ist eine besonders gute Idee, wenn sich die neue Wohnung besser eignet als die bisherige, um darin alt zu werden. Aus einem gelungenen Wohnungstausch können sich auch neue Bekanntschaften oder ein gutes Nachbarschaftsverhältnis ergeben.

Um einen geeigneten Tauschpartner zu finden, kann man eine Anzeige im Lokalblatt aufgeben oder unter den Gesuchen nachsehen (vor allem in Stadtmagazinen finden sich auch Tauschgesuche). In manchen Städten gibt es Wohnungstauschbörsen, die nicht nur bei der Vermittlung einer Wohnung beraten und helfen, sondern auch bei den Verhandlungen mit dem Vermieter, der Organisation des Umzugs oder Renovierungsfragen. Auch eine Wohnberatung kann hier einspringen.

Bewohner von genossenschaftlichen Siedlungen oder größeren Wohnkomplexen einer Wohnungsbaugesellschaft oder desselben Eigentümers können sich an die jeweiligen Verwaltungen wenden und so vielleicht in der vertrauten Umgebung fündig werden.

„Wohnen für Hilfe“

Immer mehr ältere Menschen leben allein in zu groß gewordenen Wohnungen oder Häusern, die sie aber nicht aufgeben möchten. Viele könnten Unterstützung im Alltag gebrauchen, vermissen das gute Gefühl, dass außer ihnen noch jemand im Hause ist oder wünschen sich einfach mehr Gesellschaft und Leben um sich herum. So ist es auch in Köln – einer Stadt, die gleichzeitig eine große Universität mit entsprechend vielen Studenten hat, die eine bezahlbare Bleibe suchen. Der Gedanke, dass Senioren ihnen günstigen Wohnraum zur Verfügung stellen und dafür im Alltag unterstützt werden, liegt da nicht fern. Aus der Idee wurde das Projekt „Wohnen für Hilfe – Wohnpartnerschaften zwischen Jung und Alt“, das nebenbei auch den Austausch zwischen den Generationen, den Respekt und die gegenseitige Akzeptanz fördern soll.

In Universitätsstädten bietet sich die Möglichkeit, Studenten Wohnraum gegen Alltagshilfe anzubieten.

Für das Tauschverhältnis Wohnraum gegen Alltagshilfe gilt eine Faustregel: Eine Stunde Hilfe im Monat für einen Quadratmeter Wohnraum (Nebenkosten sind separat zu zahlen). Wer also zum Beispiel bereit ist, seiner Vermieterin vier Stunden pro Woche in Haus und Garten zu helfen, sie zu einem Spaziergang oder bei Arztbesuchen zu begleiten, zahlt für ein 16 Quadratmeter großes Zimmer nur die anfallenden Nebenkosten. Wer weniger helfen oder ein größeres Zimmer bewohnen möchte, zahlt mehr. Die Faustregel ist dabei nur als Orientierungswert gedacht – individuelle Lösungen sind natürlich möglich.

In einem ähnlichen Projekt in München verfährt man nach einem anderen Prinzip: Hier wird eine Hilfestunde grundsätzlich mit zehn Euro auf den jeweiligen Mietpreis angerechnet. Diese Methode hat den Vorteil, dass die Bezahlung für alle gleich ist. Denn die Wohnqualität und bei möblierten Zimmern auch die Ausstattung können erfahrungsgemäß sehr unterschiedlich sein.

„Wohnen für Hilfe“ in Köln ist ein Kooperationsprojekt des Zentrums für Heilpädagogische Gerontologie der Universität Köln, der Seniorenvertretung der Stadt und des AStA (Allgemeiner Studierendenausschuss) der Universität. Es wird aus Landesmitteln gefördert und vom Zentrum für Heilpädagogische Gerontologie auch wissenschaftlich begleitet.

Ein Projektbüro bietet Interessierten Information und Beratung, vermittelt Wohnpartnerschaften, arbeitet mit den beiden Parteien passende Verträge aus, ist Ansprechpartner für Probleme und macht bei Bedarf auch Hausbesuche.

In Köln ist „Wohnen für Hilfe" im Sommer 2005 gestartet; in München, Frankfurt am Main, Freiburg und Münster existieren ähnliche Initiativen, zum Teil bereits seit Anfang der 1990er-Jahre. Entstanden ist die Idee in Großbritannien; dort und auch in Spanien wird sie schon seit zwanzig Jahren erfolgreich umgesetzt.

Bisherige Erfahrungen haben gezeigt, dass „Wohnen für Hilfe" gut funktioniert, wenn

- beide Seiten ein ehrliches Interesse an Wohnpartnern aus einer anderen Generation haben,
- Angehörige in die Entscheidung einbezogen werden,
- die Wohnpartnerschaften sorgfältig ausgewählt und begleitet werden,
- eine Beratung durch Fachkräfte erfolgt,
- die Erwartungen aller Beteiligten im Vorfeld geklärt werden,
- die Bedingungen klar vereinbart und schriftlich festgehalten werden.

Kontakte und Informationen zu Wohnpartnerschaften

Unter der Internetadresse www.homeshare.org/deutsch/worldwide/germany.asp finden Sie Informationen und Beispiele für Wohnpartnerschaften, auch aus anderen Ländern.

Projektbüro „Wohnen für Hilfe"
Frangenheimstraße 4
50931 Köln
Tel. 02 21 / 4 70 79 33
(Mo. und Mi. 12 bis 14 Uhr)
Fax 02 21 / 4 70 79 34.
wfh@hrf.uni-koeln.de

Seniorentreff Neuhausen e. V.
Leonrodstraße 14 B
80634 München
Tel. 0 89 / 16 80 60
Fax 0 89 / 1 68 44 18
gf@seniorentreff-neuhausen.de

Unterstützung im Alltag

Wenn es mit den Jahren schwieriger werden sollte, den Haushalt zu erledigen, oder falls pflegerische Unterstützung nötig wird, erleichtern mobile Hilfsdienste oder ambulante Pflegedienste den Alltag und helfen, die Selbstständigkeit zu erhalten.

Die Unterstützung durch professionelle und ehrenamtliche Helfer wie auch gute nachbarschaftliche Beziehungen sind umso wichtiger, wenn man allein lebt und nur wenige Angehörige und Freunde in der Nähe sind, die bei Bedarf Hilfe leisten könnten. Ideal ist es, wenn das eigene Wohnviertel ein funktionierendes Netz aus sozialen Hilfsdiensten, Beratungsstellen, Freizeit-Treffpunkten und kulturellen Angeboten für ältere Menschen bietet.

Mobile Soziale Dienste

Wenn die Kräfte allmählich nachlassen, heißt das meist noch lange nicht, dass tatsächlich eine pflegerische Betreuung nötig wird. Oft sind es eher die „kleinen" Dinge des Alltags, die mit der Zeit mühsam werden und bei denen man sich über Unterstützung freut: ob im Haushalt oder im Garten, beim Einkaufen, Spazierengehen, bei Behördengängen, Arztbesuchen oder auch bei nötigen Reparaturen. Solche Alltagshilfe wird häufig von Angehörigen, Freunden, Bekannten und Nachbarn geleistet. Doch nicht jeder kann oder will bei Bedarf stets auf familiäre oder Freundschaftsdienste zurückgreifen.

Hier können die so genannten Mobilen Sozialen Dienste (MSD, oder auch „Mobile Soziale Hilfsdienste", MSHD) einspringen: Sie unterstützen bei der Bewältigung des Alltags und bei Freizeitaktivitäten. Die Dienstleistungen werden von Sozialstationen, ambulanten Pflegediensten, von privaten Firmen und ehrenamtlichen Helfern angeboten oder vermittelt.

Die Mitarbeiter der Mobilen Sozialen Dienste werden meist stundenweise bezahlt. Die Sätze variieren je nach Tätigkeit, nach Träger und auch von Ort zu Ort. Die Kosten für hauswirtschaftliche Tätigkeiten werden, wenn die Pflegebedürftigkeit anerkannt ist, teilweise von der Pflegekasse erstattet. Bei finanzieller Bedürftigkeit besteht die Möglichkeit, dass das Sozialamt die Kosten einzelner Dienstleistungen übernimmt. Ein Schwerbehindertenausweis berechtigt zu Vergünstigungen beispielsweise bei der Inanspruchnahme von Fahrdiensten.

Zum Angebot der Mobilen Sozialen Dienste gehören in der Regel folgende Leistungen:

- **Mahlzeiten-Service:** Essensdienste „auf Rädern" helfen, wenn das Einkaufen und Kochen schwer fällt: Sie liefern täglich eine warme Mahlzeit oder wöchentlich einen Vorrat tiefgekühlter Fertiggerichte frei Haus (→ Kasten). Eine gute Alternative zum Mahlzeiten-Bringservice ist das vielerorts vorhandene Angebot von Altenbegegnungs- und Tagesstätten, Altenheimen oder auch teilstationären Einrichtungen, am „stationären Mittagstisch" teilzunehmen und dort in Gesellschaft zu essen.
- **Hilfe im Haushalt:** Reinigungskräfte helfen, die Wohnung in Schuss zu halten. Wäschedienste holen schmutzige Wäsche zu Hause ab und bringen sie sauber und gebügelt wieder zurück. Wäschedienste sind häufig auch ein Angebot privater Wäschereien oder Reinigungen vor Ort.
- **Einkaufsdienste:** Vom Großeinkauf bis zur Besorgung in einem Fachgeschäft nehmen die Helfer der Einkaufsdienste viele beschwerliche Wege ab. Oft ist es auch möglich, sich den Einkauf vom Lebensmittelgeschäft vor Ort nach Hause bringen zu lassen.
- **Erledigungen aller Art:** Dienstbare Geister kümmern sich beispielsweise um Reparaturen in der Wohnung oder am Haus, organisieren Handwerker, pflegen Balkon- und Zimmerpflanzen, übernehmen Behördengänge oder größere Einkäufe. Oft sind hier Zivildienstleistende oder junge Menschen im freiwilligen sozialen Jahr im Einsatz. Es gibt aber auch gute professionelle

Bei Essensdiensten auf die Qualität achten

Vielerorts gibt es inzwischen mehrere Mahlzeitendienste mit unterschiedlichen Angeboten und Serviceleistungen. Die meisten Menüdienste bieten auch Diät- und Schonkost an.

Leider ist die Qualität dieser fertigen Gerichte nicht immer die beste: Die Normalkost vieler Anbieter ist im Durchschnitt zu fett, zu salzig und zu fleischlastig. Vor allem frisches Gemüse, Salate und Obst werden in vielen Fällen zu selten geliefert. (Dies hat die STIFTUNG WARENTEST bei einer Untersuchung festgestellt. Die vollständigen Testergebnisse finden Sie in der Zeitschrift *test* 5/2004 oder kostenpflichtig im Internet unter www.test.de, Suche „Essen auf Rädern"). Vergleichen Sie deshalb das Angebot verschiedener Firmen und wechseln Sie den Anbieter, wenn Ihnen das Essen nicht zusagt. Achten Sie bei Ihren Bestellungen aber auch selbst auf Abwechslung im Speiseplan.

Neben der Essensqualität ist die Zuverlässigkeit des Dienstes wichtig: Die Mahlzeiten sollten verlässlich zur vereinbarten Zeit eintreffen. Manche Dienste liefern das Essen lediglich aus, bei anderen bringt möglichst immer dieselbe Person die Mahlzeiten in die Wohnung, deckt den Tisch und bereitet die Portionen bei Bedarf auch mundgerecht zu.

„Erlediger" – freundliche Angestellte von Firmen, die sich auf Besorgungen und Botengänge spezialisiert haben.

- **Friseurbesuch:** Die Friseurin kommt ins Haus, wenn die Kundin oder der Kunde es nur noch mit Mühe selbstständig verlassen kann. Auch Maniküre und Pediküre sind möglich. Dieser Service wird von vielen Friseurgeschäften angeboten.
- **Fahr- und Begleitservice:** Wer sich nicht mehr allein außer Haus bewegen kann oder möchte, kann sich von Mitarbeitern dieser Dienste von zu Hause abholen und wieder zurückbringen, oder auch begleiten lassen – zum Beispiel bei Behördengängen, Arztbesuchen, aber auch zu Freizeittreffs und kulturellen Veranstaltungen.
- **Bücherdienste, Schreib- und Vorlesedienste:** Bei einer mobilen Bibliothek können von zu Hause aus Bücher ausgeliehen oder bestellt werden. Ehrenamtliche oder Honorarkräfte helfen bei der Korrespondenz und lesen aus der Zeitung oder einem Buch vor.
- **Besuchsdienste:** Meist ehrenamtliche, zum Beispiel von Wohlfahrtsverbänden fachlich angeleitete Helfer besuchen hilfebedürftige Menschen, die wenig Kontakte haben. Oft sind die

Besucher selbst im fortgeschrittenen Alter. Sie kommen gern auch einmal zu einer längeren Unterhaltung in die Wohnung und haben ein offenes Ohr für die Sorgen ihrer Gesprächspartner. Die Helfer organisieren auch gemeinsame Unternehmungen wie Café-Besuche oder Ausflüge, oder sie stellen Kontakte zu anderen Kunden des Besuchsdienstes, zu Freizeittreffs oder Altentagesstätten her.

Wo bekomme ich Auskunft?

Bei allen im Folgenden aufgeführten Stellen erhalten Sie Rat und Informationen zu Fragen rund um das örtliche Angebot an Mobilen Sozialen Diensten, ehrenamtlichen oder Nachbarschaftshilfen sowie ambulanten Pflegediensten. Die lokalen Beratungsstellen der Behörden und Verbände finden Sie im Telefonbuch.

Auskunft bei Städten und Gemeinden

- **Seniorentelefon:** Allgemeine telefonische Beratung und Information für ältere Menschen; je nach Bedarf Weitervermittlung an die zuständige Stelle.
- **Bürgerberatungsstelle:** Zentrale Anlaufstelle der Stadt oder Gemeinde für Auskunft und Beratung, die ebenfalls je nach Frage an das zuständige Amt weitervermittelt, zum Beispiel das Sozial- oder Wohnungsamt.
- **Informationsstelle für ältere Menschen:** Vielerorts gibt es eine spezielle Beratungs- und Anlaufstelle für ältere Menschen. Die Mitarbeiter führen teilweise auch Hausbesuche durch. Sie informieren über die örtlichen Angebote für Senioren, beantworten Fragen zu Betreuung und Pflege oder leisten konkrete Hilfe, wenn Anträge ausgefüllt werden müssen.
- **Sozialamt:** Sozialämter sind neben der Hilfe in finanziellen Notlagen auch für „Hilfen in allen Fragen der Inanspruchnahme altersgerechter Dienste“ zuständig. Sozialämter in größeren Städten haben deshalb meist auch eine spezielle „Altenhilfe“-Abteilung. Die Sozialämter beraten zu allen Fragen rund um Mobile Soziale Dienste, ambulante oder (teil-)stationäre Pflege,

Wohnen und Freizeit. Wenn es bei Ihnen vor Ort keine speziellen Beratungsstellen gibt oder Sie keine kennen, ist das Sozialamt der geeignete Ansprechpartner.

Sonstige Auskunftsstellen

- **Wohlfahrtsverbände:** Wichtige Anlaufstellen sind die großen Verbände der Freien Wohlfahrtspflege (Arbeiterwohlfahrt, Volkssolidarität, Deutscher Paritätischer Wohlfahrtsverband, Deutsches Rotes Kreuz, Caritas, Diakonisches Werk und Zentralwohlfahrtsstelle der Juden in Deutschland; Adressen → Seite 202). Sie sind im ganzen Bundesgebiet vertreten und helfen Ratsuchenden bei Hilfe- oder Pflegebedarf, kostenlos und unabhängig von Konfession oder Verbandsmitgliedschaft.
- Kirchengemeinden
- Pflegeberatungsstellen
- Wohnberatungsstellen
- Seniorenberatungsstellen und Seniorenbüros
- Seniorenvertretungen, Seniorenbeiräte

Das Kuratorium Deutsche Altershilfe (KDA) bietet ebenfalls Auskünfte zu Themen wie „Hilfe und Pflege" im Internet an (Adresse → Seite 202).

Eine weitere Informationsquelle sind Agenturen für ehrenamtliche Arbeit, aber auch Altenbegegnungsstätten, Seniorencafés und ähnliche Einrichtungen. Dort treffen Sie Menschen, die Ihnen vielleicht von ihren Erfahrungen mit Sozialen Diensten und Alltagshilfen berichten und wertvolle Tipps geben können. Vielleicht ist auch Ihr Hausarzt über das lokale Angebot informiert und kann Ihnen einen passenden Service empfehlen.

Wenn Sie selbst aktiv werden möchten, können Sie „schwarze Bretter" zum Beispiel im Gemeindezentrum, in der Arztpraxis etc. nutzen, eine Zeitungsanzeige aufgeben und nicht zuletzt das Internet als Kontaktbörse nutzen. Viele Informationen und Anregungen finden Sie dort auch unter www.senioren-initiativen.de.

Notrufe

Ein „Hausnotruf" ist eine Sicherheitshilfe für ältere oder pflegebedürftige Menschen, die besonders für Alleinstehende sinnvoll ist. Ein Hausnotruf funktioniert über ein Telefon-Zusatzgerät, das den Hilferuf an eine Notrufzentrale weiterleitet. Die Notrufzentrale verfügt über alle notwendigen Daten des Teilnehmers, um schnell und effektiv Hilfe leisten zu können: medizinische Informationen, Telefonnummern des behandelnden Arztes und eventuell des Pflegedienstes, der Nachbarn und Angehörigen.

Meist ist einem Hausnotruf ein so genannter Funkfinger angeschlossen, ein kleiner Apparat mit Notruftaste, der ständig am Körper getragen wird und über den im Notfall sofort Hilfe herbeigerufen werden kann. In manchen Fällen meldet sich das Zusatzgerät automatisch bei einer angeschlossenen Notrufzentrale, wenn der Teilnehmer nicht innerhalb von 24 Stunden einmal per Knopfdruck signalisiert hat, dass alles in Ordnung ist. Es gibt auch elektronische Systeme, die über Sensoren Alarm auslösen, zum Beispiel wenn die Toilette lange Zeit nicht benutzt wird. Die Kosten für ein Notrufsystem übernimmt unter Umständen die Pflegekasse.

Notruf selbst organisiert

Eine kommunikative und kostengünstige Form des Sicherheitsrufs ist die „Telefonrunde" oder Telefonkette: Eine Gruppe von maximal zehn Teilnehmern ruft sich einmal am Tag reihum in einer festgelegten Reihenfolge an. Der zuletzt Angerufene meldet sich beim ersten Anrufer und sagt Bescheid, wenn eine Person aus der Runde nicht erreichbar war oder etwas Außergewöhnliches passiert ist. In diesem Fall wird ein Hilfsdienst angerufen und nach dem Teilnehmer geschaut.

Sie können natürlich auch mit Verwandten, Freunden oder Nachbarn einen täglichen Anruf zu einer bestimmten Uhrzeit vereinbaren.

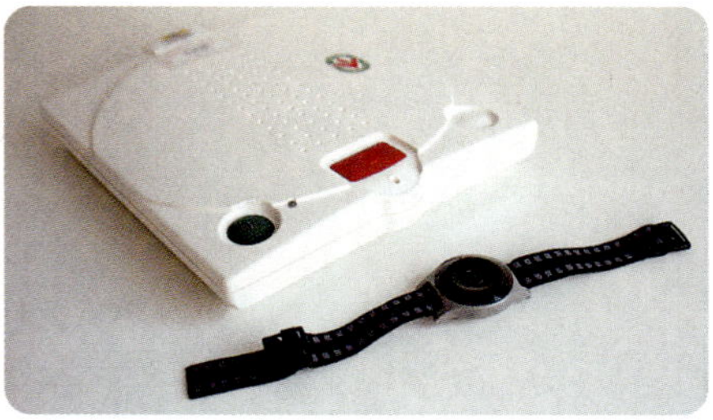

Dieser „Funkfinger" wird wie eine Armbanduhr getragen.

Ehrenamtliche Hilfe

Vielerorts gibt es Initiativen und Vereine, deren Mitglieder sich für hilfe- und pflegebedürftige Mitmenschen einsetzen. Manchmal machen sie „nur" Besuche, ob zu Hause oder im Altenheim, oder unternehmen etwas mit den von ihnen Betreuten. Viele ehrenamtliche Helfer engagieren sich aber auch ganz praktisch und tatkräftig, bieten Unterstützung im Haushalt, bei Reparaturen, beim Einkaufen oder sogar bei der Pflege.

Wenn Sie oder Ihre Eltern die Unterstützung Ehrenamtlicher in Anspruch nehmen möchten, wenden Sie sich am besten an das Sozialamt, die Beratungsstellen der Gemeinde, Altenhilfeeinrichtungen und Seniorenbüros, an die Wohlfahrtsverbände und Kirchen. Dort erhalten Sie Adressen von Betreuungs-Initiativen Ehrenamtlicher oder es wird Ihnen ein freiwilliger Helfer vermittelt.

Die Seniorengenossenschaft Riedlingen

Manche „jungen Alten" sorgen mit ihrer Tätigkeit auch für den Fall vor, dass sie selbst einmal pflegebedürftig werden. Die Mitglieder der Seniorengenossenschaft Riedlingen zum Beispiel arbeiten gegen eine geringe Vergütung oder nach dem Grundprinzip „Was du heute gibst, bekommst du morgen": Die Stunden, die sie bei und mit hilfebedürftigen Menschen verbringen, werden ihnen auf einer Art Zeitkonto gutgeschrieben. Falls sie später selbst hilfebedürftig werden sollten, haben sie ein Anrecht auf ebenso viele kostenlose Betreuungsstunden durch andere aktive Mitglieder, wie sie früher geleistet haben.

Ein zusätzlicher Vorteil ist, dass ihre Betreuer dann meistens schon alte Bekannte sind. Natürlich kann diese pfiffige Idee keine Versorgungsgarantie bieten: Im besten Falle werden die ehrenamtlichen Betreuer gar nicht hilfe- oder pflegebedürftig und brauchen ihren Anspruch nicht einzulösen, im schlechteren Fall kommen sie nicht in den Genuss der selbst „verdienten" Hilfeleistung, weil sie zum Beispiel in eine andere Stadt umziehen. Die Freude am Engagement zugunsten anderer sollte bei solchen Modellen also im Vordergrund stehen.

Kontakt
Seniorengenossenschaft Riedlingen
Färberweg 20
88499 Riedlingen
Tel. 07371/83 94
Josef.Martin.Riedlingen@t-online.de
www.martin-riedlingen.de, Rubrik „Senioren"

Auch im Internet finden Sie die Adressen zahlreicher lokaler Vermittlungsstellen, wenn Sie das Stichwort „Freiwilligen-Agentur" bei einer Suchmaschine wie zum Beispiel Google eingeben. Eine Möglichkeit ist auch die Suche unter www.meine-stadt.de, unter dem Stichwort „Ehrenamt".

Ehrenamtliche Kräfte sind nicht automatisch kostenlos, aber natürlich wesentlich preisgünstiger als professionelle. Wer ehrenamtlich tätig ist, darf pro Jahr bis zu 1848 Euro steuer- und sozialversicherungsfrei erhalten. Ehrenamtliche Helfer, die kein Geld bekommen, freuen sich sicher über kleine Geschenke als Anerkennung für ihre Unterstützung.

Bürgerschaftliches Engagement

Für die meisten ehrenamtlichen Helfer bedeutet ihr Einsatz eine sinnvolle Aufgabe, die sie als persönlich befriedigend empfinden und bei der sie selbst viele soziale Kontakte, neue Freundschaften und Erfahrungen hinzugewinnen. Rentner haben meist ausreichend Zeit zur Verfügung, um sich zu engagieren – und, solange sie gesund und aktiv sind, auch die nötige Energie. Wer sich für andere einsetzt, hilft nicht zuletzt auch sich selbst. Denn aktiv zu bleiben und eine sinnvolle, bereichernde Tätigkeit auszuüben, hält fit und beweglich – geistig wie körperlich.

Auch wer seinen Einsatz weniger als persönliche Hilfeleistung gestalten möchte, kann viel tun, zum Beispiel: Sich für Verbesserungen der baulichen oder sozialen Infrastruktur im Wohnviertel einsetzen, bei der Organisation von Treffpunkten oder Veranstaltungen helfen, sich für den Aufbau von Beratungsstellen oder Hilfsprojekten stark machen. Oft lassen sich bei dieser Art des bürgerschaftlichen Engagements auch berufliche Kenntnisse und Erfahrungen einbringen. Zudem bestimmen Ehrenamtliche heute meist aktiv über ihr Tätigkeitsfeld mit, manchmal erhalten sie auch eine finanzielle Anerkennung.

Dachverband und Interessenvertretung des bürgerschaftlichen Engagements von und für Senioren ist die Bundesarbeitsgemeinschaft der Seniorenorganisationen (BAGSO).

Kontakt

BAGSO e. V.
Eifelstraße 9
53119 Bonn
Tel. 02 28/24 99 93-0
kontakt@bagso.de
www.bagso.de

Nachbarschaftshilfe

Einen guten Draht zu den Nachbarn zu haben, ist besonders für ältere Menschen wichtig. Es ist – auch für die Angehörigen – beruhigend, Menschen in der Nähe zu wissen, denen man vertraut und von denen man weiß, dass sie helfen, wenn es nötig ist. Dazu braucht es kein enges freundschaftliches Verhältnis, wohl aber gegenseitige Sympathie.

Zum Beginn einer wundervollen Nachbarschaft gehört es zunächst einmal, aufeinander zuzugehen. Das ist zwar heute nicht mehr selbstverständlich, aber durchaus möglich. Anonymität zu beklagen hilft nicht weiter – es kommt darauf an, Initiative zu ergreifen. Ein gutes nachbarschaftliches Verhältnis will gepflegt sein. Dazu trägt der kleine Schwatz auf der Treppe oder von Balkon zu Balkon ebenso bei wie die gegenseitige Hilfsbereitschaft.

Sich umeinander zu kümmern kann heißen, in der Urlaubszeit die Blumen der Nachbarn zu gießen oder die Katze zu füttern, aber auch, nach den Nachbarn zu schauen, wenn sie sich nicht wohl fühlen, kleine Besorgungen für sie zu machen, wenn sie krank sind oder Hilfe zu organisieren, wenn es nötig ist. Vorausgesetzt, das Interesse am anderen ist keine Einbahnstraße, brauchen Sie sich dann auch nicht zu scheuen, Ihre Nachbarn um Hilfe zu bitten, wenn Sie sie einmal nötig haben.

Nachbarschaftshilfe im erweiterten Sinne meint auch das Umfeld Ihrer Wohnung: die Lebensmittelgeschäfte, bei denen Sie einkaufen und die Ihre Bestellungen bei Bedarf auch zu Ihnen nach Hause liefern, die Reinigung mit dem Wäscheservice, die Friseurin, die auch Hausbesuche anbietet, der Getränkehändler, der die Kisten in die Wohnung bringt.

Quartiersbezogene Betreuung

Ein funktionierendes Gemeinwesen, in dem niemand Gefahr läuft, in seiner Wohnung zu vereinsamen und hilflos zu werden, ist das Vorbild für „quartiersbezogene Wohnkonzepte" (→ Seite 186). Sie sind zwar bisher noch selten, gelten aber als vielversprechende Zukunftsmodelle dafür, wie eine umfassende Betreuung älterer Menschen in ihrer vertrauten Wohnung und Umgebung gelingen kann.

Ein zentrales Anliegen dieser Ansätze ist es, die verschiedenen Wohn- und Betreuungsformen für Senioren unmittelbar vor Ort miteinander zu verknüpfen. Das bedeutet, in einem Stadtviertel oder einer Siedlung arbeiten zum Beispiel ambulante Dienste, Nachbarschaftsvereine, stationäre Einrichtungen, Beratungsstellen und soziale Treffpunkte zusammen und ergänzen sich in ihrem Angebot wie in ihren Möglichkeiten. Auf diese Weise entsteht ein Versorgungsnetz, das älteren Menschen ein völlig normales Wohnen in ihrem angestammten Umfeld ermöglicht. Zu dieser Normalität gehört auch, dass Jung und Alt zusammenleben und im Viertel sowohl die Kindertagesstätte als auch das Seniorencafé zu finden ist.

Quartierskonzepten liegt die Erfahrung zugrunde, dass ein Netz sozialer Hilfsdienste dann am besten funktioniert, wenn es innerhalb eines Wohnviertels („quartiersbezogen") organisiert wird. So bleiben die Kosten und Anfahrtswege genauso überschaubar wie die Koordination der verschiedenen Dienste. In einem Wohnquartier lassen sich ehrenamtliche Kräfte zudem leichter in die Betreuungsarbeit einbinden, und auch die Förderung nachbarschaftlicher Beziehungen macht manchen bezahlten Einsatz überflüssig.

Nichtpflegerische Hilfeleistungen kostendeckend zu bezahlen ist vielen Senioren nicht möglich. Neben aller Bereitschaft zur Selbsthilfe und zum ehrenamtlichen Engagement sind deshalb auch in Zeiten staatlicher Sparzwänge öffentliche Gelder nötig, um funktionierende Versorgungsnetze im Quartier zu schaffen. Auf professionelle Beratungs- und Vermittlungsstellen, die die Arbeit im Quartier organisieren, kann nicht verzichtet werden. Wie für die Wohnberatungsstellen gilt: Je länger und erfolgreicher sie arbeiten, desto mehr zahlen sie sich aus.

Betreutes Wohnen zu Hause

„Betreutes Wohnen“ ist nicht nur in einem speziell dafür errichteten Haus oder einer Wohnanlage möglich (→ Seite 120), sondern auch in der angestammten Wohnung – vorausgesetzt, sie ist dafür geeignet oder wird entsprechend angepasst. Das Konzept des „Betreuten Wohnens zu Hause“ (auch „Betreutes Wohnen im Quartier/ im Bestand/ohne Umzug“ oder „Dezentrales Betreutes Wohnen“ genannt) bietet die Sicherheit abrufbarer, professionell organisierter Service- und Betreuungsleistungen, ohne dass dafür ein Umzug nötig wäre. Anders als bei der Unterstützung durch einzelne Dienste liegt die Koordination von Hilfeleistungen in einer Hand und die Betreuten haben feste Ansprechpartner („zugehende Beratung“).

Allein lebende alte Menschen laufen Gefahr, sich zu überfordern oder zu vernachlässigen, wenn die Kräfte allmählich nachlassen. Davor schützt eine zuverlässige Betreuung mit regelmäßigen Hausbesuchen.

Wer also in seiner vertrauten Umgebung bleiben möchte, sich aber im Alltag Unterstützung wünscht und die Gewissheit, dass bei Bedarf schnell Hilfe zur Stelle ist, kann mit einem entsprechenden Anbieter einen Betreuungsvertrag abschließen. Denn vor allem das Alleinleben im Alter birgt Risiken. Dies sind statistisch gesehen vor allem Unfälle und Stürze, aber auch schlechte Ernährung, Vereinsamung und mangelnde Hygiene. Allein lebende alte Menschen laufen Gefahr, sich zu überfordern oder zu vernachlässigen, wenn die Kräfte allmählich weniger werden. Wenn eine solche Entwicklung schleichend verläuft, wird sie von den Betroffenen selbst manchmal gar nicht richtig wahrgenommen.

Davor schützt eine zuverlässige Betreuung mit regelmäßigen Hausbesuchen. Sie sind ein wesentlicher Bestandteil des „Betreuten Wohnens zu Hause“. Da Beratungsleistungen von den Pflegekassen nicht übernommen werden, können ambulante Dienste sie nur begrenzt anbieten. Im Rahmen einer häuslichen Pflege fehlt den Mitarbeiterinnen und Mitarbeitern meist schlicht die Zeit für ein ausführliches Gespräch.

Leider ist „Betreutes Wohnen zu Hause“ in den meisten Gegenden noch Zukunftsmusik. Bisher gibt es relativ wenige Projekte, die von unterschiedlichen Trägern – Wohnungsbaugesellschaften, Kommunen, gemeinnützigen Vereinen, Altenhilfeeinrichtungen – ins Leben gerufen worden sind. Mal richtet sich das Angebot nur an ältere Bewohner einer Siedlung, mal an Hilfebedürftige einer ganzen Gemeinde. So wie die Betreuungskonzepte sind auch die vertraglichen Vereinbarungen und die Finanzierung von Projekt zu Projekt verschieden.

Leistungen

Das Leistungsangebot besteht meist aus Grundleistungen, für die in der Regel eine Betreuungspauschale erhoben wird, und gesondert abgerechneten Wahlleistungen, die bei Bedarf in Anspruch genommen werden können. Letztere sind vor allem hauswirtschaftliche Hilfen, Einkaufsdienste, Essen auf Rädern, Besuchs- und Begleitdienste und auch ambulante Pflege. Zu den Grundleistungen gehören:

- Beratung: Die Mitarbeiter des Projekts stehen den Teilnehmern bei Bedarf zu den üblichen Dienstzeiten als Ansprechpartner zur Verfügung.
- Information: Die Teilnehmer erhalten Informationen über die Angebote für ältere Menschen im Stadtviertel.
- Vermittlung und Organisation von Hilfsdiensten.
- Regelmäßiger Kontaktbesuch („zugehende Beratung“): Wöchentlich, vierzehntägig oder monatlich kommt ein persönlicher Betreuer ins Haus, der bei allen Alltagsproblemen mit Rat und Tat zur Seite steht. So kann er auch einen wachsenden Hilfebedarf rechtzeitig erkennen.

Weitere Grundleistungen können je nach Projekt der Anschluss an ein Notrufsystem sowie die Organisation von Freizeitangeboten sein. Die monatliche Pauschale liegt häufig unter 50 Euro, kann aber auch um die 100 Euro betragen. Die Gebühr variiert je nach Anbieter, ob Fachkräfte oder Ehrenamtliche ins Haus kommen, ob der Träger mit Zuschüssen arbeitet oder nicht.

■ SIMBA: Sicherheit im Alter – betreut zu Hause

Das SIMBA-Projekt des Sozialdienstes Unterpfaffenhofen in Germering (Bayern) betreut seit Herbst 2002 ältere und behinderte Menschen in ihrer Wohnung, um ihnen trotz Hilfebedürftigkeit eine eigenständige Lebensführung zu ermöglichen. SIMBA wurde in den ersten zwei Jahren aus Landesmitteln gefördert und wissenschaftlich begleitet.

Alle Teilnehmer des Projekts haben einen Betreuungsvertrag mit dem Sozialdienst abgeschlossen. Die monatliche Grundpauschale ist mit 95 bis 145 Euro (je nach Anzahl der Personen und dem Grad der Pflegebedürftigkeit) relativ hoch, schließt aber viele Leistungen ein: wöchentliche Hausbesuche durch geschulte Betreuer, die Bereitstellung eines 24-Stunden-Hausnotrufs, Beratung und Information (auch von Angehörigen), Hilfe bei Behördenangelegenheiten, Unterstützung im Krankheitsfall und die Vermittlung von Hilfsdiensten. Bei Bedarf können die Teilnehmer jederzeit Wahlleistungen wie die Versorgung durch ambulante Pflegekräfte in Anspruch nehmen. Außerdem organisiert SIMBA monatliche Treffen der Projektteilnehmer mit der Möglichkeit zum Kennenlernen sowie gegenseitigen Austausch, und manchmal gemeinsame Ausflüge. Die Treffen erfreuen sich großer Beliebtheit, und auch die Beratungs- und Dienstleistungsangebote werden rege genutzt.

Kontakt

Sozialdienst Germering e. V.
Planegger Straße 9/III
82110 Germering
Tel. 089/84 00 57 17
becker@sd-germering.de
Bürozeiten:
Mo. 15 bis 18 Uhr,
Di. bis Fr. 9 bis 12 Uhr

Das Interesse am Betreuten Wohnen zu Hause war in Germering von Anfang an sehr groß, und die Vorteile haben sich schnell herumgesprochen. Das lag zu einem guten Teil daran, dass sowohl die Bürger als auch alle Hilfsdienste vor Ort von vornherein in das Projekt einbezogen wurden. Auf Anregung interessierter Senioren hat SIMBA das zusätzliche Angebot eines Optionsvertrags eingeführt: Gegen eine monatliche Gebühr von 25 Euro wird Kunden, die erst zu einem späteren Zeitpunkt einen Betreuungsvertrag wünschen, die jederzeitige Aufnahme in das Projekt garantiert. Sie werden zu den monatlichen Projekt-Treffen eingeladen, können die Beratung des Dienstes in Anspruch nehmen, ab und zu werden sie von den Mitarbeitern zu Hause angerufen. Im Herbst 2005 gab es neben 30 Betreuungsverträgen insgesamt 90 Optionsverträge und eine Warteliste für Optionsvereinbarungen mit rund 50 Interessenten.

Für Unterstützung im Krankheitsfall ist gesorgt.

SIMBA-Geschäftsführerin Sonja Thiele sieht insbesondere die persönliche und flexible Art der Betreuung als Grund für den Erfolg des Projekts: „Unser Ziel ist es, die persönlichen Kompetenzen unserer Kunden zu erhalten oder ihnen zu helfen, sie zurückzubekommen. Viele Hilfebedürftige scheuen sich, Unterstützung in Anspruch zu nehmen, weil sie befürchten, ihre Selbstständigkeit dann ganz zu verlieren, nach dem Motto ‚einmal Pflege – immer Pflege'. Bei uns ist es aber möglich zu sagen: Ich brauche jetzt jemanden, der mich nur so lange betreut, bis ich mich von meiner Krankheit erholt habe, danach komme ich wieder allein zurecht. Die Kunden können ihren Betreuungsvertrag auch in eine Option zurückverwandeln, wenn sie weniger Unterstützung brauchen."

Die Monatspauschale ist für die betreuten Senioren nach den Erfahrungen des Sozialdienstes kein Hinderungsgrund, an SIMBA teilzunehmen. Zudem sorgt eine Vereinbarung mit dem örtlichen Sozialamt dafür, dass auch Bedürftige SIMBA nutzen können.

Ambulante Pflegedienste

Ambulante Pflegedienste helfen, wenn Pflege und Betreuung nötig werden und machen es in vielen Fällen möglich, trotz Pflegebedürftigkeit zu Hause wohnen zu bleiben. Ohne die fachliche Beratung, Unterstützung und Entlastung durch die Profis wäre eine Pflege zu Hause sehr oft eine Überforderung für die Angehörigen – und eine schlechte und unter Umständen gefährliche Lösung für die Pflegebedürftigen; natürlich besonders dann, wenn sie allein leben. Viele Menschen in einer Pflegesituation empfinden es auch als seelisch äußerst entlastend, wenn statt eines Familienmitglieds eine neutrale Person die Körper- und Intimpflege oder die Begleitung beim Toilettengang übernimmt.

Ambulante Pflegedienste entlasten die Angehörigen und machen es in vielen Fällen möglich, trotz Pflegebedürftigkeit zu Hause wohnen zu bleiben.

Ambulante Pflegedienste bieten meist Leistungen der so genannten Grundpflege (Körperpflege, Ernährung, Mobilisation), der medizinischen Behandlungspflege (Pflege, die aufgrund einer Erkrankung nötig ist und vom Arzt verordnet wird) sowie Unterstützung im hauswirtschaftlichen Bereich an. Sie informieren und beraten darüber hinaus bei allen Fragen rund um die häusliche Pflege und vermitteln Hilfsdienste (→ Seite 59). Manche Pflegedienste bieten auch Krankengymnastik und Rehabilitationsmaßnahmen sowie Pflegekurse und Gesprächsgruppen für Angehörige an.

Die größten Pflegedienste sind zumeist die von den Verbänden der freien Wohlfahrtspflege, den Kirchen oder Gemeinden getragenen Sozialstationen. Unter ihrem Dach arbeiten Teams aus Kranken-, Familien- und Altenpflegern sowie Zivildienstleistenden. Daneben gibt es immer mehr private Pflegedienste unterschiedlicher Größe, vom kleinen spezialisierten Team bis zur „Pflegefirma“ mit großem Mitarbeiterstab.

Das Angebot an ambulanten Hilfen – und auch deren Qualität – ist von Ort zu Ort sehr unterschiedlich. Deshalb ist es ratsam, die verfügbaren Möglichkeiten genau zu prüfen, bevor man sich für einen Dienst entscheidet.

Einen Pflegedienst auswählen

Der erste Schritt auf der Suche nach einem geeigneten Pflegedienst ist eine allgemeine Beratung, wie sie zum Beispiel die Sozialstationen der Wohlfahrtsverbände anbieten. In vielen Städten oder Landkreisen haben Kommunen, Wohlfahrtseinrichtungen oder Verbraucherzentralen (Adressen → Seite 202) Pflegeberatungsstellen eingerichtet. Daneben erteilen auch die Sozialämter und natürlich die Pflegekassen erste Informationen. Dort sind in der Regel auch Adresslisten der ortsansässigen Pflegedienste erhältlich.

Um verschiedene Angebote vergleichen und eine Vorauswahl treffen zu können, empfiehlt es sich, zunächst mehrere Dienste anzurufen und um Zusendung von Informationsmaterial zu bitten. Dieses sollte Auskunft über die angebotenen Pflegeleistungen geben, außerdem eine Preisliste und ein Muster des Pflegevertrags enthalten. Ein Besuch der Dienste, die infrage kommen, und ein ausführliches persönliches Gespräch mit den Mitarbeitern vermitteln neben detaillierteren Informationen auch einen Eindruck von der menschlichen Atmosphäre der Einrichtung. Ein Pflegedienst sollte über dieses Erstgespräch hinaus zu einem kostenlosen und unverbindlichen Hausbesuch bereit sein.

Neben der fachlichen ist die menschliche Qualität der ambulanten Pflegekräfte entscheidend. Die Sympathie zwischen den professionellen Betreuern, den Betreuten und ihren Angehörigen ist eine der wichtigsten Voraussetzungen für das Gelingen einer häuslichen Pflege.

Auswahlkriterien

Die folgenden Fragen sind wichtige Auswahlkriterien bei der Suche nach einem geeigneten Pflegedienst:

- Hat der Pflegedienst mit der Pflegekasse einen Versorgungs- und Vergütungsvertrag für alle Pflegestufen abgeschlossen? Dies ist die Voraussetzung dafür, dass der Dienst mit der Pflegekasse abrechnen kann.

- Wie viele fest angestellte Fachkräfte arbeiten bei dem Pflegedienst? Es ist kein gutes Zeichen, wenn ein Betrieb im Verhältnis zu seiner Größe mit relativ wenigen Fachkräften und viel Hilfspersonal arbeitet.
- Kann der ambulante Dienst alle Bereiche abdecken, in denen Hilfe benötigt wird?
- Können die Einsätze des Pflegedienstes mit Rücksicht auf die Gewohnheiten des Betreuten geplant werden, zum Beispiel auf die Zeiten des Aufstehens und Zu-Bett-Gehens? Sind bei Bedarf auch zusätzliche Einsätze möglich, auch am Wochenende oder in der Nacht, falls sich der Gesundheitszustand des Pflegebedürftigen kurzfristig verschlechtert?
- Arbeitet der Dienst nach einem bestimmten Pflegekonzept? – Wenn eine Einrichtung nach einem durchdachten Konzept arbeitet und die eigene Arbeit immer wieder überprüft, spricht dies für die Qualität ihrer Leistungen. Lassen Sie sich das Pflegekonzept ausführlich erklären.

Je besser der Pflegedienst mit anderen Einrichtungen und Institutionen im Gesundheitsbereich zusammenarbeitet, desto größer ist die Palette der verfügbaren Hilfen.

- Je besser der Pflegedienst mit anderen Einrichtungen und Institutionen im Gesundheitsbereich zusammenarbeitet – also zum Beispiel mit dem sozialen Dienst einer Klinik, mit Tagesstätten, teilstationären Einrichtungen und auch den behandelnden Hausärzten seiner Kunden –, desto größer ist die Palette der verfügbaren Hilfen, an Information und Beratung für den pflegebedürftigen Kunden und seine Angehörigen. Außerdem spricht eine gute „Vernetzung“ für die Betreuungsqualität und den Teamgeist des Pflegedienstes.
- Wird ein individueller Pflegeplan für den Pflegebedürftigen erarbeitet und zusammen mit den Angehörigen besprochen? Ist neben den pflegerischen Tätigkeiten genügend Zeit auch für ausführlichere Gespräche vorgesehen? – Eine gute Pflege ist nurmöglich, wenn sie auf die persönlichen Bedürfnisse des Pflegebedürftigen zugeschnitten ist und der zwischenmenschliche Kontakt zu den Betreuten und ihren Angehörigen nicht zu kurz kommt.

- Ist der Standort des Pflegedienstes in der Nähe und kennen sich die Mitarbeiter in Ihrem Wohngebiet aus? Oder müssen sie aus einer ganz anderen Gegend anfahren?
- Wie viele Mitarbeiter werden den Pflegebedürftigen betreuen? Ist es möglich, von einem kleinen, festen Mitarbeiterteam versorgt zu werden? Gibt es einen bestimmten Ansprechpartner, falls Probleme auftreten sollten? – Je geringer die Fluktuation des Pflegepersonals, desto eher kann ein Vertrauensverhältnis zwischen Betreuern und Betreuten entstehen. Ein gewisser Wechsel der Pflegekräfte ist wegen verschiedener Dienstzeiten, Urlaub, Krankheit etc. kaum zu vermeiden. Deshalb sollte es unbedingt einen festen Ansprechpartner geben, der für die Betreuung des Kunden insgesamt verantwortlich ist.
- Wird die Pflege ausführlich und nachvollziehbar dokumentiert und die Dokumentation in der Wohnung des Betreuten hinterlegt? – Dies ist gesetzlich vorgeschrieben und für eine eventuelle Krankenhauseinweisung oder auch einen Wechsel des Pflegedienstes sehr wichtig. Außerdem lässt sich anhand der Pflegedokumentation auch die monatliche Abrechnung des Pflegedienstes kontrollieren: durch einen Vergleich der Aufzeichnungen über die erbrachten Pflegeleistungen mit den berechneten.
- Ist die Kostenkalkulation verständlich? Aus der Kalkulation sollte deutlich hervorgehen, welche Kosten die Pflegekasse übernimmt, und welche Leistungen selbst gezahlt werden

Tipp: Preisvergleich

Beim Vergleich der Preise für die Pflegeleistungen ist zum Beispiel der veranschlagte Zeitaufwand pro Leistung zu berücksichtigen, und ob diese von einer **Fachkraft** oder einer **Hilfskraft** ausgeführt wird. Für Leistungen, die Hilfskräfte ausführen, bezahlen die Pflegekassen in manchen Bundesländern weniger. Sie müssen den Kunden daher auch preiswerter berechnet werden. Private Pflegedienste sind dazu berechtigt, ihren Kunden anteilige Betriebskosten („Investitionskosten") in Rechnung zu stellen, da sie nicht öffentlich bezuschusst werden. Je größer der Dienst, desto geringer ist in der Regel der Anteil an diesen Kosten für den einzelnen Kunden. Zur besseren Orientierung können Sie bei den Pflegekassen Preisvergleichslisten der ortsansässigen Pflegedienste anfordern.

müssen. Es ist in jedem Fall zu empfehlen, sich einen Kostenvoranschlag machen und das Abrechnungsverfahren erklären zu lassen. Bei der Prüfung der Kosten kann eine neutrale Pflegeberatung, wie zum Beispiel die Beratung der Verbraucherzentralen, helfen (Adressen → Seite 207).

Kosten und Pflegevertrag

Der monatlichen Abrechnung der Pflegedienste liegen so genannte Leistungspakete oder -komplexe zugrunde. In ihnen sind bestimmte Pflegetätigkeiten zusammengefasst – zum Beispiel alle Verrichtungen, die zur Hilfe beim morgendlichen Aufstehen, Waschen und Anziehen oder rund um ein Vollbad nötig sind.

Der Preisrahmen und teilweise auch die Inhalte der einzelnen Leistungspakete sind von Bundesland zu Bundesland verschieden, da sie auf Länderebene zwischen Pflegekassen und Pflegediensten vereinbart werden. Über die aktuellen, vor Ort üblichen Leistungspakete und Preise informieren die Pflegekassen.

Im Vertrag zwischen Pflegedienst und Kunde werden der vereinbarte Leistungsumfang, die Zeiten und Kosten der Pflegeeinsätze festgehalten. Pflegedienste, die Versorgungs- und Vergütungsverträge mit den Kassen abgeschlossen haben, sind bei der Vertragsgestaltung an einen landesweit geltenden Rahmenvertrag gebunden. Dieser ist dem Pflegevertrag üblicherweise als Anlage beigefügt.

Die Kosten für Leistungen, die die Pflegekasse nicht übernimmt (wie zum Beispiel Wäscheservice, Besuchsdienste oder mehr Pflegeleistungen, als dem Pflegebedürftigen seiner Pflegestufe nach zustehen), sollten im Vertrag genau festgehalten werden. Die Preise solcher zusätz-

Unterbrechung der Pflege

Wenn die Pflege unterbrochen oder beendet wird, dürfen die vereinbarten Leistungen nicht weiterberechnet werden. Aus dem Vertrag sollte klar hervorgehen, dass das Pflegeverhältnis zum Beispiel während eines Klinikaufenthalts des Pflegebedürftigen ruht und mit seinem Tod sofort endet (und nicht etwa bis zum Ende des Sterbemonats weiterbesteht).
Einen Pflegetermin, den der Kunde nicht rechtzeitig abgesagt hat (bis spätestens 12 Uhr des Vortages), darf der Pflegedienst berechnen – allerdings nur zu 80 Prozent und ohne Fahrtkosten.

licher Leistungen sollen im Rahmen der landesweit geltenden Vergütungssätze liegen.

Bevor Sie einen Vertrag unterschreiben, sollten Sie die Möglichkeit haben, ihn in Ruhe zu Hause zu prüfen. Nicht akzeptabel sind beispielsweise

- Forderungen nach Abschlagszahlungen, Vorschusszahlungen oder einer Einzugsermächtigung. Pflegedienste sind gehalten, jeweils am Monatsanfang die im Vormonat erbrachten Leistun-

Die Leistungen der Pflegeversicherung – eine Übersicht

Die Pflegeversicherung ist mit dem ausdrücklichen Ziel eingeführt worden, die Pflege zu Hause zu fördern. Anerkannt Pflegebedürftige haben Anspruch auf das so genannte **Pflegegeld**, das sie pflegenden Angehörigen oder anderen ehrenamtlichen Helfern als finanzielle Unterstützung weitergeben. Sie haben die Möglichkeit, ambulante Pflegedienste hinzuzuziehen und bis zu vier Wochen eine Vertretungs-Pflegekraft einzustellen, wenn die Hauptpflegeperson in Urlaub geht oder verhindert ist. Nicht zuletzt bekommen Angehörige oder Freunde für ihren Pflegeeinsatz, wenn er wöchentlich mehr als 14 Stunden beansprucht, Rentenbeiträge gut geschrieben und sind unfallversichert.

Es können aber auch Pflegeleistungen ambulanter Dienste – so genannte **Sachleistungen** – von der Pflegekasse bis zu einer bestimmten Höhe finanziert werden. Pflegegeld und Sachleistungen lassen sich kombinieren, was besonders für Angehörige, die allein pflegen, eine große Entlastung bedeuten kann.

Als pflegebedürftig im Sinne des Pflegeversicherungsgesetzes gilt, „wer wegen einer körperlichen, geistigen oder seelischen Krankheit oder Behinderung für die gewöhnlichen und regelmäßig wiederkehrenden Verrichtungen im Ablauf des täglichen Lebens auf Dauer, voraussichtlich für mindestens sechs Monate, in erheblichem oder höherem Maße der Hilfe bedarf".

Die Pflegekassen zahlen Hilfen bei „wiederkehrenden Verrichtungen" in den vier Bereichen Körperpflege, Ernährung, Mobilität und Haushalt. Die ersten drei Bereiche gelten als „Grundpflege". Um den jeweiligen Grad der Pflegebedürftigkeit zu beschreiben, definiert das Gesetz drei „Pflegestufen" (sowie den „Härtefall", der hier als seltener Spezialfall jedoch nicht erläutert wird). Die Zuordnung zu einer der drei Stufen ist entscheidend für den Umfang der gewährten Leistungen. Als Mindestvoraussetzung gilt ein Pflegebedarf von wenigstens 90 Minuten täglich. Der Hilfebedarf im Bereich der „Grundpflege" hat dabei Vorrang vor dem bei der Haushaltsführung.

Die Einstufungskriterien sind:

- **Stufe I**, erheblich pflegebedürftig: Hilfe wird mindestens 90 Minuten pro Tag bei wenigstens zwei „Verrichtungen" benötigt. Der Aufwand für die Grundpflege muss dabei mindestens 45 Minuten betragen.

gen abzurechnen. Pflegebedürftige müssen Leistungen, die die Pflege-, die Krankenkasse oder das Sozialamt übernehmen, also keinesfalls vorfinanzieren.

- lange Kündigungsfristen. Die gesetzlich vorgeschriebene Kündigungsfrist beträgt zwei Wochen – länger darf kein Pflegebedürftiger verpflichtet sein, einen Pflegedienst zu akzeptieren, mit dem er nicht zurechtkommt. Ein Pflegedienst sollte seine Kunden nach einer Kündigung allerdings noch mindestens vier

- **Stufe II**, schwer pflegebedürftig: Hilfe ist dreimal täglich für insgesamt mindestens drei Stunden nötig, davon beansprucht die Grundpflege wenigstens zwei Stunden.
- **Stufe III**, schwerstpflegebedürftig: Hier ist eine Rund-um-die-Uhr-Bereitschaft erforderlich, wobei der tatsächliche Zeitaufwand mindestens fünf Stunden täglich betragen muss, davon wenigstens vier Stunden für die Grundpflege.

Die Pflegekassen gewähren je nach Pflegestufe folgende Leistungen (Stand April 2006):

- Monatliches **Pflegegeld**, wenn Angehörige oder Freunde („Laienhelfer") die Betreuung übernehmen: 205 Euro bei Stufe I, 410 Euro bei Stufe II, 665 Euro bei Stufe III.
- Pflegevertretung für vier Wochen pro Jahr: Durch Fachkräfte 1432 Euro bei allen Stufen; durch Laienhelfer Pflegegeld-Sätze je nach Stufe.
- Monatliche **Sachleistungen**: Für die Pflege durch ambulante Dienste 384 Euro bei Stufe I, 921 Euro bei Stufe II, 1432 Euro bei Stufe III. Für eine teilstationäre Tages- oder Nachtpflege gelten dieselben Sätze.
- Stationäre Kurzzeitpflege: Für alle Pflegestufen 1432 Euro pro Jahr (vier Wochen).
- Pflegeheimplatz: Wenn eine ambulante Pflege zu Hause nicht mehr möglich ist, beteiligt sich die Pflegekasse mit festen Sätzen an den Heimkosten: 1023 Euro bei Stufe I, 1279 Euro bei Stufe II, 1432 Euro bei Stufe III monatlich. Durch die Zahlungen werden lediglich die Kosten der Pflegeleistungen bis zu den genannten Beträgen abgedeckt, darüber hinausgehende Pflegekosten sowie die so genannten Hotelkosten (Unterkunft und Verpflegung) müssen privat bezahlt werden.
- Pflegehilfsmittel: Verbrauchsprodukte wie Einmalhandschuhe oder Bettvorlagen (Nässeschutz), technische Hilfsmittel von der Gehhilfe bis zum Pflegebett.
- Zuschüsse für Maßnahmen der Wohnungsanpassung (→ Seite 53).

Wochen weiterversorgen, damit die Chance besteht, sich rechtzeitig nach einem anderen Dienst umzusehen.

- der Haftungsausschluss oder die Haftungsbeschränkung für Schäden, die Mitarbeiter des Pflegedienstes verursacht haben. Die ausreichende Versicherung gegen solche Schäden ist Sache des Pflegedienstes. Für Schäden, die Kooperationspartner des Pflegedienstes (zum Beispiel ein Essensdienst) zu verantworten haben, haften diese.
- Klauseln, die die Berechnung nicht vertraglich vereinbarter und nicht näher definierter Leistungen zulassen, wie zum Beispiel „im Bedarfsfall erforderliche weitere Pflegeleistungen".
- die Möglichkeit zu rückwirkenden Preiserhöhungen. Jede Preiserhöhung muss der Pflegedienst vier Wochen vorher schriftlich ankündigen und sie berechtigt den Kunden zur sofortigen Kündigung.

Normalerweise unterschreibt der Pflegebedürftige selbst den Pflegevertrag. Die zusätzliche Unterschrift eines Angehörigen ist nicht nötig – es sei denn, der Pflegebedürftige ist nicht zur Unterzeichnung in der Lage, beispielsweise weil er blind oder demenzkrank ist. In diesem Fall dürfen aber nicht automatisch Angehörige unterzeichnen, wie dies häufig fälschlicherweise angenommen wird. Nur wer vom Pflegebedürftigen dazu bevollmächtigt oder vom Gericht als sein gesetzlicher Betreuer bestellt wurde, darf die Unterschrift leisten.

Sollte es später zu Problemen in der Zusammenarbeit mit einem Pflegedienst kommen, kann man sich mit konkreten Beschwerden an den Medizinischen Dienst der Krankenkassen (MDK) wenden. Der MDK ist auch berechtigt, die Abrechnungen der Pflegedienste mit den Kassen zu überprüfen.

Teilstationäre Betreuung

In teilstationären Pflegeeinrichtungen werden hilfebedürftige Menschen entweder tagsüber oder während der Nacht von professionellen Pflegekräften betreut. Dadurch können Pflegebedürftige, die in der eigenen Wohnung allein nicht mehr zurechtkommen oder in der Familie nicht (mehr) rund um die Uhr versorgt werden können, trotzdem weiter zu Hause wohnen. Für Angehörige bedeutet die Möglichkeit der Tages- oder Nachtpflege außer Haus meist eine große Entlastung.

Im Bereich der Altenhilfe ist die teilstationäre Pflege zwar kein neues, aber dennoch nicht überall verfügbares Angebot. Wo es sie gibt, schließt sie eine Lücke zwischen der ambulanten Betreuung durch Pflegedienste in der eigenen Wohnung und der stationären Pflege im Heim. Eine Betreuung tagsüber kann Pflegebedürftigen den Umzug in ein Heim ersparen. Insbesondere bei Tagespflegeplätzen ist der Bedarf derzeit jedoch erheblich größer als das Angebot.

Informationen über teilstationäre Einrichtungen in Ihrer Nähe erhalten Sie beim Sozialamt, bei den Wohlfahrtsverbänden, ambulanten Pflegediensten, Beratungsstellen oder bei Ihrer Pflege- beziehungsweise Krankenkasse.

Tagespflege

In einer Tagespflege-Einrichtung verbringen Pflegebedürftige bis zu acht Stunden täglich (meist von 8 bis 16 Uhr), wohnen und schlafen jedoch in der eigenen Wohnung oder bei ihren Angehörigen. Ein Fahrdienst holt sie morgens ab und bringt sie nachmittags wieder zurück. Beim Aufstehen und Zu-Bett-Gehen, während der Nacht und meist auch am Wochenende werden sie zu Hause von ihren Angehörigen oder von ambulanten Betreuern versorgt. Der Zeitraum der Tagesbetreuung sollte individuell abgesprochen werden können – also zum Beispiel auch halbtags und je nach Bedarf auch mal einige Stunden länger.

Eine Tagesbetreuung kann die Pflege zu Hause wesentlich erleichtern oder überhaupt erst ermöglichen. Wenn die Tageseinrichtung eine Pflege mit aktivierenden Angeboten praktiziert, ist sie zudem eine sehr nützliche Ergänzung zur häuslichen Pflege.

Allein lebenden älteren Menschen bietet die Tagesbetreuung auch Wege aus einer drohenden Vereinsamung. Die Pflegebedürftigen kommen aus dem Haus und erhalten dadurch neue Anregungen und Kontaktmöglichkeiten, können meist auch sportliche oder kulturelle Freizeitangebote nutzen und trainieren ihre noch vorhandenen Fähigkeiten. Die Erfahrung zeigt, dass viele Hilfebedürftige, die sich zu Hause einsam fühlen und Schwierigkeiten haben, sich selbst zu versorgen, durch den regelmäßigen Besuch einer Tagespflegegruppe wieder aufleben und sich ihr Zustand insgesamt verbessert.

Eine relativ neue Form der Tagespflege stellen Betreuungsgruppen für Demenzkranke dar. In diesen Gruppen werden in der Regel drei bis acht Personen an ein oder zwei Tagen in der Woche für einige Stunden betreut.

Wer bietet Tagespflegeplätze an?

Derzeit werden die meisten Tagespflegeplätze von Alten- und Pflegeheimen angeboten. In diesem Fall verbringen die Hilfebedürftigen, die nicht im Heim wohnen, ihren Tag in der Regel zusammen mit den Heimbewohnern. Das Tagesprogramm – Freizeitaktivitäten, Mahlzeiten, Therapieangebote – ist meist das im jeweiligen Heim übliche.

Es gibt jedoch auch spezielle Tagespflege-Einrichtungen, die keiner stationären Einrichtung angeschlossen sind, zum Beispiel von den Wohlfahrtsverbänden, der Gemeinde, von freien Trägern, manchmal auch von ambulanten Pflegediensten. Manche haben den offenen Charakter eines Nachbarschaftszentrums oder Seniorentreffs, bieten jedoch auch therapeutische Betreuung an.

Die Angebote der Tagespflege sind von Ort zu Ort unterschiedlich. Informieren Sie sich deshalb gründlich und nehmen Sie die Einrichtung persönlich in Augenschein, bevor Sie sich entscheiden.

Beweglichkeitsübungen in der Gruppe

Wie sieht eine gute Einrichtung aus?

Eine gute Einrichtung bietet eine klare, aber nicht zu starre Tagesstruktur und arbeitet mit einem Konzept, das speziell auf die Tagespflege ausgerichtet ist. Das Tagesprogramm sollte flexibel auf die Bedürfnisse der hilfebedürftigen Gäste abgestimmt sein: So brauchen demenzkranke Pflegebedürftige einen stets gleichen Tagesablauf, während sich körperlich eingeschränkte Tagesgäste über Abwechslung freuen. In der Regel umfasst das Angebot einer Tageseinrichtung:

- Transport von der Wohnung in die Einrichtung und zurück durch einen Fahrdienst,
- Verabreichen der Mahlzeiten, je nach Dauer der Betreuung vom Frühstück bis zum Nachmittagskaffee,
- Pflege: je nach Bedarf Hilfe beim Essen, beim Toilettengang oder bei der Einnahme von Medikamenten; medizinische Behandlung,
- Therapieangebote: Heilgymnastik, Mobilitätsübungen, Gedächtnistraining, Kontinenztraining,
- Beschäftigung und Alltagsaktivitäten: handarbeiten, malen, spielen, singen, Musik hören, lesen oder vorlesen, Spaziergänge und Ausflüge; Teilnahme an hauswirtschaftlichen Tätigkeiten, die im Tagesablauf anfallen,
- Soziale Kontakte und Austausch: Gesprächskreise, psychosoziale Betreuung.

Nacht- und Wochenendpflege

In einer Einrichtung mit Nachtpflege werden Hilfebedürftige vom frühen Abend bis zum Aufstehen am nächsten Morgen betreut. Tagsüber übernehmen die Angehörigen oder ambulante Dienste die Pflege. Nachtpflegeplätze sind sinnvoll für Pflegebedürftige, die nachts sehr unruhig oder ängstlich sind oder die während der Nacht medizinisch versorgt werden müssen. Ein Nachtpflegeplatz erleichtert auch den Angehörigen die häusliche Pflege erheblich: Viele Tätigkeiten der Grundpflege (waschen, aus- und anziehen, zu Bett bringen, beim Aufstehen helfen) werden ihnen abgenommen, und sie können ungestört und unbesorgt durchschlafen. Nachtpflege-Einrichtungen sind bisher allerdings eine Seltenheit – das Angebot ist nicht sehr bekannt, und die Nachfrage ist geringer als bei Tagespflegeplätzen.

Noch sind Nachtpflege-Einrichtungen eine Seltenheit.

Kosten

Die Kosten für einen Tages- oder Nachtpflegeplatz übernimmt die Pflegeversicherung bis zu den je nach Pflegestufe festgelegten Höchstbeträgen für Pflegesachleistungen (→ Seite 78). Die teilstationäre Einrichtung muss allerdings einen Versorgungsvertrag mit den Pflegekassen abgeschlossen haben.

Übernommen werden nur die Pflegekosten im Rahmen des Pflegeversicherungsgesetzes. Die so genannten „Hotelkosten" (Verpflegung, bei Nachtpflegeplätzen auch die Unterkunft), je nach Bundesland Beiträge zu den „Investitionskosten" der Einrichtung sowie die Kosten für zusätzliche Angebote wie Freizeitaktivitäten, müssen die Versicherten wie bei einem Heimplatz selbst zahlen. Diese Kosten sind im jeweiligen Pflegesatz der Einrichtung enthalten. Für Bedürftige übernimmt auf Antrag das Sozialamt diesen Kostenanteil. Fahrtkosten, die die Einrichtung berechnet, übernimmt die Pflegekasse als „pflegebedingte Aufwendung".

Kurzzeitpflege

Kurzzeitpflege ist eine vollstationäre Versorgung in einem Heim, wenn die Pflege zu Hause vorübergehend nicht möglich ist. Sie bietet in vielen Fällen wertvolle Unterstützung, denn sie kann helfen, schwierige Phasen zu überbrücken, und so sicherstellen, dass es beispielsweise trotz einer zeitweiligen Verschlechterung des Gesundheitszustands möglich ist, langfristig zu Hause wohnen zu bleiben.

Kurzzeitpflegeplätze werden meist von Alten- oder Pflegeheimen angeboten. Auf Kurzzeitpflege spezialisierte Einrichtungen sind bisher selten. Es gibt aber auch Kurzzeit-Pflegeabteilungen an einzelnen Krankenhäusern.

Alle Pflegebedürftigen, die normalerweise zu Hause betreut werden, haben ein Anrecht auf bis zu vier Wochen Kurzzeitpflege im Jahr. Die Pflegekasse bezuschusst dies mit insgesamt bis zu 1432 Euro jährlich (→ Übersicht Seite 78). Die Kosten sind ähnlich wie im Pflegeheim, können aber auch wegen des größeren Aufwands etwas darüber liegen.

Pflegebedürftige können diese Zuschüsse zur Kurzzeitpflege in Anspruch nehmen, wenn die häusliche Pflege zeitweise nicht im erforderlichen Umfang möglich ist und auch Tages- oder Nachtpflege (→ Seite 84) nicht ausreicht. Dies kann zum Beispiel der Fall sein, wenn

- sie aus dem Krankenhaus entlassen werden, aber noch nicht wieder fit genug für eine Pflege zu Hause sind,
- ihre pflegenden Angehörigen krank oder im Urlaub sind,
- sie ihre Wohnung vorübergehend nicht nutzen können, weil sie altersgerecht umgebaut wird (→ Seite 30, Wohnungsanpassung),
- sich die Zeit bis zur Aufnahme für einen Therapieplatz in einem Rehazentrum verzögert,
- sich ihr Gesundheitszustand vorübergehend verschlechtert.

Frühzeitig anmelden

Während der Schulferienzeit sind Kurzzeitpflegeplätze besonders begehrt. Es ist daher sinnvoll, sich möglichst frühzeitig in der gewünschten Einrichtung anzumelden, wenn Sie Kurzzeitpflege während der Ferien in Anspruch nehmen möchten.

Bei der Wahl eines Kurzzeitpflegeplatzes sollte es nicht darum gehen, den Pflegebedürftigen lediglich für einige Zeit zu „verwahren“. Erkundigen Sie sich, welche therapeutischen Angebote und Leistungen die Einrichtung speziell für die Kurzzeit-Bewohnerinnen und -Bewohner bietet, zum Beispiel aktivierende Pflege und Hilfe zur Mobilisation.

Eine Kurzzeitpflege erlaubt zudem einen guten Einblick in den Alltag der gewählten Einrichtung. Dies kann eine große Entscheidungshilfe bei der Suche nach einem dauerhaften Pflegeplatz (→ Seite 167) bedeuten.

Die Wohnsituation verändern

Ein Umzug ist stets auch ein Aufbruch, ein Neuanfang. Immer mehr ältere Menschen sind dazu bereit. Sie entscheiden sich, ihr vertrautes Heim zu verlassen, um sich an einem anderen Ort für die kommende Lebensphase besser einzurichten, oder um eine andere Wohn- und Lebensform auszuprobieren.

Mit dem Ende der Berufstätigkeit beginnt für viele „junge Alte" eine Lebensphase, die Freiraum für eine Neuorientierung bietet. Die Kinder sind längst erwachsen, wohnen nicht mehr im Elternhaus, stehen auf eigenen Füßen. Wer gesundheitlich fit ist, hat jetzt noch etliche Jahre vor sich, die aktiv gestaltet werden können. Die eigene Wohn- und Lebenssituation den neuen Bedürfnissen entsprechend zu verändern und daneben auch für das höhere Alter vorzusorgen ist dafür eine gute Grundlage.

Untersuchungen haben gezeigt, dass vor allem jüngere Senioren sich mit einem Umzug noch einmal ganz neu orientieren wollen. Viele suchen nach dem Abschluss des Lebensabschnitts, in dem die Familie und der Beruf im Mittelpunkt standen, nach neuen Aufgaben und anderen Formen des Miteinanders.

Wenn dagegen ältere Senioren ihre vertraute Wohnung wechseln, steht der Versorgungsaspekt deutlich im Vordergrund. Eine „betreute" Wohnung scheint vielen ein guter Kompromiss zwischen dem Bedürfnis nach privatem, selbstständigem Wohnen einerseits und der Sicherheit und Unterstützung, wie sie sonst nur Altenheime bieten, andererseits.

Gemeinschaftliches Wohnen

Gemeinschaftlichen Wohnprojekten liegt die Idee des „selbstbestimmten" Lebens und Wohnens in einer Gemeinschaft von Älteren oder von Alt und Jung zugrunde. Über die Zusammensetzung der Gruppe wird selbst entschieden, das künftige Domizil entsprechend den vorhandenen Wohnwünschen und Bedürfnissen der Mitglieder selbst geplant und verwirklicht. Auch das spätere Zusammenleben gestalten die Bewohner eigenständig.

Wohnprojekte heißen im Fachjargon daher auch „selbstorganisiertes gemeinschaftliches Wohnen". Ob Wohn-, Hausgemeinschaft oder größeres Bauprojekt: Das Hauptanliegen der meisten Gruppen ist das Zusammenleben nach dem Motto „gemeinsam, aber unabhängig". Dabei steht der Sicherheits- und Versorgungsgedanke nicht unbedingt im Vordergrund. Die meisten solcher „Wahlgemeinschaften" eint der Wunsch nach einer besseren Lebensqualität und der Anspruch, zusammen etwas Sinnvolles zu schaffen.

Ein aktives Gemeinschaftsleben hilft, die Selbstständigkeit und die Gesundheit zu erhalten.

Viele Engagierte und Experten sehen in gemeinschaftlichen Wohnprojekten die Wohnform der Zukunft für ältere, aber auch für jüngere Menschen. Skeptiker wenden ein, dass diese Wohnformen, die ein erhebliches Maß an Einsatzbereitschaft und Gemeinsinn erfordern, nur für eine Minderheit der Älteren umsetzbar sei oder infrage komme. Wie dem auch sei: Stabile soziale Netze zu knüpfen und der Vereinzelung im Alter vorzubeugen ist eine notwendige Voraussetzung, um auch mit Handicaps selbstständig wohnen und leben zu können.

In Wohnprojekten läuft kaum jemand Gefahr zu vereinsamen, und das aktive Gemeinschaftsleben erhält und fördert die Selbstständigkeit wie die Gesundheit. Das Engagement für diese Wohnform und der Einzug in ein Gemeinschaftsprojekt sind insofern auch eine zusätzliche Vorbeugung gegen Krankheit und Pflegebedürftigkeit.

Wohngemeinschaften

Begeisterte Presseberichte über Wohngemeinschaften älterer Menschen malen idyllische Bilder vom zufriedenen Leben in „Wahlverwandtschaften“. Tatsächlich: Wenn solche Modelle funktionieren, können sie dem Einzelnen viel geben und gegenüber der „echten“ Großfamilie durchaus ihre Vorteile haben. Hier sind die Beziehungen untereinander nicht vorbelastet; man hat sich ausgesucht, mit wem man zusammenlebt.

Eine Wohngemeinschaft ziehen erfahrungsgemäß hauptsächlich Alleinlebende – und hier vor allem Frauen – in Betracht. Doch warum sollte nicht auch ein älter gewordenes Paar über Möglichkeiten des Zusammenlebens mit anderen nachdenken? Vor Einsamkeitsgefühlen ist man schließlich auch in einer Partnerschaft nicht unbedingt gefeit. Und im höheren Alter muss man damit rechnen, dass ein Partner irgendwann stirbt; dann ist es gut, wenn die Gemeinschaft dem Hinterbliebenen Halt geben kann.

Das klassische WG-Modell ist selten, da sich die meisten älteren Menschen mehr Privatsphäre wünschen.

In einer klassischen Wohngemeinschaft hat jeder Mitbewohner ein oder zwei eigene Zimmer, manchmal mit eigenem Bad. Das Zentrum jeder WG ist die (Wohn-)Küche, die wie das Wohnzimmer und meist auch das Bad wie in einer Familie gemeinsam benutzt wird. Je nach Wohnungsgröße und Wohnungsaufteilung ist die Möglichkeit, sich zurückzuziehen, auf das eigene Zimmer beschränkt.

Da sich die meisten älteren Menschen mehr Privatsphäre wünschen, ist das klassische WG-Modell selten. Hinzu kommt, dass sich viele Senioren kaum vorstellen können, mit Personen, die nicht der Familie angehören, auf engem Raum zusammenzuleben. Die nächsten Generationen werden in punkto Zusammenleben mit anderen höchstwahrscheinlich offener sein als die heute Hochbetagten. Viele der heute um die 50- bis 60-Jährigen haben bereits Wohngemeinschaftserfahrungen – und die Idee einer „Alten-WG“ hat sie vielleicht schon früher beschäftigt.

Vorteile des WG-Lebens

Eine harmonierende Wohngemeinschaft ist eine gute Versicherung gegen Einsamkeit im Alter. Denn da sind nicht nur die Freundschaften untereinander; der Bekanntenkreis erweitert sich auch durch Freunde und Verwandte der Mitbewohner, die zu Besuch kommen. Viele Aktivitäten lassen sich gemeinsam planen, der alltägliche Austausch mit anderen gehört ebenso zum WG-Leben wie die gegenseitige Anteilnahme in schwierigen Phasen.

Mit den Jahren wird es zwar sicher nicht einfacher, sich auf die inzwischen ausgeprägten Gewohnheiten und Marotten anderer einzustellen (und man selbst hat ebenfalls genug davon aufzuweisen), doch bringt das fortgeschrittene Alter für ein WG-Leben auch Vorteile: Man hat mehr Zeit und meist auch mehr Geduld – kein Berufsalltag, keine Familienpflichten fordern mehr so viel Energie ab, dass alltägliche Probleme des Zusammenlebens vor allem als Stress erlebt werden.

Das Zusammensein mit anderen, auch die dazugehörigen Auseinandersetzungen und die gegenseitige Unterstützung, hält flexibel, aktiviert und stärkt die persönlichen Ressourcen. In einer Wohngemeinschaft wird jeder gebraucht, jeder kann seine Fähigkeiten einbringen und Verantwortung übernehmen. Die Gefahr, in trüben Stimmungen zu versinken, sich allein und „nutzlos“ zu

gen, die noch gesund und mobil sind, für die Pflege der Älteren zuständig werden, wenn deren Kräfte nachlassen.

Doch selbst für den Fall, dass alle WG-Mitglieder mit der Zeit hilfebedürftig werden, lässt sich Unterstützung und Betreuung von außen gemeinsam leichter organisieren, als wenn man allein oder zu zweit lebt. Das soziale Netz aus Angehörigen und Freunden ist größer, und auch ambulante Pflege ist einfacher zu finanzieren. Durch die meist niedrige Mietbelastung jedes Einzelnen steht mehr Geld für Pflegeleistungen zur Verfügung. Außerdem fallen die Pflegekosten insgesamt geringer aus, weil zum Beispiel Anfahrtskosten gespart werden.

Denkbar ist auch, dass sich eine Wohngemeinschaft die Kosten für eine Pflegekraft teilt, die dann stundenweise ins Haus kommt. Haben zum Beispiel mehrere Bewohner Anspruch auf Pflegegeld (→ Seite 78), können die Mittel zusammengelegt werden. Das erlaubt unter Umständen einen soliden finanziellen Rahmen für eine Betreuung. Langfristig könnte aus einem solchen Modell eine selbst organisierte „betreute Wohngemeinschaft" werden (→ Seite 136).

Wohnungssuche

Je größer die Wohnung oder das Haus, desto eher hat jeder Mitbewohner die Möglichkeit, sich eine etwas großzügigere Wohneinheit innerhalb der Gemeinschaft einzurichten: ein oder zwei Zimmer, je nach Wunsch vielleicht auch mit eigener Kochnische und Bad.

Bei der Suche nach geeigneten Räumen sollte man sich viel Zeit lassen, früh mit dem Vorhaben beginnen und bei der Auswahl so wenige Kompromisse wie möglich in Kauf nehmen. Eine gut geschnittene Wohnung, die jedem Mitbewohner möglichst viel Raum gibt, ist eine der wichtigsten Voraussetzungen dafür, dass das Zusammenleben funktioniert.

Als WG-Domizil eignen sich Großwohnungen und große Einfamilienhäuser – vorausgesetzt, sie sind günstig geschnitten. Sie können mit kleinen Umbauten WG-tauglich gemacht und altersgerecht angepasst werden. Bei mehrstöckigen Objekten ist ein

Aufzug wichtig. Zum Beispiel bieten Gründerzeitvillen oder -wohnungen, die zwischenzeitlich in mehrere Apartments aufgeteilt wurden, oft genügend Platz für eine Wohngemeinschaft. Eine andere Möglichkeit ist es, Lofts (Etagen in ehemaligen Gewerbebauten) für eine Gemeinschaft einzurichten oder kleine Einzelwohnungen auf einer Etage eines Siedlungsblocks zusammenzulegen.

Das Spektrum der gemeinschaftlichen Wohnformen reicht von der Wohngemeinschaft über die Vier-Parteien-Gemeinschaft im Mehrfamilienhaus bis zum Wohnprojekt mit den Ausmaßen eines kleinen Dorfes.

Die Suche nach einem geeigneten Kauf- oder Mietobjekt dürfte vor allem in Städten mit traditionell knappem und teurem Wohnungsangebot wie Hamburg, Köln oder München langwierig sein. In anderen Regionen und besonders in den östlichen Bundesländern steht dagegen viel Wohnraum leer. Hier sind die Chancen besser und Vermieter eher bereit, auf Mieterwünsche einzugehen und zum Beispiel Einzelverträge mit jedem Mieter abzuschließen.

Diese Vertragsvariante – jeder Mitbewohner mietet sein(e) Zimmer und die anteilige Gemeinschaftsfläche – ist am günstigsten, weil bei einem Auszug nicht die restliche Gemeinschaft eventuelle Mietausfälle tragen muss. Üblich ist ansonsten, dass ein oder zwei WG-Mitglieder als Hauptmieter fungieren und mit den anderen Bewohnern einen Untermietvertrag abschließen.

Hausgemeinschaften

Eine Alternative zum unmittelbaren Zusammenwohnen in einer Wohnung bietet ein gemeinsames Haus mit mehreren Parteien, die sich einander verbunden fühlen. In Hausgemeinschaften hat jeder Mitbewohner eine abgeschlossene Wohnung mit eigener Küche. (Dies ist anders als bei den „KDA-Hausgemeinschaften" für Pflegebedürftige → Seite 162.) Meist gibt es einen Gemeinschaftsraum, vielleicht gemeinsame Wirtschaftsräume, und der Garten wird von allen genutzt. In jedem Fall geht eine Hausgemeinschaft weit über gute nachbarschaftliche Beziehungen hin-

aus. Für viele Menschen ist sie die ideale Wohnform. Die eigene Wohnung, die eigene Intimsphäre bleiben gewahrt, und doch besteht die Möglichkeit des direkten Austauschs und der gegenseitigen Hilfe.

Man läuft sich nicht unbedingt täglich über den Weg. Daher ist eine gewisse Strukturierung des Gemeinschaftslebens nötig, um es lebendig zu erhalten (→ Seite 114). Auch hier ist es wichtig, die richtige Balance zwischen Nähe und Distanz zu finden – allerdings fällt dies leichter als beim familienähnlichen Leben in einer Wohngemeinschaft.

In einer Hausgemeinschaft hat man die Möglichkeit am Gemeinschaftsleben teilzunehmen und doch bleibt die eigene Intimsphäre gewahrt.

Es gibt sehr unterschiedliche Arten und Größen von Hausgemeinschaften, und die Grenzen zu Wohnprojekten (→ Seite 98) sind fließend. Die Palette reicht von der Vier-Parteien-Gemeinschaft im großen Mehrfamilienhaus bis zum Zusammenschluss zahlreicher miteinander bekannter Mieter in einem Objekt des sozialen Wohnungsbaus. In einigen Hausgemeinschaften wohnen nur ältere Menschen, in anderen Jung und Alt zusammen. Da es in einer Hausgemeinschaft nur abgeschlossene Wohnungen gibt, sind entsprechend auch getrennte Miet- oder Kaufverträge am günstigsten.

Vorteile einer Hausgemeinschaft

Hausgemeinschaften sind mehr oder weniger lockere Verbünde aus Menschen, die sich nicht unbedingt sehr nahe stehen müssen, aber doch Sympathie und Interesse für einander empfinden sollten. Für die meisten Bewohner von Hausgemeinschaften ist die Möglichkeit des zwanglosen Zusammenseins der große Vorteil dieser Wohnform: Unabhängig, aber in Gesellschaft.

Verglichen mit einer Wohngemeinschaft ist das Leben in einer Hausgemeinschaft unverbindlicher – die größere Distanz zu den Mitbewohnern erlaubt mehr Privatheit, und es bestehen weniger gegenseitige Verpflichtungen. Man kann sich aus dem Weg gehen. Nicht jeder Konflikt muss ausgetragen werden. Man braucht nicht so viel Rücksicht auf andere Mitbewohner zu nehmen. Über Störendes lässt sich leichter hinwegsehen, wenn man nicht tagtäglich darüber stolpert. Unterschiedliche Vorstellungen und Gewohnheiten spielen keine so große Rolle wie im direkten Zusammenleben. Eine Hausgemeinschaft bietet die Freiheit, innerhalb der eigenen vier Wände völlig selbstbestimmt zu leben und sich zurückziehen zu können, ohne dies erklären zu müssen.

Nach Lust und Laune ist es aber auch jederzeit möglich, mit anderen zusammen zu sein. Es braucht sich niemand zu scheuen, an des anderen Tür zu klopfen. Einsamkeitsgefühle kommen kaum auf, wenn man weiß, dass Menschen in unmittelbarer Nähe sind, mit denen man reden oder etwas unternehmen kann. Je enger die Bande untereinander sind, desto eher zeigen sich die Vorteile eines Lebens in Gemeinschaft, vor allem die Möglichkeiten der gegenseitigen Unterstützung und Anregung.

Der eigene private Raum ist größer als in Wohngemeinschaften, und auch die Anordnung der einzelnen Parteien – zum Beispiel auf mehreren Etagen – schafft mehr Distanz. Das insgesamt meist größere Platzangebot kann aber auch gemeinsame Aktivitäten fördern: Zum Beispiel, indem man Keller- oder Speicherräume als hauseigenes Fitnessstudio oder Werkstatt einrichtet. Ein großer Garten wird im Sommer zum beliebten Treffpunkt des ganzen Hauses. Funktioniert die Gemeinschaft gut, lassen sich vielfältige Interessen und Fähigkeiten ausleben und einbringen.

Wohnprojekte

Eine weitere Möglichkeit des gemeinschaftlichen Wohnens im Alter ist, mit Gleichgesinnten ein Wohnprojekt zu initiieren – eine in Eigenregie (um-)gebaute größere oder kleinere, kommunikativ gestaltete Wohnanlage mit individuellen Wohnungen für alle Beteiligten. Ein solches Projekt zu verwirklichen ist zwar ein langer Weg, der viel Engagement erfordert. Am Ende können als Lohn für die Mühe jedoch eine völlig selbstbestimmte Wohnsituation und hohe Lebensqualität stehen.

Privat initiierte Wohnprojekte sind heute keine Raritäten mehr. Immer mehr Menschen aller Generationen werden aktiv, um nach Wegen zu suchen, ihre Vorstellungen von gemeinsamem Wohnen und Leben zu verwirklichen. Inzwischen können neue Initiativgruppen auf eine ganze Reihe von Erfahrungen anderer zurückgreifen. Sie können schon bestehende Projekte besichtigen und sich von Beratungs- und Kontaktstellen während der Planungs- und Umsetzungsphase wichtige Tipps besorgen und unter die Arme greifen lassen. Es gibt viele verschiedene Konzeptionen und entsprechend unterschiedliche Erfahrungen. Das Spektrum der bereits verwirklichten Projekte reicht von der erweiterten Hausgemeinschaft bis zur Anlage mit den Ausmaßen eines kleinen Dorfes.

In vielen Wohnprojekten wohnen Jung und Alt, Familien und Singles zusammen. Gegenseitige Unterstützung im Alltag und gemeinsame Aktivitäten gehören zum Grundverständnis.

Die meisten selbst organisierten Projekte in Deutschland sind generationsübergreifend angelegt. Dabei sind es erfahrungsgemäß vor allem „junge Alte", die solche Modelle initiieren, und unter ihnen wiederum oft alleinstehende Frauen. Ihr größtes Anliegen ist es, der Vereinzelung im Alter etwas entgegenzusetzen und Wohnmöglichkeiten zu schaffen, die schon durch ihre Architektur eine gute Nachbarschaft, freundschaftliche Kontakte der Bewohner untereinander, gegenseitige Anteilnahme und Unterstützung fördern.

Projektlandschaft

Bei Redaktionsschluss gab es in Deutschland um die 250 bereits verwirklichte Wohnprojekte. Es gibt jedoch keine verlässlichen Angaben darüber, wie viele Projekte sich noch in der Entstehungsphase befinden. Zudem kontaktiert nicht jedes Projekt eine Beratungsstelle und einige tauchen daher in keiner Statistik auf. Die Konzeptionen der Projekte sind sehr unterschiedlich, die meisten lassen sich jedoch einem der folgenden Typen zuordnen:

- Mehrgenerationenwohnen: Wie der Name schon sagt, ist dieser Projekttyp auf ein generationsübergreifendes Wohnen angelegt. Meist handelt es sich um größere Bauprojekte, deren Architektur sich besonders darum bemüht, die verschiedenen Bedürfnisse von Alt und Jung, von Familien wie Alleinstehenden miteinander zu vereinbaren.
- Seniorenprojekte: Hier besteht die Projektgruppe ausschließlich aus älteren Menschen.
- Frauenprojekte: In diesen Wohnprojekten tun sich nur Frauen zusammen – nicht unbedingt aus einer feministischen Grundhaltung, sondern oft aus der Erfahrung heraus, dass Männer im Gemeinschaftsleben weniger beziehungsorientiert sind als Frauen.
- Projekte mit spezieller Philosophie: Hier engagieren sich Menschen, die mit der Gemeinschaftsidee bestimmte Werte verbinden, eine Weltanschauung oder Lebensform teilen. Die Palette reicht vom schwul-lesbischen Wohnprojekt bis zur anthroposophisch oder religiös ausgerichteten Gemeinschaft.
- Integriertes Wohnen: Diese Projekte werden häufig von öffentlichen Trägern initiiert und auch begleitet. Die Grundidee ist das Zusammenleben unterschiedlicher Bewohnergruppen – Ältere, Behinderte, Alleinerziehende, kinderreiche Familien und ausländische Mitbürger – zu ihrem gegenseitigen Vorteil.

Bei allen Unterschieden gibt es jedoch eine Reihe (ideal-)typischer baulicher Merkmale. Die meisten Projekte planen

- an einem Standort mit gut erreichbarer, ausreichender Infrastruktur,

- die Umsetzung der Standards barrierefreien Bauens (→ Seite 33) sowie eine möglichst ökologische Bauweise,
- großzügige Einzelwohnungen (auch für eine Person zumindest ein separater Schlafbereich),
- eine kommunikationsfördernde Anordnung und Gestaltung der Einzelgebäude, der Wohnungen, der Treppenhäuser und Eingänge,
- unterschiedliche Wohnungstypen und -größen, die den verschiedenen Wohnwünschen und -bedürfnissen, aber auch den unterschiedlichen finanziellen Möglichkeiten der künftigen Bewohner entsprechen,
- einladende Gemeinschaftsräume und Außenanlagen,

Wohnprojekte in den Niederlanden

Im Nachbarland Niederlande sind gemeinschaftliche Wohnformen stärker verbreitet als hierzulande. Nach Schätzungen ist die Zahl der Wohnprojekte dort im Verhältnis zur Gesamtbevölkerung fünfmal so hoch wie in Deutschland.

Einer der Gründe dafür ist, dass innovative Wohnprojekte in den Niederlanden auf ganz andere Weise gefördert werden. So existiert eine landesweit tätige, staatlich bezuschusste Organisation (LVGO) zur Beratung, Begleitung und Fortbildung von Projektgruppen älterer Menschen. Es gibt eine geregelte Förderung der Baufinanzierung, die Kommunen unterstützen Wohnprojekte unter anderem auch bei der Suche nach einem geeigneten Grundstück oder Gebäude. Viele Projekte werden auch von den Gemeinden selbst oder von sozialen Organisationen ins Leben gerufen. Die Wohnungsbauunternehmen sind eher bereit, sich auf Gruppen-Bauvorhaben einzulassen.

Die Projekte werden also in vielfacher Hinsicht besser beraten und gefördert und finden leichter geeignete Objekte sowie aufgeschlossene Kooperationspartner.

Niederländische Wohnprojekte sind häufig Gemeinschaften älterer Menschen – generationenübergreifende Projekte sind seltener als in Deutschland. Mittlerweile haben sich bestimmte Standards für Wohnprojekte entwickelt, die die Planungs- und Umsetzungsphase deutlich erleichtern. Das betrifft auch die Architektur: Projekt-Wohnanlagen werden zwar weniger individuell konzipiert, die Einzelwohnungen sind ähnlich gestaltet, dafür ist eine flexible Nutzung auch für andere Wohnformen möglich. Zum Beispiel werden die Gemeinschaftsräume meist auf der Grundfläche einer Wohnung entworfen und können bei Bedarf auch anders genutzt werden. Die bestehenden Wohnanlagen sind mit durchschnittlich 20 bis 30 Parteien recht groß.

- verschiedene Aufenthaltsbereiche für lebhafte und ruhige Aktivitäten,
- eine Abstufung von privaten Bereichen (Wohnungen), halböffentlichen (der Projektgemeinschaft zugänglichen) und öffentlichen (auch für Besucher von außen zugänglichen) Bereichen.

Die Initiative zu einem Wohnprojekt kann auch von einem Träger ausgehen.

Die Mehrzahl der Projekte ist selbst organisiert. Am Anfang steht die Idee einer Gruppe, die ihre Wohnwünsche und Vorstellungen vom Zusammenleben miteinander entwickelt. Wenn das gemeinsame Konzept steht, beginnt die Suche nach der geeigneten Organisationsform, nach Finanzierungsmodellen, Investoren, Bauträgern, Architekten und anderen Planungsexperten (→ Seite 113). Die Gruppe entscheidet selbst über alle Belange des Projekts, über die Organisation des Gemeinschaftslebens wie auch über die Belegung der Wohnungen.

Die Initiative zu einem Wohnprojekt kann aber auch von einem Träger, zum Beispiel einer Wohnungsbaugesellschaft oder einer Institution der Wohlfahrtspflege, ausgehen. Bei diesem Projekttyp liegen das Konzept, die Realisierung und manchmal auch die Begleitung des Gemeinschaftslebens in professioneller Hand. Der Prozess der Umsetzung und Finanzierung gestaltet sich also weniger mühevoll. Dafür werden die zukünftigen Bewohner vom Träger ausgewählt und bleiben lediglich Mitwirkende, mit je nach Konzept nur begrenzten Entscheidungsmöglichkeiten.

Seit 1995 gibt es ein Gütesiegel („Seniorenlabel"), das unter anderem die Anforderungen an altengerechte Wohnungen festlegt und schnell als Standard im Wohnungsbau akzeptiert wurde. Dabei gilt eine Wohnfläche von 68 Quadratmetern und drei Zimmern auch für eine Person als Minimalstandard. Zum Vergleich: Allein lebende Menschen in Deutschland haben in einer öffentlich geförderten Wohnung Anspruch auf höchstens 50 Quadratmeter und ein bis zwei Zimmer.

Aufgrund der günstigeren Bedingungen für gemeinschaftliches Wohnen und Bauen in den Niederlanden gehören gemeinschaftliche Wohnformen für ältere Menschen dort viel eher zum „normalen" Wohnangebot. Teilweise findet man sie auch im Wohnungsbestand, zum Beispiel als „gemeinschaftliche Wohnetage" innerhalb eines Wohnblocks.

Kosten

Grundsätzlich unterscheiden sich die Kosten des gemeinschaftlichen Wohnens kaum von „normalen" Miet- oder Baukosten. Bei öffentlich geförderten Mietwohnungen liegen die Mieten im lokal üblichen Rahmen, bei frei finanzierten und Eigentumswohnungen meist in der mittleren Preisklasse. Die Verwirklichung luxuriöser Wohnträume schreiben sich die wenigsten Projekte auf ihre Fahnen.

Mehrkosten entstehen vor allem für die Gemeinschaftsräume und -flächen, wenn sie nicht öffentlich gefördert oder auf andere Weise subventioniert werden. In der Regel zahlt jede Partei einen anteiligen Betrag für die Miete und die Betriebskosten der Räume. Weitere gemeinsam zu tragende Kosten können zum Beispiel eine professionelle Begleitung der Gruppe in Konfliktfällen sein. Manche Projekte gleichen ihre Zusatzkosten teilweise durch die Vermietung von Gemeinschaftsräumen zum Beispiel für private Feste aus.

Es ist wichtig, die eigenen Motive, Bedürfnisse und Möglichkeiten zu erkennen.

Das Zusammenleben bietet aber auch Möglichkeiten, Kosten zu sparen, indem etwa Gerätschaften, Haustechnik oder Pkw gemeinsam angeschafft und genutzt werden. Nicht zuletzt kann eine Kostenteilung bei der Inanspruchnahme von Hilfsdiensten oder ambulanter Pflege den älteren Mitgliedern der Gemeinschaft das Leben sehr erleichtern.

Welches Projekt passt zu mir?

Für die Auswahl oder den Entwurf eines Wohnprojekts ist es wichtig, die eigene Motivation wie die persönlichen Bedürfnisse und Möglichkeiten zu erkennen, um eine wirklich passende Entscheidung treffen zu können. Bedenken Sie, dass sich Wünsche und Bedürfnisse auch widersprechen können: Wer sich zum Beispiel eine lebendige Umgebung mit Kindern wünscht, sollte sich nicht an Kinderlärm und Unordnung stören. Wer selbstbestimmt wohnen und leben möchte, muss bereit sein, sich zu engagieren und manchmal auch die eigenen Wünsche zugunsten der gemeinsamen Sache zurückzustellen.

Klären Sie grundlegende Fragen unbedingt auch zusammen mit Ihren Mitstreitern (→ Gruppenfindung, Konzeptentwicklung, Seite 109):

- Was ist der Hauptgrund für mein Interesse am Wohnprojekt? Welche Ziele möchte ich mit dem Projekt verwirklichen?
- Was erwarte ich, worauf hoffe ich (Minimal- und Maximalvorstellungen)? Worin bestehen meine Befürchtungen?
- Wie wichtig ist mir das Gemeinschaftsleben? Wie viel Zeit und Energie bin ich bereit in das Projekt zu investieren? Wo sehe ich meine Grenzen?
- Möchte ich ein eher aktives, zielorientiertes Gemeinschaftsleben, oder sehe ich die Gemeinschaft eher als unverbindliche Möglichkeit des Zusammenseins?
- Was kann ich in eine Gemeinschaft einbringen (Ideen, Eigenschaften, Fähigkeiten)?
- Welcher Art sind, falls vorhanden, meine bisherigen Erfahrungen mit Wohn- oder Hausgemeinschaften? Was bringe ich daraus mit, was würde ich heute anders machen?
- Welcher Projekttyp passt zu mir: Ein eher lockerer Verbund oder eine Gemeinschaft mit bestimmten Zielen oder Wertvorstellungen? Ein überschaubares Projekt mit wenigen, oder ein großes mit vielen Parteien? Welches Bild mache ich mir von meinen Mitbewohnern (Alter, Geschlecht, Bildung, soziale Verhältnisse)?
- Welche Vorstellungen habe ich zum Thema Hilfeleistung bei Pflegebedürftigkeit?
- Wie weit reichen meine finanziellen Möglichkeiten?
- Suche ich eine Mietwohnung oder möchte ich Eigentum erwerben?
- Bevorzuge ich einen Um- oder Neubau in Eigenregie, oder ist es mir lieber, wenn ein Bauträger das Projekt in die Hand nimmt?

Wenn Ihnen der Aufwand, selbst ein Wohnprojekt ins Leben zu rufen, zu hoch ist, gibt es unter Umständen die Möglichkeit, sich einer schon bestehenden Projektgruppe anzuschließen. Vielleicht existiert vor Ort bereits ein Projekt, das Ihnen zusagen könnte. Je nachdem, wie weit dieses schon fortgeschritten ist, brauchen

Sie dann nur noch „einzusteigen". Dafür können Sie auf die bereits gefallenen Entscheidungen natürlich keinen Einfluss mehr nehmen. Mit der Konzeption, der Zusammensetzung der Gruppe, dem ausgewählten Objekt sowie den schon geschaffenen Fakten sollten Sie dann also einverstanden sein.

Informationen über bestehende Projekte finden Sie im Internet oder beim „Forum für gemeinschaftliches Wohnen im Alter e. V." und seinen Regionalstellen (→ Seite 119).

Das Haus Mobile in Köln-Weidenpesch

■ Haus Mobile

Das Mehrgenerationen-Wohnprojekt „Haus Mobile" in Köln-Weidenpesch war das erste gemischt finanzierte, generationenübergreifende und von seinen zukünftigen Bewohnern selbst initiierte Wohnprojekt in Nordrhein-Westfalen. Es gilt mittlerweile als Vorzeigeprojekt und Idealtypus, das alle wesentlichen Merkmale dieser Form des gemeinschaftlichen Wohnens vereint.

Im Herbst 2005 wohnten im Haus Mobile 60 Menschen in 36 Wohnungen mit 36 bis 144 Quadratmetern – Jüngere und Ältere, Singles, Alleinerziehende, Paare und Familien mit insgesamt 16 Kindern und Jugendlichen. Etwa ein Drittel der Bewohner war über 60 Jahre alt.

Bei der Konzeption wurde bewusst auf eine Mischung der Alters- und Einkommensgruppen gesetzt: 13 der Wohnungen sind Eigentumswohnungen, 15 sind öffentlich geförderte und acht frei finanzierte Mietwohnungen. Bis auf vier Maisonette-Wohnungen für Familien mit Kindern sind alle Einheiten barrierefrei und auch für Rollstuhlfahrer geeignet. Für Besucher der Bewohner gibt es ein Gästezimmer, dem ein Pflegebad angegliedert ist. Alle Wohnungen sind hell, gut geschnitten und haben einen eigenen

Balkon, einen Wintergarten oder eine Terrasse. Die Kosten bewegen sich im ortsüblichen Rahmen.

Das Haus liegt an einer verkehrsberuhigten Straße, von der aus Nahverkehrsmittel, Einkaufsmöglichkeiten, Kindertagesstätte, Schule, Ärzte, ambulante Dienste sowie Grünanlage und Spielplatz leicht zu Fuß erreichbar sind.

Die nach ökologischen Prinzipien erbaute Anlage (Niedrigenergie-Standard, Solaranlage, Regenwassernutzung) besteht aus zwei viergeschossigen Wohngebäuden, die durch einen Rundbau miteinander verbunden sind. Er beherbergt den hausinternen Gemeinschaftsraum mit Küche sowie das Nachbarschaftscafé mit Terrasse. Allen Bewohnern zugänglich ist außerdem die Dachterrasse auf dem Rundhaus und der Garten.

Haus Mobile wurde als „zukunftsweisendes Bauvorhaben" aus Landesmitteln gefördert. Die Förderung bezog sich auf einen Teil der Baukosten der gesamten Anlage sowie die Baukosten für das Nachbarschaftscafé. Dessen laufende Kosten bringt der Bewohnerverein durch den Cafébetrieb selbst auf, unterstützt durch einen Zuschuss des Deutschen Paritätischen Wohlfahrtsverbands. Die Kosten für die internen Gemeinschaftsflächen werden monatlich auf die Bewohner umgelegt.

■ *Planung und Umsetzung*

Die Idee zum Projekt entwickelte eine Gruppe Interessierter Anfang der 1990er-Jahre, von Anfang an unterstützt und begleitet vom Kölner Verein „Neues Wohnen im Alter". 1996 gründete die Projektgruppe den „Verein Haus Mobile". Als Ziele ihres Projekts hielten Initiatoren und Vereinsmitglieder fest:

- hochwertigen Wohnraum mit kommunikationsfördernder Architektur für unterschiedliche Lebenssituationen (Familien, Alleinstehende, Ältere und Hilfebedürftige, Behinderte) und finanzielle Hintergründe zu schaffen,
- Kontakte und Geselligkeit unter den Hausbewohnern zu fördern und ein Netz gegenseitiger nachbarschaftlicher Hilfe und Erfahrungsaustausch zu knüpfen.

Die Planung und einen Großteil der Investitionen übernahmen ein engagierter Architekt und eine Baugesellschaft, welche die Gruppe über private Kontakte finden konnte. Die geplante Mischfinanzierung stellte zunächst ein Problem dar, weil öffentliche Zuschüsse für Wohnungen innerhalb eines Gebäudes mit frei finanzierten Wohnungen, Eigentum sowie Gemeinschaftsräumen ein Novum bedeuteten. Die Lösung war die Teilung der Anlage in einen frei finanzierten und einen öffentlich geförderten Trakt. Der Gemeinschaftsraum wurde später vom Bewohnerverein erworben.

Kontakt

Neues Wohnen im Alter e. V.
Marienplatz 6
50676 Köln
Tel. 02 21/21 50 86
NWia.ev@t-online.de
www.nwia.de

Der Bewohnerverein konnte die Stadt Köln dazu bewegen, ihm für die Sozialwohnungen sowohl das Erstbelegungsrecht als auch das Mitspracherecht bei Mieterwechseln zuzugestehen (→ Seite 112). Was die Eigentumswohnungen betrifft, kann Haus Mobile e. V. allerdings nur hoffen, in zukünftige Verkaufs- oder Vermietungsentscheidungen der Eigentümer einbezogen zu werden.

1995 bot die Stadt der Projektgruppe ein geeignetes, günstig gelegenes Grundstück zum Kauf an. 1996 war die Grundsteinlegung, Ende 1997 zogen die ersten Bewohner ein. Die lange Planungs- und Realisierungsphase – die Zusammenarbeit mit Architekt und Bauträger, Finanzierungskonzepte und -verhandlungen, Öffentlichkeitsarbeit, die Auswahl der Interessenten und die Organisation des Gemeinschaftslebens – war für die aktiven Vereinsmitglieder sehr arbeitsintensiv. Ohne den großen persönlichen Einsatz aller Beteiligten, die Begleitung durch den Verein „Neues Wohnen im Alter" und das Engagement des Architekten wäre Haus Mobile wohl nicht zustande gekommen, so die Einschätzung in der Abschlussdokumentation des Projekts.

■ *Gemeinschaftsleben*

Die jetzige Gemeinschaft existiert seit 1998. Die meisten Bewohner sind Mitglieder im „Verein Haus Mobile". Regelmäßig finden hausinterne Treffen zur Besprechung der Gemeinschaftsangelegenheiten statt. Arbeitskreise kümmern sich zum Beispiel um die Verwaltung und Finanzierung der Gemeinschaftsräume, den Cafébetrieb, die Gartengestaltung oder die Öffentlichkeitsarbeit.

Entscheidungs- und Beschlussgremium für alle wichtigen Dinge ist der Vereinsvorstand, der auch für die Finanzen zuständig ist. Die größte Belastung stellt nach wie vor die Finanzierung der Gemeinschaftsflächen dar. Dass einige Bewohner nicht bereit sind, sich an der Umlage zu beteiligen, hat diese für die zahlenden Mitglieder auf derzeit 27 Euro monatlich erhöht und zu Streitigkeiten innerhalb der Hausgemeinschaft geführt.

Abgesehen von diesen Konflikten hat sich das gesellige Leben seit dem Einzug sehr gut entwickelt: Neben den Haus- und Vereinstreffen haben die Bewohner viele Möglichkeiten der Begegnung – vom Kaffeeklatsch, gemeinsamen Essen oder Spieleabenden über Sprach- und Gymnastikkurse bis hin zu stadtteilbezogenen Veranstaltungen im Nachbarschaftscafé. Ob an Silvester, Karneval oder zu Geburtstagen: Die Hausgemeinschaft feiert gern miteinander. Für private Feste können der Gemeinschaftsraum oder das Café gemietet werden. Besonders letzteres ist zum beliebten Treffpunkt sowohl der Hausbewohner als auch der Nachbarschaft geworden.

Die Hilfsbereitschaft untereinander ist groß, die Kontakte im Haus werden als enger, persönlicher und verbindlicher erlebt als in „normalen" Nachbarschaften. Man kennt sich eben viel besser, und die gemeinsamen Unternehmungen schaffen einen guten Zusammenhalt – auch wenn das Bedürfnis nach Kontakt und das Engagement für die Gemeinschaft durchaus unterschiedlich ausgeprägt sind.

Im Krankheitsfall hat sich die Bewohnergemeinschaft schon bewährt. Einige ältere Bewohner haben eine Telefonkette organisiert (→ Seite 64) und vorsorglich Kontakt zu einem ambulanten Pflegedienst aufgenommen.

Professionelle Pflege und die Unterstützung der Mitbewohner in Alltagsdingen soll es später auch pflegebedürftigen Bewohnerinnen und Bewohnern möglich machen, im Haus Mobile wohnen zu bleiben. Das Gästezimmer mit Pflegebad steht bei Bedarf für pflegende Angehörige und für medizinische Anwendungen zur Verfügung.

Von der Idee bis zum Einzug

Ein gemeinschaftliches Wohnprojekt verlangt einen hohen persönlichen Einsatz. Deshalb ist es eine wichtige Voraussetzung für das Gelingen des Projekts, wenn die bevorstehenden Aufgaben als positive Herausforderung empfunden werden. Nicht nur das fertige Projekt und das spätere Zusammenleben, sondern auch der Weg dahin sollte reizen. Denn wer keinen Spaß an der gemeinsamen Arbeit entwickelt, wird wahrscheinlich irgendwann aufgeben.

Während der meist langen Realisierungszeit kann es Krisenphasen geben, in denen alle schönen Pläne abzustürzen drohen. Dann sind Durchhaltevermögen und auch die gegenseitige Unterstützung in der Gruppe nötig. Durch den gemeinsamen Lern- und Arbeitsprozess entsteht aber oft ein besonderer Zusammenhalt, der zum soliden Fundament für das spätere Zusammenleben werden kann.

Viele Schwierigkeiten lassen sich vermeiden und manch umständlicher Lernprozess abkürzen, wenn die Gruppe von Anfang an eine projektbegleitende Beratung in Anspruch nimmt (→ Seite 119). Erfahrene und krisenerprobte Berater zeigen nicht nur Wege auf, wie sich äußere sowie bürokratische Hürden überwinden lassen, sondern vermitteln auch bei internen Konflikten, die während eines langen Gruppenprozesses fast immer entstehen können. Existiert eine Beratungsstelle vor Ort, hilft sie auch gerne bei der Suche nach einem geeigneten Objekt.

Die Verwirklichung eines Wohnprojekts wirft zudem viele zum Teil komplizierte rechtliche Fragen auf. Ob es um gruppeninterne Vereinbarungen, die passende Rechtsform, Kooperations-, Miet- oder Kaufverträge geht: Auch eine frühzeitige Rechtsberatung ist in jedem Fall dringend nötig.

Gruppenfindung

Wer von einem Wohnprojekt träumt, braucht zunächst einmal Mitstreiter. Wenn sich im Freundes- und Bekanntenkreis nicht genügend geeignete Kandidaten zusammenfinden, kann die Suche über Inserate, Aushänge, das Internet oder über die Beratungsstellen (→ Seite 119) helfen, Kontakt zu anderen Interessierten herzustellen. Manche Beratungsstellen führen Listen oder bieten Foren an, die als Kontaktbörse funktionieren. Haben sich genügend Interessierte gefunden, verabreden sie regelmäßige Treffen – am besten zunächst an einem neutralen Ort.

Bei der ersten Auswahl sollte man die Latte nicht zu hoch hängen: Für den Anfang reicht gegenseitige Sympathie und das gemeinsame Interesse am Projekt. Vor allem bei kleineren Projekten sollten die sozialen Verhältnisse und finanziellen Möglichkeiten der Gruppenmitglieder aber nicht allzu weit auseinander klaffen. Es dauert meist eine Weile, bis sich aus einem bunten Häuflein von Interessenten eine feste, arbeitsfähige Kerngruppe entwickelt. Die meisten Gruppen erleben eine Zeit starker Fluktuation, bevor sie sich zusammenfinden. Die, die schließlich übrig bleiben, können meist ganz gut miteinander – sie haben einander, wenn man so will, ausgewählt.

Trotzdem ist damit zu rechnen, dass es im Laufe der gemeinsamen Arbeit zu Streitigkeiten kommt. Um sie zu lösen, ist eine professionelle Moderation oder Supervision hilfreich (→ Seite 116).

Konzeptentwicklung

Parallel zum Gruppenfindungsprozess kann sich allmählich ein Konzept entwickeln. Beim Austausch über die Wünsche und Möglichkeiten jedes Einzelnen werden bald Gemeinsamkeiten wie Unvereinbarkeiten deutlich, genauso wie beim Sammeln von Ideen. Zu Anfang müssen grundlegende Fragen geklärt werden:

- Für wie viele Parteien wird geplant? Welche Größe soll die Wohnanlage haben? Für ein kleineres Projekt spricht der meist geringere Aufwand sowie die Überschaubarkeit. Große Gemeinschaften haben den Vorteil, dass das entstehende soziale Netz größer und tragfähiger wird. Bisherige Erfahrungen zeigen, dass große Projektgruppen auf Dauer stabiler bleiben, weil

sich die Lasten auf mehr Schultern verteilen und der Ausfall einzelner Aktiver besser ausgeglichen werden kann. Zudem lähmen persönliche Konflikte einzelner Gruppenmitglieder nicht gleich die gesamte Projektarbeit.
- Welcher Projekttyp soll es sein (→ Seite 99)?
- Welcher finanzielle Rahmen ist möglich?
- Welcher Standort wird gewünscht?
- Soll um- oder neu gebaut werden, mit oder ohne Bauträger?

Um die richtigen Entscheidungen treffen zu können, braucht die Gruppe verlässliche Informationen. Statt sich auf eigene Faust durch Berge von Broschüren und Ratgebern zu Bau- und Finanzierungsfragen, rechtlichen Bestimmungen, Projekterfahrungen und Gruppenprozessen zu arbeiten, ist es sinnvoller, von Beginn an Kontakt zu einer Projektberatungsstelle aufzunehmen. Denn mit dem Sammeln von Informationen allein ist es nicht getan –

Häufige Probleme

Die Kreativität und der Modellcharakter vieler Wohnprojekte werden zwar auch von der Politik geschätzt, doch eine konkrete Unterstützung und Förderung ist bisher noch selten und beschränkt sich auf unterschiedliche Regelungen in wenigen Bundesländern. Leere Kassen verhindern vielerorts die Verwirklichung von Ideen, die zu einer nachhaltigen Lösung des Problems angemessener Wohn- und Versorgungsformen für alte Menschen beitragen könnten.

Nach den bisherigen Erfahrungen von Projekten und Beratungsstellen sind die häufigsten Probleme bei der Umsetzung gemeinschaftlicher Wohnformen:

- Die lange Realisierungszeit, die den Projektmitgliedern oft zu viel Zeit, Engagement und Geduld abfordert. Darunter leidet meist auch die Entwicklung der Beziehungen innerhalb der Gruppe.
- Gruppeninterne Konflikte.
- Das Fehlen geeigneter und finanzierbarer Objekte oder Grundstücke.
- Die schwierige Suche nach Kooperationspartnern.
- Komplizierte Verhandlungen um Fördermittel.
- Zu wenig Projektberatungsstellen. Damit Projekte nicht an den vielfältigen Problemen der Planungs- und Realisierungsphase scheitern, wäre mehr professionelle Unterstützung und Begleitung der Gruppen nötig. Es gibt jedoch bundesweit nur wenige Projektberatungsstellen – und die haben Mühe, die wachsende Zahl der Anfragen zu bewältigen.

jede Gruppe hat ganz unterschiedliche Bedürfnisse und braucht deshalb eine spezielle, auf sie zugeschnittene Beratung. Eine Beratungsstelle kann außerdem wichtige Kontakte zu anderen Projekten, zu Kooperationspartnern, Architekten und Behörden vermitteln.

Rechtsform und Finanzierung

Um Verhandlungen mit Kooperationspartnern und Behörden führen und Verträge abschließen zu können, muss sich die Projektgruppe eine Rechtsform geben. Einzelne Mitglieder sollten sich als feste Ansprechpartner zur Verfügung stellen. Welche Rechtsform geeignet ist, hängt auch vom geplanten Finanzierungsmodell ab.

Soll ein Um- oder Neubau ganz aus Eigenmitteln finanziert werden (Eigentümermodell), kann die Gruppe gemeinsam als Bauherr auftreten. Die unkomplizierteste Rechtsform ist in diesem Fall eine GbR (Gesellschaft bürgerlichen Rechts).

Wenn wenig Eigenkapital vorhanden ist oder die finanziellen Verhältnisse der Gruppenmitglieder sehr unterschiedlich sind, bestehen zwei Möglichkeiten:

- Die Gruppe sucht einen Bauträger, der Interesse an einem Gemeinschaftsprojekt hat und sich auf eine Mischfinanzierung (Eigentum, frei und öffentlich geförderte Mietwohnungen) einlässt. Der Bauträger investiert in die Wohnanlage und verkauft oder vermietet die fertigen Wohneinheiten an die Projektmitglieder. Da die Gruppe bei diesem Modell nicht der Bauherr ist, reicht es, einen Verein zu gründen.
- Die Gruppe gründet eine Genossenschaft. Diese kann selbst als Bauherr auftreten und über das Objekt bestimmen, das gemeinschaftliches Eigentum bleibt. Jedes Genossenschaftsmitglied zahlt nach seinen Möglichkeiten Kapital ein, erwirbt dadurch Genossenschaftsanteile und ein lebenslanges Wohnrecht. Unabhängig von der Zahl seiner Anteile hat jedes Mitglied das gleiche Mitbestimmungsrecht. Auch beim Genossenschaftsmodell kann das Bauvorhaben im Rahmen des sozialen Wohnungsbaus gefördert werden. Dann liegt die monatliche Belastung meist unterhalb des örtlichen Mietspiegels.

Allerdings ist die Gründung und Verwaltung einer Genossenschaft kompliziert. Wer den dazu erforderlichen zeitlichen und finanziellen Aufwand umgehen will, kann sich unter Umständen einem örtlichen Genossenschafts-Dachverband anschließen.

Die Tücken der öffentlichen Förderung

Die öffentliche Förderung innovativer Wohnprojekte ist leider nicht selbstverständlich, sondern eine in jedem Einzelfall aufs Neue zu erkämpfende Ausnahme. Denn die Bestimmungen der öffentlichen Wohnungsbauförderung gehen vom „Normalfall" der Einzelwohnungen und ihrer Nutzung durch entweder Ein-Personen-Haushalte oder Familien aus.

Bestimmungen wie die Wohnflächenbegrenzung für Sozialwohnungen behindern die Entwicklung gemeinschaftlicher Wohnprojekte: Demnach hätte zum Beispiel eine Wohngemeinschaft von sechs Personen nur ein Anrecht auf die Förderung einer Fläche, die einer sechsköpfigen Familie zusteht – nicht auf eine Fläche, die sechs Einzelpersonen zustünde. Zusätzliche Gemeinschaftsräume sind nicht vorgesehen und werden daher auch kaum gefördert. Eine Ausnahme bedeutet zum Beispiel die Förderung von Gruppenwohnungen in Nordrhein-Westfalen (→ Seite 150) oder spezielle Fördermöglichkeiten in Hamburg.

Eine öffentliche Förderung von Wohnungen, die sich im gleichen Gebäude mit frei finanzierten oder Eigentumswohnungen befinden, konnte bisher nur in wenigen Fällen durchgesetzt werden (→ Haus Mobile, Seite 104). Auch die Finanzierung von Gemeinschaftsräumen in Wohnanlagen ist meist mit vielen Hürden und Problemen verbunden.

Eine weitere Schwierigkeit bedeutet die Belegungsbindung von Sozialwohnungen: Normalerweise bestimmt die Stadt oder das Land, wer in eine öffentlich geförderte Wohnung einzieht. Dies sprengt aber die Hausgemeinschaftsidee, weil eine Hausgemeinschaft dann kein Mitbestimmungsrecht bei der Erstbelegung und bei Mieterwechseln hat. In der Praxis ist es vielen Wohnprojekten jedoch gelungen, hier individuelle Regelungen durchzusetzen.

Suche nach Objekten und Partnern

Ein Umbau bedeutet in der Regel weit weniger Aufwand als ein Neubauprojekt. Doch ein bereits vorhandenes Gebäude, das sich bedarfsgerecht und barrierefrei umbauen lässt, ist nur mit viel Glück zu finden. Je nach Gruppenstärke eignen sich große Mehrfamilienhäuser oder ehemalige Gewerbebauten, Gaststätten und Hotels, eventuell auch leerstehende Wohnblocks. Bleibt die Suche ergebnislos oder lassen sich die Projektwünsche nur mit einem Neubau verwirklichen, muss ein passendes Baugrundstück gefunden werden.

Es lohnt sich, bei der Suche neue Wege zu beschreiten. Hilfreich ist auch eine gute Öffentlichkeitsarbeit.

Es lohnt sich, bei der Suche mehr als die üblichen Wege (Inserate, Makler) zu beschreiten und zum Beispiel Kontakt zu Wohnungsbaugesellschaften, zum örtlichen Bauamt, zum Liegenschaftsamt, zu Wohlfahrtsverbänden, der örtlichen Seniorenvertretung und dem Gemeinderat aufzunehmen. Empfehlenswert ist, die Lokalpresse für das Projekt zu interessieren – vielleicht wird so ein potentieller Vermieter, Immobilien- oder Grundstücksbesitzer aufmerksam. Eine gute Öffentlichkeitsarbeit hilft zudem bei Verhandlungen mit Behörden und Partnern weiter.

Ein Neubau erfordert die Suche nach geeigneten Architekten, Baufirmen und Investoren. Auch hier braucht es Geduld: Die Bereitschaft, sich auf Gruppenprojekte einzulassen, ist in den Unternehmen normalerweise nicht sehr groß. Bauträger und Finanzierungspartner sind oft erst nach zähem Ringen für die Bedürfnisse, Gestaltungs- und Mitwirkungswünsche einer Projektgruppe zu gewinnen.

Ideal ist es, wenn sowohl das Architekturbüro als auch der Bauträger bereits Erfahrung mit gemeinschaftlichen Wohnprojekten haben. Das kommt bei großen Wohnungsbaugesellschaften oder -genossenschaften schon einmal häufiger vor als bei kleineren Unternehmen. Dafür sind diese möglicherweise aufgeschlossener gegenüber innovativen Projekten.

Die Gemeinschaft im Alltag

Hat die Planungs- und Realisierungsphase im fertig gestellten Wohnprojekt ihr glückliches Ende gefunden und sind alle Bewohner eingezogen, beginnen die „Mühen der Ebene“. Das Zusammenleben muss erprobt und organisiert werden, die Hausgemeinschaft muss sich im Alltag bewähren. Auch dies kann einen längeren, zeitweise nervenaufreibenden Prozess bedeuten. Doch Auseinandersetzungen sind normal und gehören zu jeder Form des Zusammenlebens, und sie haben schließlich auch ihre positive Seite: Man lernt voneinander, macht neue Erfahrungen, bleibt flexibel.

Auseinandersetzungen gehören zu jeder Form des Zusammenlebens und haben ihre durchaus positiven Seiten: Man lernt voneinander, macht neue Erfahrungen und bleibt flexibel.

Um sich als Gemeinschaft zu fühlen, kann die Definition eines gemeinsamen Ziels wichtig sein – und wenn es „nur“ das ist, sich im Bedarfsfall gegenseitig zu helfen oder Hilfe zu organisieren. Eine Hausgemeinschaft als lockerer Verbund braucht regelmäßige Termine, zu denen sich alle Bewohner zusammenfinden. Sinnvoll ist zudem, sich auf eine bestimmte Form der hausinternen Verständigung zu einigen – ob Schwarzes Brett, Telefonkette, Rund-Mail oder „Haus-Intranet“.

Dinge, die das Zusammenleben im Haus betreffen, wie die Nutzung und Pflege der Gemeinschaftsräume, sollten eindeutig

geregelt werden. Je größer und unverbindlicher die Gemeinschaft, desto eher ist es nötig, Verantwortlichkeiten festzulegen. Denn das Engagement der Einzelnen ist in den allermeisten Gemeinschaften ungleich verteilt.

Wichtig ist, bei allen Pflichten nicht die lustvollen Seiten des Zusammenlebens zu vergessen – denn es sind vor allem diese, die verbinden. Hier sollte das Verhältnis möglichst ausgewogen sein, organisatorische Treffen also weder als wichtiger angesehen werden noch häufiger stattfinden als gemeinsame Feiern, Ausflüge und andere Aktivitäten.

Leben und leben lassen

Die richtige Balance zwischen „Geben und Nehmen", Engagement und Laissez-faire zu finden, ist eine der anspruchsvollsten Aufgaben jeder Gemeinschaft. Nicht selten sind einige Bewohner voller Erwartungen an andere, selbst aber nur begrenzt bereit oder in der Lage, sich zu engagieren. Oder im Gegenteil: Jemand

Das Herz jedes Projekts: Die Gemeinschaftsräume

Von allen Bewohnern gemeinsam genutzte Räume sind zum Beispiel ein Versammlungsraum mit Küche, ein Gästezimmer oder eine Gästewohnung, Wirtschafts- und Kellerräume, Werkstatt, Fitnessraum, Freiflächen, Terrasse, Hof und/oder Garten. Große Wohnprojekte, die den Anspruch haben, soziale Kontakte auch in der Umgebung zu knüpfen und zu fördern, bieten der Nachbarschaft oder den Bewohnern des Wohnviertels meist die Möglichkeit, zum Beispiel an Veranstaltungen teilzunehmen, einen Gemeinschaftsraum für private Feiern zu mieten, oder sie betreiben ein Nachbarschaftscafé. Es gibt auch Projekte, die in ihrer Anlage öffentliche Räume wie zum Beispiel ein Stadtteilzentrum beherbergen, die dann natürlich den Projektbewohnern offen stehen.

Gemeinschaftsräume sind das Herz eines jeden Wohnprojekts. Gleichzeitig bedeuten sie eine finanzielle Mehrbelastung für jeden Bewohner, denn in der Regel müssen die Kosten (für den Bau oder die Miete sowie den Unterhalt) anteilig umgelegt werden. Zudem werden die gemeinsam genutzten Gebäudeanteile oft nicht gefördert.

Das hat häufig zur Folge, dass sie relativ klein bemessen sind – schade: Die Erfahrung aus vielen Projekten zeigt, dass attraktive, großzügig gestaltete Gemeinschaftsräume das Miteinander entscheidend befördern. Ihr Zustand sagt einiges über die Qualität des Gemeinschaftslebens aus. Hier sollte also möglichst nicht gespart werden. Allerdings sollten sie auch nicht überdimensioniert sein.

reißt alle Aktivitäten an sich, was zum tendenziellen Rückzug der anderen Bewohner führen kann. Balance ist auch nötig zwischen Nähe (Geselligkeit) und Distanz (Alleinsein wollen). Wer seinen Mitbewohnern allzu sehr „auf die Pelle rückt" und überhaupt nicht allein sein kann, wird auf Dauer zu einer Belastung für die Gruppe. Die Fähigkeit zur Distanz auch zu sich selbst, das Gefühl für die Interessen und Bedürfnisse anderer und der Respekt vor ihrer Privatsphäre sind wichtig. Eine gewisse persönliche Stärke jedes Einzelnen ist für eine Gemeinschaft unverzichtbar.

Mehrgenerationen-Gruppen haben manchmal das Problem, dass sich die jüngeren Mitglieder weniger für die Gemeinschaft einsetzen als die älteren. Das liegt daran, dass die Bedürfnisse der Generationen nicht immer zueinander passen: Sind die einen mit Beruf und Familie mehr als genug ausgelastet, haben die anderen viel Zeit und Energie für das Zusammenleben – und meist auch sehr viel höhere Ansprüche daran. Wo die einen es kaum schaffen, ihre täglichen Pflichttermine und -aufgaben zu bewältigen, haben die anderen manchmal Mühe, ihren Tag sinnvoll auszufüllen und zu strukturieren. Abwehrhaltung auf der einen, Enttäuschung auf der anderen Seite können die Folge sein. Hier hilft nur viel gegenseitiges Verständnis, Toleranz und das Herunterschrauben der Ansprüche.

Kontakt

Bundesverband Mediation e. V.
Kirchweg 80
34119 Kassel
Tel. 05 61/7 39 64 13
info@bmev.de
www.bmev.de

Deutsche Gesellschaft für Supervision e. V.
Lütticher Straße 1–3
50674 Köln
Tel. 02 21/92 00 40
info@dgsv.de
www.dgsv.de

Wie mit Streit umgehen?

Wenn ungelöste Konflikte das Gemeinschaftsleben dauerhaft lähmen, sollte man die Möglichkeit wahrnehmen, sich durch eine neutrale Person von außen unterstützen zu lassen. Eine Analyse und Bearbeitung von Gruppenproblemen (Supervision) oder die lösungsorientierte Leitung von Konfliktgesprächen (Mediation) kann aus festgefahrenem Streit heraus helfen. Mit professioneller Unterstützung lernt die Gruppe, ihre Probleme zu lösen, abweichenden Meinungen respektvoll zu begegnen und eine aufbauende Streitkultur zu entwickeln. Dabei sollte der Mediator oder Supervisor in jedem Fall eine in Gesprächsführung ausgebildete Person sein.

Von diesem oft interessanten Prozess profitiert auch jeder Einzelne. Schließlich ist nicht jeder daran gewöhnt und in der Lage, persönliche Konflikte offen auszutragen. Besonders nach langen Jahren des Alleinlebens fällt es oft schwer, konstruktiv zu streiten. Manche Menschen haben zudem größere Schwierigkeiten als andere damit, sich sprachlich präzise auszudrücken oder gut zu argumentieren.

Pflege in der Gemeinschaft

Die Hoffnung auf gegenseitige Hilfe und Unterstützung im Krankheitsfall ist für die meisten Älteren ein wichtiger Grund für den Einzug in eine Hausgemeinschaft oder ein Wohnprojekt. Ältere Mitbewohner wünschen sich in aller Regel auch, in der Gemeinschaft wohnen bleiben zu können, wenn sie einmal pflegebedürftig werden. Der „Pflegefall" wird bei der Gründung eines Projekts zwar oft mitbedacht, allerdings gibt es bisher noch kaum Erfahrungen, wie sich die Modelle dann im Ernstfall bewähren.

Da sich die meisten Wohnprojekte vom Betreuten Wohnen (→ Seite 120) unter anderem darin unterscheiden, dass sie bewusst keine Betreuungskonzepte oder -dienste bieten, ist die Ausgangssituation hier dem „normalen" Wohnen vergleichbar.

Allerdings sind die Voraussetzungen für eine Betreuung zu Hause besser, weil die meisten Häuser oder Anlagen barrierefrei gestaltet sind und die Gemeinschaft ein verlässliches Umfeld für Unterstützung im Alltag bietet. Schließlich gehört die freiwillige gegenseitige Hilfe, auch bei vorübergehenden Erkrankungen, zum Selbstverständnis.

Für den Fall, dass eine regelmäßige Pflege nötig wird, planen die meisten Bewohner, professionelle Kräfte hinzuzuziehen. In vielen Projekten gibt es ein Gästezimmer mit Pflegebad, das bei Bedarf von Pflegebedürftigen und Pflegenden (Angehörigen, ambulante Dienste) zum Beispiel für medizinische Anwendungen genutzt werden kann. Haben mehrere Bewohner Anrecht auf Leistungen aus der Pflegeversicherung, lassen sich diese innerhalb eines Hauses und gemeinsam besser nutzen, als wenn jeder für sich mit Pflegegeld oder Sachleistungen haushalten muss (→ Seite 78).

Falls Bewohner eines Wohnprojekts pflegebedürftig werden, sind die Voraussetzungen für eine Betreuung zu Hause meist besser als beim „normalen" Wohnen.

Nicht alle Projektgruppen setzen sich von Anfang an ausreichend mit dem Thema Pflege auseinander. Es gibt jedoch Beispiele vorsorglicher Vereinbarungen mit einem Pflegedienst vor Ort, oder Räume im Gebäude sind an einen ambulanten Dienst vermietet. Vereinzelt existieren auch Pläne, eine betreute Wohngemeinschaft (→ Seite 137) in das Wohnprojekt zu integrieren. Vor allem letzteres scheint eine gute Möglichkeit für Projektmitglieder, auch bei starker Pflegebedürftigkeit in ihrer Gemeinschaft wohnen bleiben zu können.

Um eine gewisse Sicherheit zu schaffen, verpflichten sich manche Gemeinschaften in internen Vereinbarungen zur gegenseitigen Unterstützung während einer Krankheit oder Rehabilitation. Wird eine dauerhafte Betreuung nötig, kann die Gemeinschaft vereinbaren, sich um die Organisation ambulanter Hilfe zu kümmern und zusammen mit Angehörigen das informelle Netz zu bilden, das die Lücken der professionellen Pflege schließt. In der Praxis lässt sich das Engagement jedes Einzelnen jedoch nicht festschreiben. Wie weit freiwillige Verpflichtungserklärungen im Ernstfall tragen, ist von der konkreten Situation und der Qualität der Beziehungen untereinander abhängig. Wie beim „normalen" Wohnen ist es daher ratsam, sich rechtzeitig darüber zu informieren, welche Möglichkeiten es vor Ort gibt, falls doch einmal eine umfassendere Betreuung nötig werden sollte.

Unterstützung bei Planung und Umsetzung

Ob Wohngemeinschaft, Hausgemeinschaft oder Mehrgenerationen-Projekt: Um eine gemeinschaftliche Wohnform zu initiieren und umzusetzen, ist die Unterstützung durch erfahrene und kompetente Berater und Organisationen eine unverzichtbare Hilfe. Oft sind es Mitarbeiter von Altenhilfe-Organisationen oder Wohnberatungsstellen, die sich auf das Anschieben von Wohnprojekten spezialisiert haben. Aus ihrer bisherigen Arbeit verfügen sie über einen großen Reichtum an Erfahrungen, Kontakten und Ideen, von dem neue Interessenten profitieren können – ob es um den Erfahrungsaustausch mit anderen Projektgruppen geht, um die Suche nach Mitbewohnern oder einem geeigneten Mietshaus, die Finanzierung eines Wohnprojekts oder die Vermittlung von Ansprechpartnern bei Banken, Baufirmen und Behörden. Wichtig ist auch die Beratung von Projekten im Konfliktfall.

Kontakte für gemeinschaftliches Wohnen

Forum Gemeinschaftliches Wohnen e. V.
Bundesvereinigung
Brehmstraße 1a
30173 Hannover
Tel. 05 11 / 4 75 32 - 53, - 73
info@fgwa.de
www.fgwa.de

(Adressen von Regionalbüros → Service, Seite 203)

Kontaktbörsen zum gemeinschaftlichen Wohnen finden Sie im Internet zum Beispiel unter www.fgwa.de/projekte.html.
Unter www.fgwa.de/partner.html finden Sie eine Liste mit Links zu Projekten und Beratungsstellen.

Betreutes Wohnen

Die Grundidee des Betreuten Wohnens ist es, selbstständig in der eigenen Wohnung zu leben und bei Bedarf schnell und zuverlässig so viel Hilfe in Anspruch nehmen zu können, wie nötig ist. Das kann zum Beispiel bei einer Erkrankung vorübergehend eine ambulante Pflege sein, während normalerweise vielleicht eine Putzhilfe genügt. Eine teure Überversorgung mit Betreuungsleistungen, die (noch) gar nicht gebraucht werden, ist dadurch ausgeschlossen. Die persönliche Betreuung in einer altersgerechten Wohnumgebung kann den Umzug in ein Alten- oder Pflegeheim überflüssig machen oder zumindest hinausschieben.

Betreutes Wohnen bietet eine altersgerechte Wohnumgebung und Unterstützung je nach Bedarf.

Betreute Wohnungen sind in der Regel barrierefrei, altersgerecht ausgestattet und in eine Wohnanlage integriert, deren Architektur die Kontakte der Bewohner untereinander fördert. Abrufbare Serviceleistungen wie Pflege- und Reinigungsdienste, medizinische Versorgung sowie Gemeinschaftseinrichtungen gehören zum Angebot. Über eine Hausnotrufanlage kann Hilfe angefordert werden, wenn es nötig sein sollte. In der Praxis gestaltet sich das vorhandene Angebot sehr unterschiedlich.

Leistungen

Der Umzug in eine Betreute Wohnung lohnt sich dann, wenn die Lage und Ausstattung der neuen Wohnung plus den angebotenen Betreuungs- und Serviceleistungen eine deutliche Verbesserung gegenüber der bisherigen Wohn- und Lebenssituation darstellen. Deshalb ist es wichtig, die eigenen Wünsche zu erkennen und das tatsächliche Angebot daran zu messen. Grundsätzlich sollte eine Einrichtung des Betreuten Wohnens die folgenden Leistungen bieten:

Serviceleistungen

Das Leistungsangebot besteht in der Regel aus dem so genannten Grundservice, der meist pauschal abgerechnet wird sowie zusätzlichen Wahlleistungen, die die Bewohner je nach Bedarf in Anspruch nehmen und zahlen können (→ Betreutes Wohnen zu Hause, Seite 69).

Ein typisches **Grundservice**-Paket beinhaltet:
- regelmäßige Beratung durch einen persönlichen Betreuer, der in die Wohnung kommt (zugehende Beratung),
- feste Sprechzeiten der Betreuungskräfte in der Anlage,
- Hausnotruf mit Rund-um-die-Uhr-Bereitschaft,
- Informationen über Freizeitangebote,
- Förderung des nachbarschaftlichen Zusammenlebens,
- Nutzung der Gemeinschaftseinrichtungen,
- Vermittlung und Organisation von Hilfsdiensten bei Bedarf,
- Hausmeisterservice.

Wahlleistungen sind zum Beispiel:
- hauswirtschaftliche Hilfen (Wohnungsreinigung, Wäschedienst, Einkaufshilfe),
- Fahr- und Bringservice,
- Besuchs- und Begleitdienste,
- Mahlzeitenservice (Essen auf Rädern oder Mittagstisch in einem angeschlossenen Restaurant oder Speiseraum),
- pflegerische und therapeutische Hilfen (ambulante Pflege).

In manchen Einrichtungen werden Wahlleistungen in Form von Dienstleistungspaketen angeboten. Hier ist es wichtig darauf zu achten, dass die Zusammenstellung der „Pakete“ den eigenen Bedürfnissen auch wirklich entspricht.

Lage und Ausstattung

Die Anlage sollte möglichst zentrumsnah, aber ruhig gelegen sein und eine überschaubare Größe haben (nicht mehr als 60 Wohneinheiten, oder mehrere Einzelhäuser). Sie ist barrierefrei und so gestaltet, dass Kontakte der Bewohner untereinander leicht möglich sind. Meist gehören Gemeinschaftseinrichtungen wie zum Beispiel ein Café, Räume für Freizeitaktivitäten, Wasch- und Trockenräume sowie ein Büroraum für die Betreuer zum Standardangebot. Freundliche Flure und Freiflächen mit Sitzgelegenheiten, Bänke im Hof oder im Garten, die zu einem spontanen Schwatz mit den Nachbarn einladen, sind genauso wichtig.

Zu den Selbstverständlichkeiten zählt eine altersgerechte Ausstattung der Wohnungen, die nicht zu klein sein sollten. Wünschenswert sind zwei Zimmer auch für eine Person und mindestens 50 Quadratmeter Wohnfläche. Leider bieten vor allem ältere Anlagen oft noch kleinere Ein-Zimmer-Apartments mit Kochnische. Auch das wichtige Kriterium der Barrierefreiheit wird häufig nicht vollständig erfüllt.

Bewohner und ihre Wünsche

Werbeprospekte und -anzeigen für Betreute Wohnanlagen sind meist mit Fotos von unternehmungslustigen „jungen Alten" bebildert, die nicht den Eindruck vermitteln, als ob sie eine Betreuung bräuchten. Tatsächlich interessieren sich jüngere Senioren kaum für eine Wohnung mit Betreuungs-Angebot.

Es sind in der Regel die älteren, nicht mehr ganz gesunden Senioren, die sich für einen Umzug in eine betreute Wohnung entscheiden. Sie brauchen häufig bereits Unterstützung im Alltag und wünschen sich mehr Sicherheit als in ihrer alten Wohnung. Früher hätten sie wahrscheinlich den Umzug in ein klassisches Altenheim erwogen. Da es solche mittlerweile kaum noch gibt, weil sich die Heime immer mehr zu Pflegeeinrichtungen entwickeln, haben Betreute Wohnanlagen in gewisser Weise das Altenheim ersetzt. Das ist auch gut so, denn eine Vollversorgung ist außer bei starker Pflegebedürftigkeit oder Demenz in der Regel unnötig und kann zum gänzlichen Verlust der Selbstständigkeit führen.

Neben der altersgerechten Ausstattung der Wohnungen und der Möglichkeit, Hilfe je nach Bedarf in Anspruch nehmen zu können, sind die sozialen Kontakte zu den Mitbewohnern, die Treffpunkte und Freizeitangebote innerhalb der Einrichtung wichtige Gründe für einen Umzug ins Betreute Wohnen. Kurzum: Wer „betreut" wohnt, möchte sich in den eigenen vier Wänden wie in der gesamten Anlage sicher und gut aufgehoben fühlen, außerdem verlässliche Ansprechpartner und Gesellschaft haben.

Wer in eine Wohnung des Betreuten Wohnens zieht, möchte sich sicher und gut aufgehoben fühlen, außerdem verlässliche Ansprechpartner und Gesellschaft haben.

Bewohnerbefragungen haben gezeigt, dass eine Unzufriedenheit mit dieser Wohnform häufig durch zu hohe Erwartungen entsteht. Manche Bewohner legen zwar viel Wert auf ihre Privatsphäre und Selbstständigkeit, wünschen sich aber eine so umfangreiche Versorgung, wie sie nur in stationären Einrichtungen möglich ist – ohne dafür in ein Heim ziehen zu müssen. Dies kann das Betreute Wohnen jedoch nicht leisten. Unklarheit herrscht oft auch darüber, welche Leistungen im Grundservice enthalten sind und welche zusätzlich berechnet werden. Eine weitere Ursache für Unzufriedenheit ist, wenn die angebotenen Leistungspakete nicht den Bedürfnissen der Bewohner entsprechen, sie also für einen Service zahlen sollen, an dem sie gar kein Interesse haben.

Pflege im Betreuten Wohnen

Normalerweise können Senioren nur in eine Betreute Wohnanlage einziehen, wenn sie ihren Haushalt noch weitgehend selbstständig führen können. Die angebotenen Betreuungsleistungen sollen helfen, die vorhandenen Fähigkeiten zu erhalten oder wiederzuerlangen, wenn man zum Beispiel nach einer Erkrankung eine Weile auf Pflege angewiesen war.

Ob es auch bei dauerhaftem Pflegebedarf möglich ist, in der Betreuten Wohnung zu bleiben, hängt davon ab, in welchem Umfang ambulante Pflegeleistungen angeboten werden – und natürlich von der Schwere der Pflegebedürftigkeit. Eine Betreuung rund um die Uhr, wie sie beispielsweise bei stark demenzkranken Menschen nötig wird, ist meist nicht möglich – es sei denn, die Anlage verfügt über eine Tages- oder Nachtbetreuung (→ Seite 81), oder die Räume des betreuenden Pflegedienstes sind integriert. Der größtmögliche Umfang an Pflegeleistungen sollte deshalb vor Einzug genau geklärt werden, ebenso wie die Höhe der dafür anfallenden Kosten.

Betreiber von Betreutem Wohnen gehen aufgrund der Altersstruktur der Interessenten und Bewohner davon aus, dass die Zahl der Demenzkranken in den Wohnanlagen zukünftig steigen wird. Manche Einrichtungen bereiten sich darauf vor, indem sie zum Beispiel eine Tagesbetreuung in kleinen Gruppen anbieten.

Kosten

Der Kauf- oder Mietpreis einer betreuten Wohnung liegt meist über dem ortsüblichen Niveau einer vergleichbaren normalen Wohnung – unter anderem deshalb, weil die Gemeinschaftsräume und -einrichtungen mitbezahlt werden müssen. Doch auch die öffentliche Hand fördert diese Wohnform, sodass betreute Wohnungen nicht nur auf dem freien Markt, sondern auch im Sozialen Wohnungsbau angeboten werden.

Die monatlichen Kosten setzen sich üblicherweise aus der Kaltmiete (wenn die Wohnung nicht gekauft wurde) und den Nebenkosten für die Wohnung sowie einer Betreuungspauschale für den Grundservice zusammen. Dazu kommen je nach Inanspruchnahme von Wahlleistungen zusätzliche Service-Kosten.

Bei Erhebungen wurde festgestellt, dass bei frei finanzierten Einrichtungen sowohl die Höhe der Miet- als auch der Betreuungskosten extrem schwankt. Durchschnittlich liegt die Kaltmiete monatlich bei etwa acht bis zehn Euro pro Quadratmeter. Dazu kommen die Nebenkosten von bis zu zwei Euro pro Quadratmeter. Für die Betreuungspauschale wird monatlich pro Person zwischen 90 und 140 Euro berechnet.

Die Preisunterschiede erklären sich meist durch die Wohnlage, unterschiedliche Ausstattungsqualitäten und Leistungsangebote. Es gibt aber auch Fälle, in denen sich die Preise für vergleichbare Leistungen um 100 oder gar 200 Prozent unterscheiden.

Betreutes Wohnen – ein Wachstumsmarkt?

Mit dem Bau betreuter Wohnanlagen wurde vor allem in den 1990er-Jahren kräftig Geld verdient: Immer mehr frei finanzierte und auch öffentlich geförderte Wohnprojekte für vorwiegend ältere Menschen wuchsen auf mehr oder weniger teurem Baugrund. Nach Erhebungen der Landesbausparkassen hat sich das Angebot betreuter Wohnungen von Mitte bis Ende der 1990er-Jahre mehr als verdoppelt. Die meisten Anlagen des Betreuten Wohnens sind in den Städten entstanden; auf dem Land hat sich das Wohnkonzept bisher kaum durchgesetzt.

Der Anteil der Älteren, die bereit und in der Lage sind, sich eine komfortable neue Wohnung in einer Anlage mit vielfältigem Service zu leisten, wird jedoch kaum größer werden. Der Markt für „seniorengerechte" Immobilien stößt bereits an seine Grenzen, inzwischen sind besonders in der oberen Preisklasse immer mehr Leerstände zu verzeichnen. Der große Bauboom scheint vorbei. Experten gehen aber davon aus, dass das Angebot an Betreuten Wohnungen insgesamt weiter steigen wird. Dazu zählt neben dem Neubau von Wohnanlagen die altersgerechte Umgestaltung vorhandener Wohnungen im Rahmen von Quartierskonzepten (→ Seite 186).

Wie sich die Nachfrage entwickeln wird, hängt auch davon ab, inwieweit es gelingt, hilfebedürftigen älteren Menschen das normale Wohnen in ihrer angestammten Umgebung zu ermöglichen. Wer seine Wohnung altersgerecht anpassen lässt und ausreichende Unterstützungs- und Kontaktmöglichkeiten vor Ort hat, für den besteht eigentlich wenig Grund zum Umzug in eine Anlage des Betreuten Wohnens – es sei denn, es zeichnet sich ein besonderer Hilfebedarf ab.

Experten empfehlen, sich bei den Mietpreisen am ortsüblichen Mietspiegel zu orientieren plus einen Aufschlag von maximal 20 Prozent. Für die Grundleistungen wird eine Pauschale von monatlich 80 bis 120 Euro pro Person als angemessen angesehen.

Derzeit ist die Möglichkeit einer teilweisen Kostenübernahme für Bedürftige durch das Sozialamt nicht einheitlich geregelt. In manchen Bundesländern, zum Beispiel in Bayern, erhalten sie ein anteiliges Wohngeld und Zuschüsse zu den Betreuungskosten.

■ Aalen: „Im Wiesengrund"

Die Seniorenwohnanlage „Im Wiesengrund" im schwäbischen Aalen ist eine von derzeit 50 Einrichtungen, die mit dem baden-württembergischen Qualitätssiegel für Betreutes Wohnen zertifiziert wurde (→ Seite 128). Die freundliche Anlage bietet mehrere Gemeinschaftsräume, eine Sauna, einen Fitness- und Gymnastikraum, Werk- und Hobbyräume, eine große Gemeinschafts-Freiterrasse und ein geräumiges Café. In den insgesamt 68 Wohnungen zwischen 45 und 80 Quadratmetern leben 76 Bewohner, in der Mehrzahl allein lebende Frauen über 80 Jahre.

Bauherr, Vermieter und Verkäufer dieser Wohnungen ist die Aalener Immobiliengesellschaft. Die Kaltmiete für die frei finanzierten Wohnungen lag Anfang 2006 bei 11,50 Euro pro Quadrat-

Betreutes Wohnen im Aalener „Wiesengrund"

meter. Wer hier einzieht, sollte also eine komfortable Rente haben, um die Warmmiete plus Grundservice sowie ein Budget für Wahlleistungen und die Teilnahme an Freizeitangeboten finanzieren zu können. Doch „Im Wiesengrund" stimmt das Preis-Leistungs-Verhältnis: Es wird sehr viel geboten, und die Zufriedenheit der Bewohner ist groß. Sie schätzen die gute Nachbarschaft, die engagierte Betreuung und die vielen Möglichkeiten, ihren Tag aktiv zu gestalten. Anders als in einem Heim können sie ihr Leben hier völlig selbstbestimmt führen, haben aber die Sicherheit, dass immer jemand da ist, falls sie Hilfe brauchen.

Anbieter der Serviceleistungen „Im Wiesengrund" ist das Deutsche Rote Kreuz, mit dem die Bewohner einen Betreuungsvertrag über die Grundleistungen abschließen. Er beinhaltet die persönliche Beratung durch Fachpersonal in Fragen des täglichen Lebens sowie für pflegende Angehörige. Die Betreuungskräfte vermitteln soziale Dienste, überwachen den Hausnotruf und kümmern sich um die Nutzung und Pflege der Gemeinschaftsräume. Sie organisieren Freizeit-, Bildungs- und Therapieangebote wie Gymnastik, Tanz- oder Ergotherapie. Für diesen Grundservice fallen monatlich rund 83 Euro pro Wohnung an, etwa zehn Euro mehr für größere Wohnungen, in denen auch zwei Personen leben können. Darüber hinaus werden Wahlleistungen wie Haushaltshilfen, pflegerische Dienste, Fahr- oder Mahlzeitendienste angeboten.

Kontakt

Seniorenwohnanlage „Im Wiesengrund"
Ganzhornweg 9–9/1, 73430 Aalen
Tel. 0 73 61 / 6 60 00
info@drk-aalen.de

Die Freizeitangebote „Im Wiesengrund" sind vielfältig und bei den Bewohnern sehr beliebt, sie reichen von Konzerten über gemeinsames Kochen oder Spielen bis zu Englisch-Konversation und Tagesausflügen. Viele Senioren beteiligen sich auch gern an der Organisation der gemeinsamen Aktivitäten.

Falls ein Bewohner vorübergehend oder dauerhaft Pflege und Betreuung rund um die Uhr braucht, besteht die Möglichkeit, ins benachbarte Altenhilfezentrum des DRK zu ziehen. Dieses bietet neben Kurzzeitpflege auch Plätze in betreuten Hausgemeinschaften (→ Seite 162) an.

Angebote gut prüfen

Für das Betreute Wohnen gibt es noch keine einheitlichen Qualitätsstandards, zudem sind Preise und Konzeptionen der Einrichtungen sehr unterschiedlich. Manches teuer bezahlte Angebot hat sich schon als Vorspiegelung falscher Tatsachen entpuppt: Die Wohnung war zwar altersgerecht ausgestattet, die versprochene Betreuung funktionierte jedoch nicht zuverlässig. Immerhin existiert in manchen Bundesländern inzwischen eine gewisse Kontrolle durch die Einführung von Gütesiegeln, das diejenigen Projektträger erhalten, die festgelegte Qualitätskriterien erfüllen. Vorreiter war hier das Land Baden-Württemberg, das bereits 1996 sein Qualitätssiegel einführte. Inzwischen gibt es solche Güte- oder Qualitätssiegel auch in Nordrhein-Westfalen, Bayern und Sachsen-Anhalt.

Auch die rechtlichen Bestimmungen in Bezug auf Betreutes Wohnen sind derzeit noch nicht eindeutig. Die meisten Anlagen sind nicht dem Heimrecht (→ Seite 182) unterworfen; hier gilt das Mietrecht, und für die Betreuungsverträge die Bestimmungen des Verbraucherschutzgesetzes.

Wenn Sie sich für ein Angebot des Betreuten Wohnens interessieren, sollten Sie sich in jedem Fall sehr genau erkundigen, welche Vorteile und Betreuungsleistungen die offerierte Wohnung tatsächlich bietet – vor allem, wenn wirklich einmal eine Notlage eintreten oder umfassende Pflege nötig werden sollte. Mit einer einmaligen Besichtigung und den Informationen von Verkäufer- oder Vermieterseite sollten Sie sich nicht zufrieden geben. Erkunden Sie das Umfeld, sprechen Sie mit den potentiellen Nachbarn, vergleichen Sie die Wohnung mit ähnlichen Angeboten und prüfen Sie vor allem die Serviceleistungen sehr genau.

Weitere Informationen zum Betreuten Wohnen

Ausführliche Informationen zu den Qualitätskriterien für Betreutes Wohnen finden Sie in der Broschüre „Qualitätssiegel Betreutes Wohnen für ältere Menschen in Nordrhein-Westfalen". Sie ist kostenlos erhältlich beim

Ministerium für Gesundheit, Soziales, Frauen und Familie Nordrhein-Westfalen
Broschürenstelle
Fürstenwall 25
40190 Düsseldorf.

Im Internet können Sie sie unter www.mags.nrw.de, Suche „Qualitätssiegel" herunterladen.

So lassen sich Enttäuschungen verhindern. Es spricht für die Einrichtung, wenn die Möglichkeit eines ein- bis zweiwöchigen Probewohnens besteht.

Checkliste: Auswahlkriterien für Betreutes Wohnen

- Ihr Grundbedarf ist entscheidend für die Wahl des Typs der Einrichtung: Ist Ihnen vor allem eine verlässliche, umfassende Versorgung wichtig, oder möchten Sie möglichst normal wohnen und nur gelegentlich auf Beratung und Hilfsdienste zurückgreifen? Im ersten Fall kommt eine heimähnlich geführte Anlage, bei der die Betreuung im Mittelpunkt steht, infrage.
- Erfüllen der Zuschnitt und die Ausstattung der Wohnungen die Kriterien des altersgerechten Wohnens (→ Seite 32) und entsprechen sie Ihren persönlichen Bedürfnissen?
- Ist die Architektur der Anlage freundlich, offen und barrierefrei? Gibt es Freiflächen, Gemeinschaftsräume und -einrichtungen, die die Kontakte der Bewohner untereinander fördern, aber auch offen sind für die Nachbarschaft?
- Wie ist der Standort der Einrichtung? Ist sie zum Beispiel in ein Stadtviertel integriert, oder liegt sie eher abseits am grünen Stadtrand? Ist die Anlage mit öffentlichen Verkehrsmitteln gut erreichbar?
- Welche Serviceleistungen werden angeboten, wie hoch ist die Betreuungspauschale für den Grundservice, in welchem Fall und zu welchem Preis sind bestimmte Wahlleistungen abrufbar (→ Seite 121)?
- Wie sind die Betreuungsleistungen organisiert? Zur regelmäßigen Beratung sollte ein persönlicher Betreuer in die Wohnung kommen. Gibt es zusätzlich feste Sprechzeiten der Betreuer in der Anlage? Ist ein professionelles Pflegeteam im Haus oder ist ein ambulanter Pflegedienst in der Nähe zuständig? Machen Sie sich ein genaues Bild von der jeweiligen Einrichtung (→ Seite 73, ambulante Pflege).

Wichtig ist, dass die Wohnung geräumig und barrierefrei ist, der Grundservice den Standard erfüllt und Wahlleistungen angeboten werden, die Ihren Bedürfnissen entsprechen.

- Der Wahlservice – also die abrufbaren Hilfen im Alltag und bei Krankheit sowie die verschiedenen Dienstleistungsangebote – sollte professionell organisiert und verlässlich sein. Erkundigen Sie sich beim Träger der Anlage, mit welchen Firmen er zusammenarbeitet, und fragen Sie die Bewohner nach ihren Erfahrungen. Den Umfang des Service sollten Sie frei wählen können. Klauseln, die Sie auf bestimmte Dienstleistungen festlegen, sollten Sie nicht akzeptieren.
- Ist die Vertragsgestaltung eindeutig? Der Betreuungsvertrag sollte eine genaue Darstellung der Betreuungsleistungen und Serviceangebote sowie deren Kosten enthalten. Lassen Sie sich im Zweifelsfall juristisch beraten.
- Gibt es für die Bewohner die Möglichkeit, auf das Leben in der Anlage Einfluss zu nehmen – zum Beispiel durch Bewohnerversammlungen, Bewohnerbeiräte, Befragungen zu bestimmten Themen?

■ Neuss-Meertal

Ein Beispiel für das Betreute Wohnen und gleichzeitig für ein quartiersbezogenes Wohnkonzept (→ Seite 186) ist das Projekt „Wohnen mit Service im Meertal". Um es zu verwirklichen, haben sich im nordrhein-westfälischen Neuss ein Wohnungsbauunternehmen (Neusser Bauverein AG) und ein gemeinnütziger Träger (NOAH gGmbH) zusammengetan. Seit dem Jahr 2000 ist auf dem Gelände einer ehemaligen Margarinefabrik eine freundliche, üppig begrünte Neubausiedlung für Alt und Jung entstanden. Ein Teil des Wohnungsangebots besteht aus Betreuten Wohnungen für ältere und pflegebedürftige Menschen. Anbieter der Service- und Pflegeleistungen ist die „NOAH", eine Tochter der Diakonie in Neuss.

Kontakt

NOAH gGmbH
Berghäuschensweg 28 a
41464 Neuss
Tel. 0 21 31 / 1 24 73 00
NOAH-gGmbH@mail.isis.de

Alle 194 Wohneinheiten der Siedlung sind barrierefrei und über Aufzüge und Laubengänge zu erreichen. In der Anlage gibt es 62 kleinere Mietwohnungen für Senioren, 63 größere für Familien, 40 Eigentumswohnungen sowie 29 Einfamilienhäuser. Zusätzlich sind in einem kleinen Pflegezentrum neun Wohnungen für körperbehinderte und psychisch kranke

Menschen sowie zwei Gästewohnungen entstanden. Die Mietwohnungen sind öffentlich gefördert und kosteten Anfang 2006 kalt 4,80 Euro pro Quadratmeter.

Der Service im Betreuten Wohnen besteht aus Grundleistungen sowie Wahlleistungen, die in verschiedenen Paketen angeboten und bezahlt werden. Die Leistungen reichen von der Bereitstellung eines Hausnotrufs über Alltagshilfen bis zur Organisation ambulanter Pflege. Das Grundservice-Paket (Beratung, Hausnotruf, Vermittlung von Diensten, Informationen über die Angebote im Quartier, Nutzung der Gemeinschaftseinrichtungen) berechnet die NOAH gGmbH mit 39 Euro pro Person und Monat.

Das Café-Restaurant „NOAH“

Der Serviceträger betreibt auch das Café-Restaurant „NOAH im Meertal“, gleichzeitig Begegnungs- und Dienstleistungszentrum der Siedlung. Außer dem Restaurant- und Cafébetrieb wird ein Mittagstisch und der Mahlzeitenservice für das Quartier angeboten. Das NOAH-Büro befindet sich ebenfalls hier, und zu bestimmten Sprechzeiten können sich die Bewohner dort von den Mitarbeitern beraten lassen.

Das Begegnungszentrum mit großer Terrasse am schön angelegten Teich ist für alle Siedlungsbewohner barrierefrei zu erreichen. Es ist ein beliebter Treffpunkt gerade für ältere Quartiersbewohner, die nicht mehr so gut zu Fuß sind. Auch eine Mutter-Kind-Gruppe trifft sich regelmäßig in den Räumen des Begegnungszentrums.

Das „Service-Wohnen im Meertal“ ist ein Erfolg geworden, und es gibt in Neuss bereits Nachfolgeprojekte. Die Bewohner fühlen sich wohl, schätzen die Möglichkeit, sich bei Bedarf im Alltag unterstützen zu lassen, und nehmen die Freizeitangebote des Zentrums gern wahr.

Altenwohnanlagen

Altenwohnanlagen (oder auch „Altenwohnungen") sind die Vorläufer des Betreuten Wohnens: Apartmentanlagen für ältere Menschen, die viele Angebote unter einem Dach integrieren. Die meist sehr kleinen Wohnungen für eine oder zwei Personen sind ebenfalls anzumieten oder zu kaufen und meistens altersgerecht ausgestattet. Altenwohnanlagen bieten neben Gemeinschaftseinrichtungen und Freizeitangeboten einen minimalen Betreuungsservice und weitere Leistungen, die wie beim Betreuten Wohnen nur bei Bedarf in Anspruch genommen und bezahlt werden. Viele Altenwohnanlagen sind Heimen angegliedert, deren Pflege- und Hauswirtschaftskräfte auch die Altenwohnungen betreuen, wenn dies nötig ist.

In Altenwohnanlagen sind die Wohnungen meist sehr klein.

Altenwohnanlagen werden in der Regel von Verbänden der freien Wohlfahrtspflege, von den Kirchen, aber auch von privaten Trägervereinen geführt.

Wohnungen in Anlagen gemeinnütziger Träger sind oft subventioniert, und die Mieten liegen dann kaum über dem ortsüblichen Durchschnitt. Für solche vergleichsweise preisgünstigen Wohnungen gibt es häufig eine lange Warteliste. Bei Interesse ist also eine frühzeitige Anmeldung ratsam.

Manchmal ist die Voraussetzung für die Aufnahme oder Anmeldung ein Darlehen zugunsten des Trägers, mit dem man sich „einkauft": Die Einlage in Höhe von einigen tausend Euro (zinslos oder mit geringen Zinsen) garantiert ein lebenslanges Wohnrecht bei gleich bleibender Miete. Pro Jahr wird ein bestimmter Prozentsatz der Darlehenssumme „abgewohnt". Bei Auszug oder im Todesfall wird der Restbetrag ausgezahlt beziehungsweise fällt er den Erben zu.

Seniorenresidenzen, Wohnstifte

Als Luxusvariante der Altenwohnanlage gelten die privaten Wohnstifte oder „Seniorenresidenzen“ die ihren Bewohnern eigene, qualitativ hochwertige und meist sehr teure Wohnungen in bester Lage bieten. Viele Anlagen verfügen zum Beispiel über ein Schwimmbad, eine Sauna, ein hauseigenes Fitnessstudio, eine Bibliothek, Veranstaltungsräume und ein Café oder Restaurant. Gesellige und kulturelle Veranstaltungen wie Lesungen oder Konzerte im Haus, Sprach- oder Internetkurse, sportliche Aktivitäten sowie Wellness- und therapeutische Angebote runden vielerorts das bunte Programm ab.

Die Betreuungs- und Serviceleistungen können erstklassig und vielfältig sein, manchmal findet aber auch eine kostspielige Überversorgung statt. Ein Großteil der angebotenen Unterstützungs- und Pflegeleistungen wird nicht wie beim Betreuten Wohnen je nach Inanspruchnahme gezahlt, sondern „all inclusive“: Der pauschale „Pensionspreis“ umfasst häufig sowohl die Betreuungs- wie die Mietkosten. Deshalb gelten für Wohnstifte in der Regel die Bestimmungen des Heimrechts (→ Seite 182). In manchen Häusern, vor allem in neuen Anlagen, verschieben sich allerdings die Grenzen zum Betreuten Wohnen: Hier wird ein Grundpaket aus Service- und Betreuungsleistungen angeboten, zusätzliche Dienstleistungen werden extra berechnet.

Die Seniorenresidenz „Elisa“ in Ludwigsburg

Trotz abgeschlossener Wohnung ist es nicht in allen Stiften möglich, den eigenen Haushalt selbstständig weiterzuführen. Dafür können in den meisten Einrichtungen auch stärker Hilfebedürftige in ihren Wohnungen gepflegt werden. Dies ist für viele der im Durchschnitt über 80-jährigen Bewohner eine große Beruhigung. Meist verfügen Seniorenresidenzen über eine Pflegestation, wo Schwerstpflegebedürftige rundum versorgt werden können.

Nicht immer halten die komfortabel gestalteten Residenzen das, was sie in ihren Hochglanz-Prospekten, eindrucksvollen Internet-Auftritten und großformatigen Anzeigen versprechen. Auch unter den Betreibern von Wohnstiften gibt es schwarze Schafe, die zum Beispiel an der Qualifikation des betreuenden Personals sparen. Und schließlich kommt es hier wie überall im Miteinander auf die menschliche Atmosphäre der Einrichtung an – eine luxuriöse Ausstattung allein bleibt kalte Pracht, wenn sie nicht mit Leben gefüllt wird.

Deshalb gilt bei der Auswahl eines Wohnstiftes genauso wie bei einer Anlage des Betreuten Wohnens (→ Checkliste Seite 129) oder eines Heimes: Informieren Sie sich gründlich, und prüfen Sie ganz genau, was Sie erwartet. Das betrifft besonders auch das Preis-Leistungs-Verhältnis, insbesondere bei eintretender Pflegebedürftigkeit. Schließlich können bereits die Grundkosten (Warmmiete für ein kleines Einzelapartment plus Betreuungspauschale) bei über 1 500 Euro monatlich liegen. Die Preise in Seniorenresidenzen sind allerdings nicht leicht zu vergleichen, denn jedes Haus legt anders fest, welche Leistungen in den monatlichen Festkosten enthalten sind und welche nicht. Auch haben nicht alle Wohnungen in einer Residenz unbedingt den gleichen Ausstattungsstandard. Residenzen verlangen vor Eintritt häufig ein Darlehen über viele tausend Euro, das ein lebenslanges Wohnrecht garantiert.

Weitere Informationen zu Seniorenresidenzen

In ihrer Zeitschrift FINANZtest, Heft 2, 2006 hat die STIFTUNG WARENTEST einen vergleichenden Test von zwölf Seniorenresidenzen veröffentlicht. Die Betreiber dieser Residenzen arbeiten überregional und unterhalten weitere Anlagen im ganzen Bundesgebiet. Sie können den Test auch kostenpflichtig im Internet abrufen unter: www.finanztest.de, Suche nach „Seniorenresidenzen“.

Sicher betreut im neuen Zuhause

Noch bis vor wenigen Jahren gab es für pflegebedürftig gewordene ältere Menschen kaum Alternativen: Wenn sie trotz Unterstützung durch Angehörige und ambulante Kräfte irgendwann zu Hause gar nicht mehr zurecht kamen, blieb oft nichts anderes übrig als der Umzug in ein Alten- oder Pflegeheim. Die stationäre Vollversorgung bedeutete nicht selten eine Überversorgung und den vollständigen Verlust der Selbstständigkeit.

Mittlerweile haben sich jedoch Betreuungskonzepte für Wohngruppen alter Menschen entwickelt, die auf unterschiedliche Art versuchen, Lebensqualität und Selbstbestimmung mit Versorgungssicherheit zu vereinbaren. Dabei steht nicht die Pflege, sondern das Wohnen und ein möglichst normaler Lebensalltag im Vordergrund. Das Angebot an Pflegeleistungen richtet sich nach dem persönlichen Bedarf der Betreuten.

Betreute Wohngemeinschaften ergänzen die Möglichkeiten der ambulanten Betreuung Pflegebedürftiger, während betreute Hausgemeinschaften eine Weiterentwicklung des Pflegeheims darstellen.

Die so genannten wohngruppenorientierten Betreuungskonzepte werden in anderen europäischen Ländern zum Teil schon seit Jahren mit Erfolg umgesetzt. Dabei ging es zum Beispiel in Frankreich und den Niederlanden zu Beginn vor allem darum, die Situation in den Alten- und Pflegeheimen zu verbessern und neue Wege in der stationären Betreuung auszuprobieren. In Schweden und in der Schweiz suchte man dagegen nach einem Versorgungsmodell, das geeignet war, Lücken in der ambulanten Versorgung zu schließen. So haben sich ein „stationärer“ und ein „ambulanter“ Typ der betreuten Wohngruppe herausgebildet.

In Deutschland haben sich beide Typen relativ unabhängig voneinander entwickelt. Dies liegt zum Teil an den Vorgaben des Heimrechts, das den ambulanten und stationären Bereich strikt voneinander trennt. Ambulant betreute Wohngruppen werden hierzulande als „betreute Wohngemeinschaften“ (auch „Pflegewohngruppen“ oder „begleitete Wohngruppen“), stationär betreute als „betreute Hausgemeinschaften“ oder „KDA-Hausgemeinschaften“ bezeichnet.

Betreute Wohngemeinschaften erweitern die Möglichkeiten einer ambulanten Betreuung stark Hilfebedürftiger in ihren eigenen vier Wänden. Sie sind auch eine Alternative zum selbstständigen Leben im „Betreuten Wohnen“ (→ Seite 120), das mit zunehmender Pflegebedürftigkeit an seine Grenzen stoßen kann. Betreute Hausgemeinschaften sind dagegen eine Weiterentwicklung des Pflegeheims, dessen Strukturen sich durch die Betreuung in Wohngruppen dem normalen Wohnen annähern. Viele Experten sehen wohngruppenorientierte Betreuungskonzepte inzwischen als Zukunftsmodell für die Versorgung Pflegebedürftiger und Demenzkranker.

Trotz aller Vorteile, die eine Betreuung in kleinen Wohngruppen bietet, sind solche Angebote noch längst nicht im gesamten Bundesgebiet vorhanden. Deshalb sind viele Pflegebedürftige, deren häusliche Situation einen Umzug nötig macht, noch immer darauf angewiesen, ein gutes Alten- und Pflegeheim in ihrer Nähe zu finden. Wer sich gründlich informiert und rechtzeitig vorbereitet, kann vermeiden, im „Pflegefall“ mit der erstbesten Einrichtung vorlieb nehmen zu müssen. Eine andere Möglichkeit ist es, sich vor Ort für den Aufbau einer betreuten Wohngemeinschaft einzusetzen.

Betreute Wohngemeinschaften

Eine betreute Wohngemeinschaft ist eine Gruppe von etwa sechs bis acht hilfe- oder pflegebedürftigen Menschen, die gemeinsam in einer großen, barrierefrei (um)gestalteten Wohnung oder in einem Haus leben. Ein Betreuerteam unterstützt die Gruppe stundenweise, bei Bedarf auch rund um die Uhr, im Haushalt, bei der Zubereitung der Mahlzeiten und bei Freizeitaktivitäten. Die Betreuer helfen den einzelnen Bewohnern auch in persönlichen Angelegenheiten. Was darüber hinaus an Pflegeleistungen nötig ist, übernehmen ambulante Dienste.

Die Bewohnerinnen und Bewohner haben bei dieser Wohnform jederzeit Ansprechpartner und die Sicherheit einer ihrem persönlichen Bedarf entsprechenden, verlässlichen Betreuung.

Sie bleiben trotz Hilfebedarf so selbstständig wie möglich, können sich im Rahmen ihrer Möglichkeiten gegenseitig unterstützen und ihre Fähigkeiten in die Gemeinschaft einbringen.

Wohngemeinschaften sind keiner stationären Einrichtung angegliedert, sondern meist in einem ganz normalen Wohnviertel angesiedelt. Im Idealfall ist es das Viertel, in dem die Bewohner schon vorher gelebt haben, sodass ihnen ihr vertrautes Umfeld und alte nachbarschaftliche Kontakte erhalten bleiben.

Betreute Wohngemeinschaften unterliegen nicht dem Heimgesetz. Das bedeutet, die Ausstattung der Wohnung muss sich nicht nach besonderen Vorschriften richten, und die Bewohner können über den Personaleinsatz selbst bestimmen.

Jeder Bewohner hat einen privaten Schlaf- und Wohnbereich mit eigenen Möbeln und persönlichen Dingen. Dieser individuell gestaltete Rückzugsraum bleibt in betreuten Wohngemeinschaften auch schwer Pflegebedürftigen und Demenzkranken erhalten. Wohnzimmer, Küche, Esszimmer, Bäder, Terrasse oder Garten gestalten und benutzen die WG-Mitglieder gemeinsam. Im gemütlich eingerichteten Gemeinschaftsbereich mit (Wohn-)Küche spielt sich das Alltagsleben ab.

Dabei bleiben die Pflegebedürftigen (oder deren persönliche Vertreter) die „Hausherren“, die Betreuungs- und Pflegekräfte sind Gäste beziehungsweise Dienstleister. Die Bewohner haben ganz normale Mietverträge, der Eigentümer der WG-Wohnung ist in der Regel nicht der Träger oder Initiator der Wohngemeinschaft. Betreute Wohngemeinschaften unterliegen auch nicht dem Heimgesetz, die Ausstattung der WG-Wohnung muss sich also nicht nach besonderen Auflagen richten, und der Personaleinsatz kann selbst bestimmt werden. Über den Umfang und die Art der Unterstützung durch ambulante Dienste entscheiden die Bewohner oder ihre gesetzlichen Betreuer gemeinsam mit Angehörigen – ebenso wie über die Zusammensetzung der Gruppe, die Einrichtung der Wohnung, den Essensplan oder die Tagesgestaltung.

In der Praxis stößt die grundsätzliche Selbstbestimmung der Bewohner jedoch häufig an Grenzen. Vor allem in Wohngruppen, in denen ausschließlich demenzkranke ältere Menschen leben und in denen ständig Betreuungskräfte anwesend sind, müssen Träger, Betreuer und Angehörige darauf achten, dass die Wohngemeinschaft nicht zum „Mini-Heim" wird, in dem sich die Mitarbeiter als Hausherren fühlen und die Regeln vorgeben.

Initiatoren, Bewohner und Objekte

Die Initiatoren von betreuten Wohngemeinschaften sind häufig kleinere Organisationen, in der Mehrzahl ambulante Pflegedienste, aber auch Seniorenvereine oder Initiativen von Angehörigen. Dies ist möglich, weil eine betreute Wohngemeinschaft in der Regel leichter zu etablieren ist als eine stationäre Einrichtung. Die Betreuungs- und Pflegekräfte sind meist Mitarbeiter ambulanter Dienste. Auch die so genannten Investitionskosten, wie sie in Pflegeheimen für den Bau und Unterhalt der Einrichtung anfallen, bleiben überschaubar. Löst sich eine Wohngemeinschaft auf, kann die Wohnung auch wieder anders genutzt werden – dies ist bei stationären Einrichtungen kaum möglich.

Die große Mehrheit der Bewohner in betreuten Wohngemeinschaften ist weiblich und über 80 Jahre alt. Fast 90 Prozent haben einen im Sinne des Pflegeversicherungsgesetzes anerkannten

Pflegebedarf. Alter, Geschlecht und Hilfebedürftigkeit von WG-Mitgliedern ist damit ähnlich wie in Alten- und Pflegeheimen. Die meisten wohnen bis zum Lebensende in ihrer Gemeinschaft.

Mittlerweile existieren in Deutschland eine ganze Reihe betreuter Wohngruppen. Vor allem in und um Berlin, Braunschweig und Bielefeld gibt es seit den 1990er-Jahren sogar ein recht großes Angebot. Hier haben die ersten Projekte aufgrund guter Erfahrungen viele Nachahmer vor Ort gefunden – eine Entwicklung, die für die noch unterversorgten Regionen Anlass zu Optimismus gibt.

Allein in Berlin gab es im Herbst 2005 an die 100 betreute Wohngemeinschaften, in Bielefeld etwa 30, in Braunschweig acht. Begünstigt wird der Trend zur Betreuung in kleinen Wohngruppen dadurch, dass auch Vermieter und Wohnungsbaugesellschaften solchen Konzepten zunehmend offener gegenüberstehen. Langfristig ist es schließlich sowohl für die Wohnungswirtschaft als auch für die soziale Infrastruktur in den Stadtteilen günstig, wenn alt eingesessene Mieter so lange wie möglich in ihrem vertrauten Umfeld wohnen bleiben können.

Dennoch fehlt es an geeigneten, zentral gelegenen Großwohnungen im vorhandenen Bestand (→ auch Seite 113, Wohnungssuche). Neben der erforderlichen Wohnungsgröße (sechs bis acht geräumige Einzelzimmer, mehrere Bäder, großzügige Gemeinschaftsräume, ein großer Balkon, eine Terrasse oder ein Garten) sind bauliche Barrieren ein häufiges Problem: Treppen im Eingangsbereich, zu enge Bäder, zu schmale Türen. Um vorhandene Großwohnungen für eine Wohngemeinschaft altersgerecht anzupassen, müssen sie oft aufwendig umgebaut werden – ein erhebliches Hindernis für weniger finanzkräftige Initiatoren.

Die Probleme sind also ähnlich gelagert wie bei selbst organisierten Wohnprojekten. Als Lösung bietet sich an, zukünftig bei Sanierungen, Um- oder Neubauten zum Beispiel von Siedlungsgebäuden von vornherein geeigneten Wohnraum einzuplanen – eine wichtige Zukunftsaufgabe für Bauunternehmen, Architekten, aber auch für die Wohnungsämter und Bauministerien der Länder und Gemeinden. Nordrhein-Westfalen hat damit bereits begonnen: Dort wird der Neubau und seit 2006 auch der Umbau von Gruppenwohnungen gefördert.

Vorteile des Gemeinschaftslebens

Nach den bisherigen Erfahrungen wirkt sich das Leben in betreuten Wohngruppen sehr positiv aus. Menschen, die zuvor lange allein gelebt und im Laufe dieser Zeit viele ihrer Fähigkeiten verloren haben, können diese durch die intensive Betreuung und das Miteinander in der Gruppe teilweise wieder zurückgewinnen. Sie leben auf, werden aktiver und selbstständiger. Sie ernähren sich besser und bewegen sich mehr. Depressive oder demenzkranke Bewohner brauchen weniger Medikamente, weil das Leben in der Gemeinschaft offenbar beruhigend und stabilisierend wirkt. Auch dass die Bewohner ihren natürlichen Tagesrhytmus behalten können und sich zum Beispiel bei den Aufsteh- und Zubettgehzeiten nicht nach einer Heimroutine richten müssen, trägt zum positiven Effekt bei.

Pflegebedürftige, die vorher allein gewohnt haben, leben durch die intensive Betreuung und das Miteinander in der Gruppe auf, werden aktiver und selbstständiger.

Die Einnahme von Medikamenten, häufig Psychopharmaka, wird bei allein lebenden Menschen oft zum Problem. Viele haben sich an Beruhigungs- oder Schlaftabletten gewöhnt, die ihre Lebensgeister unterdrücken und ihre Beweglichkeit herabsetzen. Durch das allmähliche Reduzieren oder das Weglassen dämpfender Medikamente nach Einzug in eine Wohngruppe nimmt die Neigung zu Stürzen oder zur Inkontinenz oft ab.

Solche erfreulichen Fortschritte haben Mitarbeiterinnen der in die KDA-Studie einbezogenen Projekte (→ Beispiele, Seite 151) auch bei Bewohnerinnen festgestellt, die zuvor im Heim gelebt hatten.

Die gute Betreuungssituation in Wohngruppen hilft auch in vielen Fällen, Krankenhausaufenthalte zu vermeiden. Medizinische Behandlungen sind hier im Gegensatz zur eigenen Wohnung und selbst zum Heim häufig ambulant möglich, weil je nach Bedarf eine intensive persönliche Pflege organisiert werden kann.

Dadurch, dass betreute Wohngemeinschaften möglichst in einem normalen Viertel angesiedelt werden, „verschwinden“ alte und hilfebedürftige Bewohner nicht in Sonder-Wohnformen wie Heimen. Sie bleiben für alle wahrnehmbar mitten im Leben des vertrauten Quartiers, an dem sie teilnehmen können, soweit es ihnen möglich ist. Sie können ein normales Leben führen, und auch innerhalb der Wohnung bleibt ihre Privatsphäre erhalten. Häufig sind die privaten Räume größer als in Heimen, Zweibettzimmer gibt es nur im Ausnahmefall.

Die herkömmliche Rundum-Versorgung im Heim birgt Risiken: Noch vorhandene Fähigkeiten gehen auf Dauer verloren, wenn sie nicht mehr gefragt sind. Trotz aller professionellen Betreuung und Therapie in guten Pflegeheimen ist es besonders für Demenzkranke schwer, sich in einer oft wenig überschaubaren Umgebung zurechtzufinden und gut aufgehoben zu fühlen. Die kontinuierliche Betreuung, persönliche Ansprache und Geborgenheit in einer familienähnlichen Gemeinschaft bietet ihnen dagegen die nötige Orientierung und Sicherheit.

Betreute Wohngemeinschaften entlasten pflegende Angehörige.

Schließlich bedeutet die Betreuung in einer Wohngemeinschaft für Pflegende, die mit der häuslichen Betreuung an ihre Grenzen gestoßen sind, eine große Erleichterung. Sie wissen ihren Angehörigen gut aufgehoben und können sich in der Wohngruppe auch weiterhin engagieren, ohne sich dabei zu überfordern.

Betreuungskonzepte

Betreute Wohngemeinschaften zeichnen sich durch eine große Bandbreite an Konzepten aus. Anders als bei Wohngruppen in stationären Einrichtungen leben hier nicht immer nur ältere Menschen, die bereits einen erheblichen Hilfebedarf haben. In einigen betreuten Wohngemeinschaften finden Menschen verschiedener Generationen ein Zuhause und auch solche, die (noch) keinerlei Unterstützung brauchen. Entsprechend variiert der Umfang der von außen angeforderten Hilfe: In manchen Gruppen reicht zum Beispiel eine stundenweise Unterstützung bei der Körperpflege oder zur medizinischen Behandlung für wenige Bewohner aus, in anderen ist eine Rund-um-die-Uhr-Betreuung nötig, weil zum Beispiel alle Mitglieder der Wohngemeinschaft demenzkrank sind.

Verbreitete Betreuungskonzepte sind:

- Projekte, die sich ausdrücklich an schwer pflegebedürftige und/oder an Demenz erkrankte alte Menschen wenden und eine Betreuung rund um die Uhr sicherstellen.
- Wohngruppen für Menschen, die ihren Haushalt zwar noch weitgehend selbstständig führen können, aber eine Unterstützung im Alltag brauchen, weil sie zum Beispiel wegen einer depressiven Erkrankung oder zunehmender Vereinsamung nicht mehr allein leben können.
- Wohngemeinschaften, deren Mitglieder gemeinsam eine Betreuungskraft beschäftigen, die der Gruppe tagsüber im Haushalt hilft und als verlässliche Ansprech- und Bezugsperson zur Verfügung steht. Für pflegerische Unterstützung, die darüber hinaus nötig wird, kommen Mitarbeiter eines ambulanten Dienstes ins Haus, deren Leistungen individuell abgerechnet werden.
- Wohngemeinschaften, die für die gesamte Gruppe einen Betreuungsvertrag mit einem ambulanten Dienst schließen. Die Mitarbeiterinnen sind zu bestimmten Zeiten vor Ort, begleiten den Alltag und übernehmen je nach individuellem Bedarf auch Pflegeleistungen. Bei diesem Modell werfen die Pflegebedürftigen die ihnen zustehenden Mittel aus der Pflegeversicherung zur Finanzierung ihrer ambulanten Betreuung in einen Topf.
- Projekte, die vor allem auf die Eigenaktivität und Selbsthilfefähigkeiten der Bewohner setzen und solche, in deren Konzept die Anleitung der Gruppe durch Betreuungskräfte eine wesentliche Rolle spielt.
- Wohngruppen, in denen auch Tagesgäste betreut werden.
- Schließlich gibt es sowohl kleine Wohngemeinschaften von nur drei oder vier Personen als auch große von zehn bis zwölf Mit-

gliedern. Dabei geht die Tendenz zu einer Gruppengröße von durchschnittlich sechs bis acht Bewohnern. Diese hat sich in der Praxis bisher am besten bewährt, sowohl für das Gemeinschaftsleben als auch für die Organisation und Finanzierung der Pflege und Betreuung.

Der unter den vorhandenen Projekten am meisten verbreitete Typ sind betreute Wohngemeinschaften für demenzkranke alte Menschen. Solche Wohngemeinschaften mit Rund-um-die-Uhr-Betreuung verzeichnen derzeit auch den stärksten Zuwachs. Dass sich das Wohnen in Gemeinschaft für Demenzkranke besonders eignet, haben inzwischen auch wissenschaftliche Untersuchungen belegt.

Alltagsgestaltung

Je nach Betreuungskonzept kann der Alltag in einer Wohngruppe ganz unterschiedlich organisiert sein. So kümmern sich in manchen Wohngemeinschaften Betreuungs- und Pflegekräfte rund um die Uhr um die Bewohner und strukturieren den Tag. In anderen sind sie nur stundenweise anwesend, und die Gruppenmitglieder gestalten ihren Alltag überwiegend selbst.

Der Tagesablauf soll sich möglichst nach den Wünschen der Bewohner richten. Das fängt bei den Frühstückszeiten an, die ebenso wenig wie das Aufstehen einheitlich geregelt sind: Der eine ist Frühaufsteher, die andere schläft lieber etwas länger – entsprechend kann es Stunden dauern, bis der Frühstückstisch abgeräumt wird. Wie bei der ambulanten

Einzelpflege auch muss allerdings zeitlich abgestimmt werden, wann die Pflegekräfte bei der Morgentoilette helfen.

In die hauswirtschaftlichen Arbeiten wie einkaufen, kochen, waschen werden die Bewohner soweit möglich einbezogen. Jeder tut das, was er noch kann und tun möchte. Die Betreuungskräfte ermuntern zu gemeinsamen Aktivitäten, dabei entscheidet jeder Bewohner selbst, ob er teilnimmt oder sich lieber zurückzieht. Meist ist der Vormittag mit den täglich anfallenden Pflege- und Hausarbeiten geschäftiger als der eher ruhige Nachmittag. Alles in allem überwiegt ein ganz normaler Rhythmus aus Aktivität und Muße, die Atmosphäre ist wohnlich, das Alltagsleben nicht von pflegerischer oder medizinischer Versorgung geprägt.

In betreuten Wohngemeinschaften überwiegt ein ganz normaler Rhythmus aus Aktivität und Muße, die Atmosphäre ist wohnlich, das Alltagsleben ist nicht von pflegerischer oder medizinischer Versorgung geprägt.

In manchen Wohngemeinschaften kommen zu bestimmten Zeiten ambulante Pflegedienste ins Haus und versorgen einzelne Bewohner, in anderen übernehmen die festen Betreuungskräfte auch die nötigen Pflegeleistungen. In Wohngruppen, in denen vorwiegend Demenzkranke leben, gibt es meist auch eine Nachtwache, in anderen reicht nachts eine Notrufsicherung.

Angehörige können jederzeit zu Besuch kommen und auch bei der Betreuung und Pflege helfen. Grundsätzlich dürfte der Besuch in einer Wohngemeinschaft für die Familie, Freunde und Bekannte einladender und erfreulicher sein als der Besuch in einem herkömmlichen Pflegeheim. In manchen Wohngruppen ist der Einsatz von Angehörigen auch bei der Betreuung fester Bestandteil des Gemeinschaftslebens, in anderen spielt er eine geringere Rolle. Eine Verpflichtung von Angehörigen und anderen ehrenamtlichen Helfern sehen die wenigsten Projekte vor. Die meisten versuchen jedoch, die Angehörigen in Entscheidungen über Gemeinschaftsangelegenheiten, die Organisation des Alltags oder die Einrichtung der Wohnung einzubeziehen. Tatsächlich engagieren sich Angehörige in betreuten Wohngemeinschaften deutlich mehr als in stationären Einrichtungen.

Personal

Anzahl und Qualifikation der Betreuungs- und Pflegekräfte in betreuten Wohngemeinschaften ist sehr unterschiedlich. Zum einen hängt beides von der Zahl der schwer Pflegebedürftigen innerhalb einer Gemeinschaft ab, zum anderen vom Betreuungskonzept und den Möglichkeiten der Initiatoren. Je weniger die Bewohner in der Lage sind, sich an der Hausarbeit zu beteiligen und am Gemeinschaftsleben teilzunehmen, desto mehr persönliche Förderung und Ansprache brauchen sie.

Die Betreuungskräfte haben in der Regel mehr Zeit für die persönlichen Belange jedes Bewohners als in herkömmlichen Pflegeheimen, und der menschliche Kontakt ist deutlich intensiver.

In den meisten Wohngruppen arbeiten ausgebildete Pflege- und Hauswirtschaftskräfte, teilweise Sozialarbeiter/-pädagogen und Zivildienstleistende. Viele beschäftigen stundenweise auch Hilfskräfte für bestimmte Tätigkeiten wie Einkaufen oder die Begleitung bei Spaziergängen und Arztbesuchen. In Wohngemeinschaften, in denen überwiegend Demenzkranke leben, ist auch eine Nachtbetreuung nötig.

In der Regel sind ein bis drei feste Betreuer jeden Tag anwesend. Verlässliche, vertraute Ansprechpartner zu haben ist für die Pflegebedürftigen sehr wichtig. Dies ist in betreuten Wohngemeinschaften viel eher möglich als in der häuslichen Pflege durch ambulante Dienste. Die Arbeitszeiten der übrigen Mitarbeiter und Hilfskräfte richten sich nach dem Bedarf der Bewohner und den anstehenden Tätigkeiten und Aufgaben. Der flexible Personaleinsatz soll genügend Zeit für die persönliche Betreuung jedes Bewohners sichern – mehr Zeit, als in herkömmlichen Pflegeheimen normalerweise zur Verfügung steht. Auch abgesehen davon ist der „Personalschlüssel" – das zahlenmäßige Verhältnis von Personal zu Betreuten – in betreuten Wohngruppen günstig: Nach Berechnungen des KDA stehen hier im Durchschnitt doppelt so viele Mitarbeiter für die Betreuung zur Verfügung wie in traditionellen Pflegeheimen. Der Anteil der Fachkräfte ist in etwa gleich.

Nach verschiedenen Erfahrungsberichten aus der Schweiz und Deutschland ist die Arbeitszufriedenheit der Betreuer von Wohngruppen deutlich höher als in der traditionellen ambulanten

Versorgung oder in Pflegeheimen. Dies wirkt auf die Bewohner zurück und trägt zur guten Atmosphäre in der Gemeinschaft bei. Die Pflegekräfte schätzen vor allem, dass die Tätigkeiten in der Wohngruppenbetreuung so vielfältig sind, dass sie intensiven Kontakt zu den Bewohnern haben, mehr Zeit für die Betreuung zur Verfügung steht und eine individuelle Arbeits- und Zeiteinteilung sowie Teilzeitarbeit möglich sind. Die große Nähe innerhalb der Gruppe empfinden die Betreuer manchmal aber auch als schwierig. Dadurch, dass die Teams oft sehr klein sind, sind die Möglichkeiten des Austauschs mit Kollegen begrenzt.

Qualitätssicherung

Da betreute Wohngemeinschaften nicht dem Heimrecht (→ Seite 182) unterliegen, gibt es auch keine Qualitätskontrolle durch die Heimaufsicht. Es gibt weder verbindliche Standards zu Größe und Ausstattung der Wohnung noch zur Qualifikation des Personals und zum Umfang der Betreuung. So ist es theoretisch möglich, dass Betreuungsmängel unentdeckt und unverändert bleiben. Bisher liegen allerdings kaum Berichte über Missstände vor; in der Regel arbeiten die Initiatoren und Betreuungskräfte der vorhandenen Wohngruppen mit viel Einsatz, Sachkenntnis und einem guten Gespür für die Belange der Bewohner.

Aufmerksame Angehörige oder gesetzliche Betreuer der Bewohner haben außerdem einen unmittelbaren Einblick in den Alltag der Wohngemeinschaft und können jederzeit Einfluss nehmen. Wer sich als Angehöriger weiterhin in der Betreuung engagiert, genau hinschaut und sich auch für notwendige Veränderungen einsetzt, kann negative Entwicklungen mit ziemlicher Sicherheit vermeiden helfen.

Trotzdem: Aller Voraussicht nach wird sich das Modell der betreuten Wohngemeinschaften in Zukunft stärker durchsetzen. Dann wird es nötig sein, Qualitätsstandards und Möglichkeiten zu ihrer Kontrolle zu schaffen, um ein verlässlich gutes Niveau der Betreuung und Pflege in kleinen Wohngruppen sicherzustellen. Dazu gibt es bereits Ansätze: So hat der Berliner „Verein für Selbstbestimmtes Wohnen im Alter e. V." im Jahre 2002 Qualitätskriterien für Wohngruppen demenzkranker Menschen entwickelt. Der Verein versteht sich als Verbraucherschutz-Instanz, er will Angehörigen Entscheidungshilfen bieten und Wohngruppen-Initiatoren zu freiwilliger Selbstkontrolle bewegen.

Kontakt
Verein für Selbstbestimmtes Wohnen im Alter (SWA) e. V.
c/o Annette Schwarzenau
Grunewaldstraße 56
10825 Berlin
Tel. 0 30/85 40 77 18
Verein@SWA-berlin.de
www.swa-berlin.de

Kosten und Finanzierung

Für das Leben in einer Wohngemeinschaft müssen Bewohner in der Regel Miete, Haushaltsgeld und Betreuungskosten zahlen. Hinzu kommen Pflegeleistungen, die bei anerkannter Pflegebedürftigkeit individuell über die Pflegeversicherung abgerechnet werden.

Die anfallenden Kosten schwanken bei den vorhandenen Projekten erheblich. Dies liegt an unterschiedlichen Mietkosten (zum Beispiel öffentlich geförderte oder frei finanzierte Wohnungen, Zimmergröße, Lage der Wohnung), an den Lebenshaltungskosten vor Ort, an der Qualifikation des Betreuungspersonals und dem Umfang der Betreuung. Die Pflege- und Betreuungskosten werden in den meisten Wohngruppen je nach der Hilfebedürftigkeit der einzelnen Bewohner individuell veranschlagt. Je mehr es gelingt, ehrenamtliche Helfer (ob Angehörige, Bekannte oder Nachbarn) in die Betreuung einzubeziehen, desto günstiger wird es für die Bewohner. Über die Qualität der Betreuung insgesamt sagt die Höhe der Kosten aber nur wenig aus.

Um die möglichen Extreme einmal zu verdeutlichen: Nach Erhebungen des KDA schwankte die monatliche Kaltmiete in den im Jahr 2003 befragten 91 Wohngruppen pro Person zwischen 80 und 910 Euro, das Haushaltsgeld zwischen 60 und 300 Euro, für die Betreuung waren zwischen 50 bis über 1 000 Euro fällig. Das günstigste Angebot für einzelne Bewohner lag bei 370 Euro monatlich ohne Pflegeleistungen, das teuerste bei 3 070 Euro.

Die durchschnittlichen Kosten betrugen für Unterkunft und Verpflegung 523 Euro, für die Betreuung ohne Pflegeleistungen 704 Euro, mit Pflegeleistungen 2 435 Euro. Mit insgesamt 2 958 Euro monatlich für Unterkunft, Verpflegung, Betreuung und Pflege unterschieden sich die Kostensätze in betreuten Wohngruppen nicht wesentlich von denen in stationären Einrichtungen. Der Eigenanteil der Bewohner an der Finanzierung der Pflegekosten kann im Vergleich zur stationären Betreuung jedoch höher liegen. Denn die Pflegeversicherung zahlt für ambulante Pflege bei Pflegestufe I und II weniger als für stationäre Pflege (→ Seite 78).

Betreute Wohngemeinschaften gelten sozialrechtlich als eigener Haushalt der Bewohner, und für die hier stattfindende Pflege gelten die Bestimmungen der Pflegeversicherung für ambulante Betreuung. Leistungen der medizinischen Behandlungspflege müssen die Krankenkassen übernehmen, wenn sie vom Arzt verordnet wurden. Die verbleibende Summe tragen die Bewohner, bei Bedürftigkeit springt das Sozialamt ein.

Das Leben in betreuten Wohngemeinschaften ist nicht unbedingt günstiger als im Pflegeheim. Den Kosten für diese Wohnform steht die besondere Qualität der intensiven Betreuung gegenüber.

Es gab in der Vergangenheit allerdings immer wieder Auseinandersetzungen mit Krankenkassen, die die eigene Häuslichkeit der Bewohner in ihrer Gemeinschaft nicht anerkennen wollten. Auch kommt es immer wieder vor, dass Sozialhilfeträger Kosten nur bis zu einer bestimmten Höhe übernehmen oder gar einen Umzug in eine stationäre Einrichtung verlangen, wenn die Unterbringung dort preiswerter erscheint.

Den Kosten für diese Wohnform steht die Qualität der Betreuung gegenüber. In stationären Einrichtungen ist sie nur selten so intensiv wie in Wohngruppen. Personal- und Zeitnot zählen bekanntermaßen zu den größten Hindernissen für eine angemessene Betreuung in Alten- und Pflegeheimen.

Probleme des Aufbaus

Initiatoren einer betreuten Wohngemeinschaft brauchen viel Engagement und solides Wissen rund um die finanziellen, rechtlichen und konzeptionellen Voraussetzungen zur Gründung einer Wohngruppe. Die Umsetzung einer solchen Projektidee verlangt vor allem von Angehörigeninitiativen einen enormen Einsatz. Auch kleinere ambulante Dienste, die Pflegeplätze in einer Wohngemeinschaft anbieten wollen, stehen vor vielen Hürden. Wer von der Idee überzeugt ist, sollte sich aber nicht entmutigen lassen – Pionierarbeit zu leisten, ist nie leicht, kann aber zu einer überaus interessanten und erfüllenden Aufgabe werden.

Die häufigsten Probleme beim Aufbau einer betreuten Wohngemeinschaft sind:

- Der Mangel an gemeinschaftstauglichem Wohnraum. Daran scheitert oft das Ziel, WG-Bewohnern ein Leben in ihrem vertrauten Viertel zu ermöglichen. Außerdem gelingt es nicht immer, allen Bewohnern ausreichend große Privatbereiche anzubieten.
- Die Finanzierung vor allem der anfänglichen Investitionskosten (Bau- oder Umbaukosten). Staatliche Förderprogramme berücksichtigen leider nur im Ausnahmefall die besonderen Bedingungen von betreuten Wohngemeinschaften (→ Seite 112, Belegungsrecht). Ein solcher Ausnahmefall ist das Förderprogramm „Gemeinschaftliche Wohnformen für Seniorinnen/Senioren und Behinderte“, das seit 2003 in Nordrhein-Westfalen den Ausbau dieser Betreuungsangebote mit Zuschüssen und zinsgünstigen Darlehen unterstützt (Information: Ministerium für Bauen und Verkehr, www.mbv.nrw.de).
- Die Abgrenzung zum Heimrecht. Hat zum Beispiel ein ambulanter Pflegedienst die Wohnung angemietet und mit jedem der Bewohner einen Untermietvertrag abgeschlossen, könnte die Wohngemeinschaft von der Heimaufsicht als Pflegeheim eingestuft werden, wenn die Bewohner mit dem Pflegedienst auch noch einen Betreuungsvertrag abschließen. In diesem Fall sind strenge bauliche und personelle Vorschriften zu erfüllen. Die schwierige formale Abgrenzung zur stationären Betreuung führt auch immer wieder zu Auseinandersetzungen mit den gesetzlichen Krankenkassen und Sozialhilfeträgern (→ Seite 149).

Bisher gibt es noch kaum überörtliche Beratungsstellen, die den Aufbau von betreuten Wohngruppen begleiten und fördern. Eine Vernetzung und Zusammenarbeit von Initiativen existiert nur lokal begrenzt. So müssen sich Initiatoren vielerorts die Grundlagen für ihr Projekt mühsam selbst erarbeiten. Wo es allerdings schon Netzwerke gibt – wie in Berlin, Braunschweig, Bielefeld, Münster und Freiburg – konnten diese entscheidend zur Verbreitung dieser Wohnform beitragen.

Wer sich für den Aufbau einer betreuten Wohngemeinschaft einsetzen möchte, ist gut beraten, sich mit seinen Fragen an bereits bestehende Projekte und Netzwerke zu wenden. Ein Erfahrungsaustausch und wertvolle Tipps aus der Praxis sind immer hilfreich. Nehmen Sie Kontakt zu möglichen Trägern vor Ort auf – also ambulanten Pflegediensten, Sozialstationen, Institutionen der Wohlfahrtspflege, Seniorenvertretungen, Nachbarschaftsvereinen, Wohnungsbaugesellschaften. Gewinnen Sie Mitstreiter für Ihr Projekt und gehen Sie auf die Suche nach professionellen Partnern.

Beispiele für betreute Wohngruppen

Die folgenden drei Beispiele für betreute Wohngruppen stehen für jeweils unterschiedliche Entstehungsgeschichten, Betreuungskonzepte, Initiatoren, räumliche Bedingungen und Finanzierungsformen. Die Projekte in Braunschweig, Bielefeld und Berlin beteiligten sich zusammen mit insgesamt 91 anderen Wohngemeinschaften im Jahr 2003 an der Pilotstudie „Betreute Wohngruppen" der Bertelsmann Stiftung und des Kuratoriums Deutsche Altershilfe. Das Ziel der Untersuchung war, mehr über die Möglichkeiten und Probleme dieses Wohnkonzepts herauszufinden und Interessenten und Initiatoren brauchbare Informationen für ihre Aufbauarbeit zu liefern. Im Verlauf der Studie wurden die Bewohnerinnen, Bewohner und Mitarbeiterinnen der drei Projekte in ihren Räumen ausführlich befragt. Die Darstellung der Beispiele bezieht sich auf die jeweilige Situation im Jahr 2004.

■ Braunschweig: „Helmstedter Straße"

In der Braunschweiger Wohngemeinschaft „Helmstedter Straße" leben vier unterschiedlich pflegebedürftige Frauen im Alter von 67 bis 91 Jahren (Pflegestufe 0 bis II) in einer großzügigen Altbauwohnung. Betreut wird die Gruppe tagsüber stundenweise von Mitarbeiterinnen des Vereins „ambet" (ambulante Betreuung hilfe- und pflegebedürftiger Menschen).

■ ***Betreuungskonzept und Kosten***

„ambet“ hat sein Wohngemeinschaftskonzept in den 1980er-Jahren speziell für ältere Menschen entwickelt, die allein leben und zu Hause wegen körperlicher Einschränkungen nicht mehr zurecht kommen, aber auch deshalb, weil sie zunehmend vereinsamen: Ihnen fehlen Anregungen, ihre Antriebskräfte lassen nach, sie ziehen sich zurück, entwickeln Ängste und Depressionen, werden schließlich krank. Hauswirtschaftliche oder pflegerische Probleme können hinzukommen. Der Einzug in eine Wohngruppe soll diesen Menschen die Möglichkeit bieten, ihre Lebensfreude zurückzugewinnen, gesund zu werden, sich selbst und anderen wieder helfen zu können.

Kontakt

ambet e. V.
Triftweg 73
38118 Braunschweig
Tel. 05 31/25 65 70
info@ambet.de
www.ambet.de

Entsprechend diesem Konzept der „Hilfe zur Selbsthilfe“ setzen sich die Betreuerteams aus Sozialpädagogen, Hauswirtschafts-, Pflege- und Hilfskräften zusammen. In Braunschweig existierten im Herbst 2005 insgesamt sieben von „ambet“ betreute Wohngemeinschaften. In ihnen leben meist nicht mehr als vier Bewohnerinnen. Die geringe Gruppengröße gehört zum Konzept: Sie fördert das Zusammenleben und erleichtert es den Bewohnerinnen, sich an der Haushaltsführung zu beteiligen. Sie ermöglicht es auch, mit wenig Personal auszukommen, was dem Prinzip „so viel Eigenständigkeit wie möglich, so viel Hilfe wie nötig“ entspricht. Bei dauerhafter schwerer Pflegebedürftigkeit rund um die Uhr kann ein Umzug in eine stationäre Einrichtung nötig werden. Speziell für Demenzkranke bietet „ambet“ Plätze in stationär betreuten Hausgemeinschaften an (→ Seite 162).

In der WG
Helmstedter Straße

In der Helmstedter Straße sind die Kosten für jede Bewohnerin wegen des unterschiedlichen Pflegebedarfs verschieden. Alle vier Frauen müssten jedoch in einem infrage kommenden Heim vor Ort jeden Monat mehrere hundert Euro mehr bezahlen. Eine Vergleichsrechnung vom Dezember 2003 ergab, dass die Gesamtkosten für Wohnen, Haushalt, Betreuung und Pflege im Durchschnitt um 920 Euro niedriger lagen als im Heim. Sie betrugen im Schnitt etwa 1600 Euro. Durchschnittlich sparten die Bewohnerinnen einen Eigenanteil von 598 Euro.

■ *Die Bewohnerinnen*

In der Helmstedter Straße leben zwei Frauen bereits seit der Gründung der Wohngemeinschaft 1999, die zwei anderen sind später eingezogen. Zwei der alten Damen sind dementiell erkrankt, können aber noch aktiv am Gemeinschaftsleben teilnehmen. Zwei Bewohnerinnen sind stärker körperlich beeinträchtigt, eine war depressiv, kann aber mittlerweile ihren Alltag wieder selbst bewältigen.

Die Frauen beteiligen sich je nach ihren Kräften am Kochen und den Haushaltstätigkeiten. Jede hat ihre Aufgabe in der Gemeinschaft und wird gebraucht. Gefühle der Sinnlosigkeit und Leere, die sich allein zu Hause oder auch im Heim leicht einstellen, kommen hier kaum auf. Die Frauen verstehen sich gut, kümmern sich umeinander und fühlen sich aufgehoben wie in einer Familie. Die jüngste, körperlich relativ gesunde Bewohnerin konnte dadurch ihre Depression überwinden. Der recht stabile Zustand der beiden demenzkranken Frauen erstaunt ihre Ärzte. Die Mitarbeiterinnen sind davon überzeugt, dass das Gruppenleben mit seinen Aktivitäten den demenzbedingten Abbau verlangsamt. Eine Betreuerin: „Ich kenne das aus Heimen, wenn die Leute alle am Tisch sitzen und sich überhaupt nicht unterhalten. Im Heim würde Frau B. sicher stärker abbauen. Sie würde oft einfach schlafen. Ich hole sie dann bewusst aus dem Zimmer und ermuntere sie mitzumachen."

■ ***Betreuung und Tagesablauf***

Die Betreuungskräfte von „ambet" dokumentieren jedes halbe Jahr in einer „Hilfeplanung", wo die Frauen stehen. Daraus werden Ziele für das nächste Halbjahr entwickelt und die Planung entsprechend immer wieder angepasst. Die Mitarbeiterinnen bemühen sich sehr, auf die persönlichen Bedürfnisse und Gewohnheiten der Frauen einzugehen. Sie machen sich ein genaues Bild von deren Lebensgeschichte, fragen viel nach und sprechen die besonderen Fähigkeiten jeder Einzelnen an. Weil einige Angehörige der alten Damen weit entfernt wohnen, organisieren sie viermal im Jahr ein Angehörigentreffen, bei dem das Beisammensein im Mittelpunkt steht.

Jeden Morgen und Abend kommt eine Pflegekraft in die Wohnung, um drei Bewohnerinnen beim Waschen, An- und Ausziehen sowie bei der Medikamenteneinnahme zu helfen. Nach dem Frühstück ist an vier Tagen der Woche die Sozialpädagogin für die Gruppe da, hilft bei Problemen und organisiert gemeinsame Aktivitäten. Am späten Vormittag kommt die Hauswirtschaftskraft, und die meisten Frauen zieht es in die Küche, um gemeinsam das Mittagessen vorzubereiten. Nachmittags ab 15 Uhr, abends und samstags sind die Frauen meist unter sich. Im Sommer sitzen sie gern draußen auf der Terrasse, trinken Kaffee, lesen oder erzählen sich etwas. Manchmal fährt die jüngste Bewohnerin, die vormittags auch öfter hinausgeht, die älteste mit dem Rollstuhl spazieren. Die beiden demenzkranken Frauen werden an einigen Tagen in der Woche von einem Besuchsdienst zusätzlich betreut.

■ ***Wohnung und Umfeld***

Die Gruppenwohnung im Erdgeschoss eines Mehrfamilienhauses aus der Gründerzeit ist großzügig und gut geschnitten. Für die Wohngemeinschaft wurde sie aufwendig umgebaut: Die 23 bis 36 Quadratmeter großen Privatzimmer haben je ein Waschbecken und eine abgetrennte Schlafnische. Es gibt einen geräumigen Flur mit Sitzecke, eine große Wohnküche und zwei altersgerechte Bäder. Über Stufen im Hausflur hilft ein Treppenlift hinweg.

Die Wohnung liegt zentral, aber ruhig in der Braunschweiger Innenstadt, die Frauen haben es nicht weit zum Einkaufen oder in den Park. Zu einigen Nachbarn im Haus besteht ein guter Kontakt, und die alten Damen sind auch in den umliegenden kleinen Geschäften bekannt.

Drei Frauen erhalten regelmäßig Besuch von Freunden, Bekannten und ehemaligen Nachbarn. In der Helmstedter Straße scheint es gut gelungen, die Wohngemeinschaft in das Leben des Hauses und der näheren Umgebung einzubinden.

■ Bielefeld: „Hof Dellbrügge"

In Steinhagen bei Bielefeld leben seit 2001 sechs Frauen mit Pflegestufe 0 bis II zusammen im „Hof Dellbrügge", einem ehemaligen Bauernhof. Ein ambulanter Pflegedienst betreut die Wohngemeinschaft rund um die Uhr, tagsüber werden zusätzlich zwei stark pflegebedürftige Frauen aus der Nachbarschaft mitbetreut.

Die Initiative zur Gründung einer betreuten Wohngemeinschaft kam vom Erben des Hofes, der nach einer Möglichkeit suchte, wie seine alten Eltern auf ihrem Hof gut versorgt wohnen bleiben konnten. Die Eltern leben heute im Obergeschoss des Bauernhauses, in gutem Kontakt zu den Frauen der Wohngemeinschaft. In anderen Gebäuden des nicht mehr bewirtschafteten Hofes sollen Wohnungen für Familien entstehen.

Hof Dellbrügge

Der Hof Dellbrügge ist ein gutes Beispiel dafür, wie Landbewohner in ihrer gewohnten Umgebung betreut werden können. Weil es solche Möglichkeiten bisher so selten gibt, sind pflegebedürftige Menschen auf dem Land häufig gezwungen, in eine stationäre Einrichtung der nächstgelegenen Stadt zu ziehen, wenn sie zu Hause nicht mehr versorgt werden können.

■ *Betreuungskonzept und Kosten*

Träger des Hofes ist der 1986 gegründete Verein „Lebensbaum“, der insgesamt drei Wohngemeinschaften betreut und Beratungs- und Pflegedienste anbietet. Das Wohngruppen-Konzept entstand aus dem Wunsch, stark pflegebedürftigen Menschen eine Alternative zum Umzug in ein Heim zu bieten. In allen „Lebensbaum“-Wohngemeinschaften wird deshalb eine Rund-um-die-Uhr-Betreuung angeboten. Alle WG-Mitglieder sollen möglichst bis an ihr Lebensende in ihrer Gemeinschaft wohnen bleiben können. Dies ist bisher auch gelungen – selbst Krankenhauseinweisungen kurz vor dem Tod ließen sich vermeiden.

In die Betreuung und Pflege werden die Bewohner möglichst aktiv einbezogen („aktivierende Pflege“): Bei allen anfallenden Tätigkeiten werden die verbliebenen eigenen Kräfte und Fähigkeiten der Betreuten gefordert und gefördert. Nach den bisherigen Erfahrungen des Vereins ist ein Zusammenleben von Menschen mit und ohne Demenz unproblematisch, wenn sich die Demenz erst im Verlauf des Zusammenwohnens verstärkt. Dann haben sich die persönlichen Beziehungen bereits entwickelt, und die gesunden Bewohner haben Zeit zu lernen, mit den Demenz-Symptomen umzugehen. Der Verein achtet bei der Auswahl von neuen Bewohnern auf die passende Zusammensetzung der Gruppen – wer einzieht, entscheiden aber letztlich die Bewohnerinnen.

Der Eigenanteil an den Gesamtkosten des Lebens auf dem Hof Dellbrügge fällt für jede Frau je nach Hilfebedürftigkeit verschieden aus. Die meisten zahlen etwas mehr, als ihnen im nächstgelegenen Heim berechnet worden wäre. Die Vergleichsrechnung 2003 ergab einen Eigenanteil, der im Durchschnitt um 136 Euro höher lag. Die durchschnittlichen monatlichen Gesamtkosten betrugen etwa 2 800 Euro pro Bewohner.

■ *Wohnung und Umfeld*

Das weitgehend barrierefrei umgebaute Bauernhaus bietet im Erdgeschoss auf 270 Quadratmetern Platz für die Privat- und Gemeinschaftsräume. Zum geräumigen Gemeinschaftsbereich mit großer Diele, Wohnzimmer, Wohnküche und Hauswirtschaftsraum gehört eine riesige Terrasse, auf der sich im Sommer oft das gesamte WG-Leben abspielt. Der Garten ist zum Bedauern aller nur über eine Treppe zugänglich. Die Privatzimmer der WG-Mitglieder sind mit 12 bis 22 Quadratmeter zu klein für einen getrennten Schlafbereich, doch die Frauen haben sich damit arrangiert. Jeweils drei Bewohnerinnen teilen sich ein Badezimmer, es gibt ein Extra-WC. Den Tagesgästen steht ein kleiner Ruheraum zur Verfügung, den Mitarbeitern ein Büro.

Obwohl der Hof abgeschieden auf dem Land liegt, gelingt es mithilfe von Fahrdiensten, Kontakte der Bewohnerinnen zu Verwandten, Freunden und Nachbarn aufrecht zu erhalten. Da die meisten Frauen aus der Gegend stammen, sind sie es gewohnt, für Einkäufe und Besuche größere Strecken zu überwinden. In ihrer unmittelbaren Wohnumgebung können sie außer Spazierengehen zwar nicht viel unternehmen, aber sie sind gut in die ländliche Nachbarschaft einbezogen – zum Beispiel nehmen sie an einem regelmäßigen Treff der Nachbarsfrauen teil.

Kontakt

Lebensbaum Soziale Hilfen e. V.
Steinhagen
Bielefelder Straße 36
33803 Steinhagen
Tel. 0 52 04/89 05 60
lebensb@aol.com
www.lebensbaum-werther.de

■ ***Die Bewohnerinnen***

Nicht alle Bewohnerinnen des Hofes sind so hilfebedürftig, dass sie, gäbe es die Wohngruppe nicht, stationär versorgt werden müssten. Zwei von ihnen wären wohl weiter in ihren Wohnungen geblieben, zwei andere hätten sich ohne die WG-Alternative wahrscheinlich für einen Umzug in eine Anlage des Betreuten Wohnens entschieden. Aber, so die Tochter einer Bewohnerin: „Das ist kein Vergleich mit der Wohngemeinschaft hier. Da wäre meine Mutter allein in ihrem Zimmer gewesen und hätte alles, was sie braucht, extra anfordern müssen." Außerdem werde in der WG immer alles frisch gekocht, das sei gegenüber Angeboten wie „Essen auf Rädern" ein großer Vorteil.

Zwei Frauen sind dementiell erkrankt, zwei leiden an Depressionen, fast alle sind körperlich in unterschiedlichem Maße eingeschränkt und brauchen Hilfe beim Waschen und Kleiden sowie im Haushalt. Vier Bewohnerinnen sind geistig noch rege, alle sind im Rahmen ihrer Möglichkeiten in der Lage, sich an der Hausarbeit wie an Gruppenaktivitäten zu beteiligen.

Bei den nur leicht hilfebedürftigen Frauen vermuten die Mitarbeiterinnen, dass sie durch das betreute Leben in hauswirtschaftlichen Dingen passiver und unselbstständiger geworden sind, als sie es in ihren vorherigen Wohnungen vermutlich waren. In punkto soziale Kontakte und Freizeitaktivitäten in oder außerhalb der Wohnung sei aber das Gegenteil der Fall – hier hat die Gemeinschaft offenbar viele Anregungen gegeben, um wieder aktiver zu werden. Der Lebensmut der Frauen ist spürbar gestiegen, und psychische wie körperliche Beschwerden haben abgenommen. Die Frauen fühlen sich wohl in ihrer Gemeinschaft und schätzen das abwechslungsreiche Alltagsleben.

■ *Betreuung und Tagesablauf*

Der Hof Dellbrügge wird von einem festen Team aus vier examinierten Altenpflegerinnen betreut, von denen eine Vollzeit arbeitet. Hinzu kommen Hauswirtschafts- und Hilfskräfte, eine Altenpflege-Auszubildende und Zivildienstleistende. Die Arbeitszeiten sind so eingeteilt, dass jeden Tag von 7 bis 20 Uhr immer zwei Mitarbeiter anwesend sind. Die Nachtbereitschaft übernehmen Zivildienstleistende und Ehrenamtliche aus der Umgebung gegen eine Aufwandsentschädigung.

Bis auf die in einer Wohngruppe nötigen Absprachen sollen die Bewohnerinnen über ihren Tagesablauf möglichst selbst bestimmen. In der Praxis hat sich ein Rhythmus eingespielt, nach dem die Frauen ihre persönliche Tagesgestaltung richten: So ist der Vormittag auf dem Hof Dellbrügge meist mit der Pflege und Versorgung der Bewohnerinnen (Aufstehen, Waschen, Ankleiden, Frühstück) sowie den hauswirtschaftlichen Tätigkeiten (Wäsche waschen, Putzen, Kochen) ausgefüllt. Manchmal gehen die Frauen zu Arztterminen, Besorgungen oder Besuchen außer Haus.

Nach dem Mittagessen bleibt mehr Zeit für Freizeitaktivitäten. Die Mitarbeiterinnen regen zum Beispiel den gemeinsamen Besuch von Veranstaltungen an, organisieren Ausflüge und ermuntern die Frauen, auch außerhalb der Wohnung etwas zu unternehmen. Zum nachmittäglichen Kaffeetrinken kommen häufig Angehörige oder Bekannte zu Besuch. Die Anwesenheit von Tagesgästen empfinden die Frauen als zusätzliche Abwechslung.

Mit der Gruppengröße von sechs plus zwei Tagesgästen sind Bewohnerinnen wie Mitarbeiterinnen zufrieden: Ein familienähnliches Zusammenleben ist noch möglich, und die Finanzierung ist leichter als bei einer kleineren Gruppe mit ähnlich intensiver Betreuung.

■ Berlin: „Steinmetzstraße"

In der Steinmetzstraße im Berliner Stadtteil Friedenau wohnen ein Mann und fünf Frauen im Alter von 62 bis 91 Jahren in einer großen Altbauwohnung. Bei allen sechs Bewohnern besteht eine Demenzerkrankung, die unterschiedlich weit fortgeschritten ist. Sie sind in Pflegestufe II oder III eingestuft. Die meisten Bewohner brauchen Hilfe in allen Lebenslagen und verlässliche Ansprache, deshalb sind rund um die Uhr Betreuungskräfte anwesend. Manche Bewohnerinnen haben vor Einzug in einem Heim gelebt, manche wurden von Angehörigen oder ambulant betreut.

Die Wohngemeinschaft hat der Verein „Freunde alter Menschen" zusammen mit einer Friedenauer Sozialstation ins Leben gerufen. Der Verein engagiert sich in Berlin besonders stark für altersverwirrte Menschen. Mit der Gründung betreuter Wohngruppen will der Verein vor allem demenzkranken alten Menschen den Umzug in ein Heim ersparen. Das Leben in der Ge-

Terrasse der WG Steinmetzstraße

meinschaft soll ihnen trotz ihrer Erkrankung einen Lebensabend in Würde und Selbstbestimmung ermöglichen.

Die Wohnung in der Steinmetzstraße hat der Verein angemietet und an die einzelnen Mitglieder der Wohngemeinschaft weitervermietet. Die Pflege und Betreuung übernehmen Mitarbeiterinnen der Sozialstation Friedenau. Für jeden Bewohner wird ein persönlicher Pflegeplan erstellt, die Pflegeleistungen werden individuell abgerechnet.

■ *Wohnung und Umfeld*

Die 200 Quadratmeter große Altbauwohnung in der Steinmetzstraße bietet ihren sechs Bewohnern Privatzimmer von 9 bis 20 Quadratmetern, zwei Bäder und eine zum geräumigen Wohn- und Esszimmer offene Küche. Eine große Terrasse ist vom Wohnzimmer aus zugänglich.

Nach bisherigen Erfahrungen verändert sich der Stellenwert des privaten Bereichs bei an Demenz erkrankten Menschen im Verlauf ihrer Erkrankung. Oft benutzen sie ihr Zimmer nur noch zum Ruhen und Schlafen. Dafür werden die Gemeinschaftsräume zum zentralen Aufenthaltsort, sie suchen die Geborgenheit und Ansprache in der Gemeinschaft.

Auch der Standort mitten im Wohnviertel mit einer guten, zu Fuß erreichbaren Infrastruktur spielt für die WG-Bewohner keine so große Rolle mehr, da sie sich nicht mehr allein im Stadtteil zurechtfinden können. Aufgrund der Demenz ist ihre räumliche Orientierung verloren gegangen, manche Bewohner haben schon leichte Schwierigkeiten, sich in der großen Wohnung zu orientieren.

Besuch kommt häufiger von Angehörigen, Bekannten oder Freunden, selten von früheren Nachbarn. Allerdings werden die Außenkontakte mit der Zeit und dem Fortschreiten der Erkrankung spärlicher, denn es wird zunehmend schwieriger, Gespräche zu führen. Der Kontakt zu den Nachbarn ist in der Steinmetzstraße trotz aller Bemühungen der Mitarbeiter oberflächlich geblieben. Berührungsängste gegenüber Wohngruppen von Demenzkranken abzubauen gestaltet sich nach den Berliner Erfahrungen nicht ganz einfach.

■ *Tagesablauf und Betreuung*

Auch in der Berliner Wohngemeinschaft ist der Vormittag von der pflegerischen und hauswirtschaftlichen Arbeit geprägt, am Nachmittag bleibt den Mitarbeiterinnen mehr Zeit für die Betreuung und Aktivierung der Bewohner. Dann finden auch therapeutische Angebote statt, oder die Betreuten werden zu Spaziergängen begleitet.

Nach den Berichten der Mitarbeiter hat das Gemeinschaftsleben den Gesundheitszustand der Bewohnerinnen teilweise deutlich verbessert. Auch wenn die Demenz fortschreitet, sind die meisten Erkrankten ruhiger und ansprechbarer als bei ihrem Einzug, und dies trotz geringerer Medikamenteneinnahme. Eine Betreuerin: „Wenn ich so an Frau N. denke, die noch gar nicht so stark dement ist und trotzdem, als sie einzog, an nichts Interesse hatte und nur im Bett lag. Die will jetzt gar nicht mehr ins Bett. Sie nimmt wieder am Gemeinschaftsleben teil, ist nicht mehr abseits."

Die Mitarbeiterinnen bemühen sich sehr, in ihrer täglichen Arbeit an die Biographie der einzelnen Bewohner anzuknüpfen und auf persönliche Gewohnheiten und Vorlieben zu achten. Durch das intensive Zusammensein sind sie darin geübt, Gefühle und Wünsche der Betreuten auch ohne Worte zu erkennen, Änderungen in ihrem Verhalten zu bemerken und darauf einzugehen.

Bei der Betreuung von Demenzkranken ist es besonders wichtig, dass rund um die Uhr vertraute Menschen um sie sind, die ihnen Sicherheit und Orientierung bieten. Deshalb sind tagsüber immer zwei fest angestellte Team-Mitglieder (eine Altenpflegerin, eine Hauspflegerin) anwesend, die in Sechs-Stunden-Schichten arbeiten. Zivildienstleistende, Praktikanten und Hilfskräfte kommen hinzu.

Der hohe Personalbedarf führt zu hohen Betreuungskosten. Nach Vergleichsrechnungen entsprechen die Gesamtkosten für jeden Bewohner aber in etwa denen, die auch in einem Pflegeheim anfallen würden – bei wesentlich intensiverer Betreuung.

Kontakt

Freunde alter Menschen e. V.
Hornstraße 21
10963 Berlin
Tel. 0 30/6 91 18 83
info@freunde-alter-menschen.de
www.freunde-alter-menschen.de

Betreute Hausgemeinschaften

Gute Erfahrungen mit ambulant betreuten Wohngemeinschaften haben auch im stationären Bereich, also in den Alten- und Pflegeheimen, einiges in Bewegung gebracht. Manche Heime haben das vom Kuratorium Deutsche Altershilfe (KDA) entwickelte Konzept der „KDA-Hausgemeinschaften" (KDA-HGs) aufgegriffen und bieten die Betreuung Pflegebedürftiger in Wohngruppen an. In Fachkreisen wird die grundsätzliche Umstrukturierung der Pflegeheime hin zur Betreuung in kleinen Wohneinheiten diskutiert.

Betreute Hausgemeinschaften zeigen, dass es auch in stationären Einrichtungen möglich ist dafür zu sorgen, dass selbst stark Pflegebedürftigen ein normaler Wohnalltag erhalten bleibt.

Betreute Hausgemeinschaften (KDA-HGs) stehen für eine Weiterentwicklung der stationären Betreuung in Richtung Normalität, Privatheit und Dezentralisierung. Sie sind zu einem Modell geworden, das zeigt, wie sich herkömmliche Pflegeeinrichtungen so umwandeln lassen, dass hier auch stärker Pflegebedürftigen ein normaler Wohnalltag erhalten bleibt.

In KDA-Hausgemeinschaften leben in der Regel sechs bis zwölf Bewohner gemeinsam in einer Wohneinheit innerhalb einer Heimanlage. Manche KDA-HGs werden auch von Pflegeeinrichtungen betrieben, befinden sich aber in einem normalen Wohngebäude außerhalb des Heimgeländes. Jeder Bewohner hat ein eigenes Zimmer, die Privatsphäre bleibt auch bei starker Pflegebedürftigkeit erhalten. Betreuung und Pflege leisten Mitarbeiterinnen des Heims. Wer in einer KDA-HG lebt, hat meistens den Status eines Heimbewohners, nur manchmal wie in betreuten WGs den eines Mieters.

Wie bei ambulant betreuten Wohngemeinschaften steht in KDA-Hausgemeinschaften auch bei starker Hilfebedürftigkeit nicht die pflegerische Versorgung, sondern ein möglichst normales Alltagsleben im Mittelpunkt. Die Tagesgestaltung richtet sich nach den Gewohnheiten, Wünschen und Bedürfnissen der Bewohnerinnen und Bewohner. Im Rahmen ihrer Möglichkeiten beteiligen sie sich an der Haushaltsführung. Dabei werden sie unterstützt von Hauswirtschaftskräften, je nach Bedarf kommen Pflegekräfte hinzu.

Auf herkömmlichen Pflegestationen bestimmen normalerweise die reibungslose Abfolge der verschiedenen Pflegetätigkeiten und die festgelegten Essenszeiten den Tagesablauf. Der persönliche Rhythmus der Bewohner kann kaum berücksichtigt werden, ihre verbliebenen Fähigkeiten sind wenig gefragt. Die Pflegeroutine soll die Pflegequalität sichern – doch so wichtig eine gute, verlässliche Pflege auch ist: Wird sie zum Dreh- und Angelpunkt des Alltags, kann sie die Lebensqualität stark beeinträchtigen.

In Pflegeheimen gibt es Großküchen, Speisesäle, Waschküchen, Eingangshallen, Stationen und Schwesternzimmer. All diese typischen Einrichtungen einer zentral organisierten Versorgung fehlen in KDA-Hausgemeinschaften. Hier findet das Kochen, Essen, Waschen und Putzen sowie die Pflege wie in jedem normalen Haushalt innerhalb der Wohngruppe statt.

Trotz dieser Merkmale unterliegen die meisten KDA-Hausgemeinschaften im Gegensatz zu ambulant betreuten Wohngemeinschaften dem Heimrecht mit seinen rechtlichen, baulichen und personellen Vorgaben. Dies führt in der Praxis häufig dazu, dass Ausnahmeregelungen erkämpft werden müssen, um dem Prinzip des normalen Wohnens gerecht werden zu können. Die oft starren Strukturen stationärer Einrichtungen wirken leicht auch in den Alltag einer integrierten Wohngruppe hinein – zum Beispiel deshalb, weil die Betreuungskräfte an die Heimroutine gewöhnt sind und nicht selten Probleme haben, ihre Arbeit auf die Bedürfnisse einer Wohngruppe einzustellen.

Stationäre Hausgemeinschaften haben in der Regel weniger Schwierigkeiten, geeignete Räume zu finden als ambulant betreute Wohngemeinschaften. KDA-Hausgemeinschaften werden meist dann eingerichtet, wenn der Träger einen Neubau plant oder die Modernisierung eines Traktes beziehungsweise einer Station innerhalb eines Alten- und Pflegeheims ansteht.

Die Kosten bewegen sich im Rahmen der üblichen Heimkosten (→ Seite 178).

AWO-Seniorenpark Dießen

Der Seniorenwohnpark der Arbeiterwohlfahrt (AWO) in Dießen am Ammersee ist ein lichtdurchflutetes Gebäude-Ensemble, das sechs Hausgemeinschaften Platz bietet. Drei zweigeschossige, villenähnliche Neubauten und eine komplett sanierte Altbauvilla inmitten eines weitläufigen Parkgrundstücks gruppieren sich um einen großzügigen Innenhof mit Kräutergarten.

Die Hausgemeinschafts-Anlage Dießen

Im alten Herrenhaus befinden sich Gemeinschaftsbereiche für Tagesbetreuung, Dienstzimmer der Pflegekräfte, drei Personalwohnungen, ein Friseur und eine Cafeteria, die sich zum angrenzenden Foyer und zur ebenerdigen Terrasse öffnet.

In jedem der drei neu gebauten Einzelhäuser leben 14 Pflegebedürftige in zwei Hausgemeinschaften. In drei Gruppenwohnungen werden demenzkranke alte Menschen betreut, eine der Hausgemeinschaften bietet Kurzzeitpflegeplätze an. Im AWO-Seniorenpark gibt es weder eine Großküche noch eine zentrale Wäscherei – jede Hausgemeinschaft wirtschaftet für sich. Alle Wohnungen haben einen großen Gemeinschaftsbereich mit Wohn-/Essraum und Küche. Um dieses Zentrum herum gruppieren sich die mit eigenem Bad ausgestatteten Privatzimmer der Bewohner.

Kontakt

AWO-Bezirksverband Oberbayern e. V.
Edelsbergstraße 10, 80686 München
Tel. 0 89/54 71 41 13

Alle Wohnräume haben einen schönen Blick auf den Park, die zentralen Gemeinschaftsflächen sind durch Lichthöfe und Oberfenster beleuchtet. Wie das gesamte Bauwerk zeichnen sich auch die einzelnen Hausgemeinschafts-Wohnungen durch kurze Wege, leichte Orientierungsmöglichkeiten und Barrierefreiheit aus.

■ Altenzentrum St. Josef in Köln

Das Caritas-Altenzentrum St. Josef in Köln-Porz ist ein Beispiel dafür, dass es selbst in einem herkömmlichen Pflegeheim mit wenig gruppenfreundlicher Architektur möglich ist, das Konzept der betreuten Hausgemeinschaften umzusetzen. Voraussetzung dafür ist zum einen ein aufgeschlossener Träger, der den nötigen finanziellen, organisatorischen und baulichen Rahmen absichert. Zum anderen braucht es ein ideenreiches, engagiertes Pflegeteam, das vom Prinzip der Betreuung in Wohngruppen überzeugt ist.

■ *Vom Lazarettsaal zur Gruppenwohnung*

Das Altenzentrum St. Josef ist ein mehrfach saniertes und erweitertes Gebäude aus dem 19. Jahrhundert, das ursprünglich als Lazarett, Kranken- und Siechenheim, später als Krankenhaus diente. Seit 1983 beherbergt es ein geronto-psychiatrisches Pflegeheim mit insgesamt 107 Pflegeplätzen in Hausgemeinschaften zu je 10 bis 15 Bewohnern. Zusätzlich bietet das Altenzentrum 14 Tages- und 11 Kurzzeitpflegeplätze an.

Träger und Mitarbeiter der Einrichtung haben bereits lange vor Beginn der Fachdiskussion um die Betreuung in Wohngruppen damit begonnen, sowohl das Gebäudeinnere als auch das Betriebskonzept Schritt für Schritt in Richtung Hausgemeinschaften umzustellen. Die Grundidee dabei war, entmündigende Heimstrukturen aufzulösen und so viel Normalität wie möglich in das Haus einziehen zu lassen. Vorbild waren ganz normale Haushalte. Das macht die zentralen wirtschaftlichen Versorgungsdienste bis heute weitgehend entbehrlich.

■ *Normalität als Prinzip*

Schon mit der Wiedereröffnung des umgebauten früheren Krankenhauses als geronto-psychiatrische Einrichtung 1983 entstand die Idee, möglichst kleine und für sich selbst sorgende Wohnbereiche zu schaffen. Dabei gingen die Mitarbeiter von einfachen Fragen aus: Was ist „normal", wie leben die Menschen gewöhnlich „draußen"? An den Bedürfnissen der Bewohner orientiert, begann die ursprüngliche Größe der Wohnbereiche zu schrumpfen.

Im Garten des Altenzentrums St. Josef

Dabei richtete sich der Personaleinsatz je nach dem Bedarf und der Verfassung der Bewohner.

Die Wohnbereiche wurden um jeweils eigene Wohnküchen gruppiert, die durch Herausbrechen von Trennwänden aus den ursprünglichen Stations-Teeküchen und weiteren Flächen wie Fluren, Wirtschaftsräumen und Dienstzimmern entstanden. Dabei fanden die Nachbesserungen nicht nur in den Altbauten statt. Auf Initiative des Personals wurden auch im gerade erst fertiggestellten Neubau Wände eingerissen und Räume anders genutzt als ursprünglich geplant.

Das neue Betreuungskonzept sah eine Abkehr von Überbehütung wie von übertriebener Hygiene vor. Es entstanden Wohlfühl-Ecken und Rückzugswinkel, Gitterbetten wurden gegen niedrigere Betten oder notfalls Matratzen auf dem Boden ausgetauscht. Auch im Garten hielt die Normalität Einzug: Auf spezielle Rundlaufwege wurde verzichtet und dafür kleinere Garteneinheiten um ein Waschhaus herum angelegt – Nutz- und Ziergarten, Obstbäume, Kräuterbeete und Rasenflächen.

Auch das Sterben und der Tod sind hier nicht aus dem Alltag verdrängt, wie es sonst in Heimen oft der Fall ist (→ Seite 181). Die Bewohner, die in ihren Wohngruppen eine ganz andere menschliche Nähe erleben als in herkömmlichen Pflegestationen, können voneinander Abschied nehmen. Die Todesanzeigen erscheinen am Aushang im Eingangsbereich und der Bestatter kommt prinzipiell für alle sichtbar am Tag und nicht klammheimlich bei Nacht.

Gut leben und arbeiten

Nach ihren über zwanzig Jahren Erfahrung halten die Träger und Mitarbeiter von St. Josef eine Gruppengröße von zehn Personen für menschlich wie wirtschaftlich vernünftig. Derzeit gibt es in dem zwei- bis viergeschossigen Ensemble von Gebäudeteilen aus verschiedenen Jahrhunderten noch einige Hausgemeinschaften für jeweils zwölf oder fünfzehn Personen. Ziel ist es, durchweg eine Zehner-Gruppengröße zu erreichen, die es Bewohnern wie Betreuern ermöglicht, gut zu leben und zu arbeiten.

Neben den verschiedenen Gruppen-Wohnküchen gibt es in St. Josef noch eine zentrale Küche. Von hier aus werden die Großeinkäufe erledigt und die Küchen der Wohnbereiche versorgt. Die Mahlzeiten werden aber immer häufiger in den Wohnbereichen selbst gekocht.

Insgesamt ist es im Altenzentrum St. Josef mit meist einfachen Mitteln, aber spürbarer Wirkung gelungen, für größeres Wohlbefinden und mehr Lebensqualität der Bewohner zu sorgen. Davon profitieren auch das Personal, die Besucher und Angehörigen, die in St. Josef so direkt wie möglich in den Heimalltag einbezogen werden.

Kontakt

Caritas-Altenzentrum St. Josef
Wilhelm-Ruppert-Straße 2
51147 Köln
Tel. 0 22 03/9 63 90

Alten- und Pflegeheime

Das Alten- und Pflegeheim herkömmlicher Prägung gilt für viele Menschen als „letzte Station". Die Vorstellung, einmal ins Heim ziehen zu müssen, ist den meisten unerträglich, weil sie Entmündigung und den Verlust ihrer persönlichen Freiheit befürchten. Die Angst, „abgeschoben" und allein gelassen zu werden, spielt ebenfalls eine große Rolle. Berichte über skandalöse Zustände in einzelnen Heimen haben die gängigen Vorurteile zementiert.

Doch Heim ist nicht gleich Heim – und für alte Menschen, für die es trotz Unterstützung durch Angehörige und ambulante Hilfen zu unsicher und zu beschwerlich geworden ist, selbstständig in ihrer eigenen Wohnung zu leben, kann die Vollversorgung in einem guten Heim eine große Erleichterung bedeuten. Sie sind von der täglichen Sorge befreit, wie sie allein zurechtkommen sollen und wer ihnen hilft. Medizinische Betreuung und pflegerische Unterstützung sind Tag und Nacht gewährleistet. Moderne, gut ausgestattete Heime bieten darüber hinaus Kontaktmöglichkeiten und Freizeitangebote und können so aus einer vielleicht isolierten Situation heraushelfen und wieder aktivieren. Immer mehr stationäre Einrichtungen erproben neue Wege in der Betreuung und richten zum Beispiel Pflegeplätze in Wohngruppen ein (→ Betreute Hausgemeinschaften, Seite 162).

Auch wenn der Umzug in ein Heim nicht hundertprozentig freiwillig geschieht, sondern weil es eben nicht mehr anders geht und weil es vor Ort keine Alternative zu einer stationären Betreuung gibt: Man sollte versuchen, das Beste daraus zu machen. Wer das Heim von vornherein strikt ablehnt, den Blick fest auf die negativen Seiten gerichtet, wird es schwer haben, sich dort einzugewöhnen und die Vorteile des umsorgten Lebens zu sehen.

Das Altenheim

Das klassische Altenheim bietet hilfebedürftigen Senioren, die keinen eigenen Haushalt mehr führen können oder wollen, einen betreuten Platz zum Wohnen. Altenheimbewohnern steht in der Regel ein Einzelzimmer mit Bad, aber ohne Küche zur Verfügung. Die Hilfeleistungen und Betreuungsleistungen sind umfangreicher als beim Betreuten Wohnen, und das gesamte Angebot wird pauschal abgerechnet.

Seit Einführung der Pflegeversicherung wurden viele Altenheimplätze in Pflegeplätze umgewandelt. Das traditionelle Altenheim verschwindet allmählich, denn Hilfebedürftige mit Pflegestufe werden heute überwiegend in Pflegeheimen betreut. Für Senioren ohne Pflegestufe ist das Betreute Wohnen meist die bessere Alternative (→ Seite 120).

Die richtige Wahl treffen

Die Alten- und Pflegeheime in der Bundesrepublik sind von sehr unterschiedlicher Qualität. Ob der Umzug ins Heim für Pflegebedürftige eine positive oder negative Veränderung bedeutet, hängt entscheidend davon ab, ob die Einrichtung eine gute und engagierte Pflege in menschlich warmer Atmosphäre bietet. Deshalb kann bei der Frage, welches Heim in Betracht kommt, gar nicht sorgfältig genug geprüft werden.

Wenn Sie sich rechtzeitig und gründlich über die Möglichkeiten informieren, die die Pflegeheime am gewünschten Ort bieten, können Sie in Ruhe auswählen und wissen in etwa, was auf Sie oder Ihren Angehörigen zukommt. Außerdem gibt es für gute Heime teilweise lange Wartezeiten. Wenn der Umzug in ein Heim kurzfristig nötig wird und man nigendwo auf einer Warteliste steht, ist das Risiko groß, erst einmal mit der erstbesten Einrichtung vorlieb nehmen zu müssen. Es ist zwar auch später immer noch möglich, in ein anderes Heim umzuziehen, doch bedeutet dies eine erneute Ein- und Umgewöhnung.

Auf die Pflege kommt es an

Ob ein Umzug ins Heim für Pflegebedürftige eine positive Veränderung bedeutet, hängt in erster Linie davon ab, ob die Einrichtung eine gute und menschlich engagierte Pflege bietet. Sich rechtzeitig gründlich zu informieren schützt davor, mit der erstbesten Einrichtung vorlieb nehmen zu müssen.

Früher wurden große Alten- und Pflegeheime vorzugsweise in Stadtrandlage gebaut. Heute zieht man kleinere Einheiten in verschiedenen Stadtteilen vor, damit die Bewohner ihre sozialen Kontakte leichter aufrechterhalten können. Für Neuankömmlinge in Altenheimen besteht in der Regel die Möglichkeit, die eigenen Möbel mitzubringen und sich das Zimmer individuell einzurichten. Das macht es leichter, sich im Heim einzuleben und zu Hause zu fühlen.

In modernen Altenheimen gibt es fast nur Einzelzimmer mit eigenem Duschbad und WC; Ehepaare können kleine Apartments beziehen. Auf vielen Pflegestationen teilen sich allerdings häufig noch zwei Bewohnerinnen ein Zimmer. Dann ist auch der Platz für eigene Möbel und die persönliche Gestaltung des Raumes begrenzt.

Ein gutes Heim ist vor allem ein menschlich gut geführtes Heim – was sich neben der Zufriedenheit der Bewohner auch an der des Personals bemerkbar macht. Mit der Betreuung steht und fällt die Lebensqualität in den Heimen. Doch hieran mangelt es vielerorts – Schuld ist meist die chronische Personalnot. Diese ist vor allem das Ergebnis sozialpolitischer Entscheidungen (Stichworte: Stellenpläne, Pflegesätze, Ausbildungssituation, Tariflohn); seltener trägt dafür einzig die Heimleitung die Verantwortung. Wichtig ist jedoch, wie diese mit den Problemen umgeht – ob sie lediglich „den Mangel verwaltet“ oder versucht, auf einfallsreiche Weise das Beste aus den beschränkten Möglichkeiten zu machen. Ist die Arbeitsatmosphäre im Heim kollegial und motivierend, wird das Engagement der Mitarbeiterinnen und Mitarbeiter auch unter widrigen Umständen nicht so schnell erlahmen.

Wie finde ich ein gutes Pflegeheim?

Auskünfte über Heime vor Ort erhalten Sie von der Gemeindeverwaltung, beim Sozialamt, bei den lokalen Büros der großen Wohlfahrtsverbände, bei ambulanten Pflegediensten sowie den Sozialdiensten der Krankenhäuser. Im jährlich aktualisierten „Altenheim-Adressbuch" (Vincentz-Verlag, Hannover) sind sämtliche bundesdeutschen Einrichtungen der stationären Altenhilfe verzeichnet. Die Daten finden Sie auch im Internet unter www.altenheim-adressen.de.

Informationsmaterial

Rufen Sie als erstes bei mehreren, Ihnen geeignet erscheinenden Einrichtungen an und bitten Sie um Informationsmaterial. Üblicherweise werden Sie einen Prospekt mit einer Selbstdarstellung des Heims und seines Leistungsspektrums bekommen. Fragen Sie auch nach einer Preisliste, nach der Pflegekonzeption sowie der Hausordnung.

Treffen Sie anhand dieser ersten Informationen eine Vorauswahl. Achten Sie genau darauf, wie bereitwillig und umfangreich, freundlich und kompetent man Ihnen Auskunft gibt.

Gesprächstermine

Am besten verabreden Sie danach einen Gesprächs- und Besichtigungstermin mit den Leitungen der Heime, die Sie in die engere Wahl ziehen. Bereiten Sie diese Termine gut vor, überlegen Sie, was Ihnen besonders wichtig ist, und schreiben Sie sich die entsprechenden Fragen auf. Anhaltspunkte können die ab Seite 172 genannten Auswahlkriterien geben.

Vereinbaren Sie die Besichtigung des Heims vor dem Gespräch, denn viele Fragen kristallisieren sich erst vor Ort heraus. Scheuen Sie sich nicht, einen weiteren Termin zu vereinbaren, wenn sich im Nachhinein weitere Fragen ergeben oder die Zeit nicht ausgereicht hat, um alles Wichtige zu klären.

Was ist wichtig?

Das in allen Punkten „ideale" Heim werden Sie wahrscheinlich nicht finden – deshalb ist es sehr wichtig, Prioritäten zu setzen und darauf zu achten, einen guten Kompromiss zu finden. In den wesentlichen Dingen sollten Sie jedoch keine Abstriche hinnehmen. So sind die Qualität der Pflege und die menschliche Atmosphäre in jedem Fall wichtiger als ein großer schöner Garten oder die moderne, baulich und technisch perfekte Ausstattung des Heimgebäudes.

Die Wahrung der Individualität der Bewohner ist ebenfalls ein entscheidender Punkt. Je gleichförmiger und starrer die täglichen Abläufe in einem Heim geregelt sind, desto weniger kann auf die Bedürfnisse Einzelner eingegangen werden. Wer selbst über einfachste Dinge des Lebens (wann sie oder er aufstehen, sich waschen, essen möchte) nicht mehr entscheiden kann, sondern sich völlig an die Strukturen und Regeln eines Heims anpassen muss, verliert allmählich den Sinn für persönliche Vorlieben und Abneigungen, Bedürfnisse und Interessen. Flexible Regelungen, zum Beispiel bei den Essens- und Ruhezeiten, erlauben dagegen Freiräume und wirken motivierend. Größtmögliche Flexibilität, Wahl-, Kontroll- und Entscheidungsmöglichkeiten für die Bewohner reduzieren die Gefahr der allmählichen Hospitalisierung, also des Abstumpfens, wie es in herkömmlichen Heimen oft zu beobachten ist.

Neben der Qualität der Betreuung ist die menschliche Atmosphäre entscheidend.

Wenn möglich: Probewohnen

Schauen Sie sich die in Betracht kommenden Heime genau an. Vielleicht können Sie an einer Mahlzeit teilnehmen, oder Sie besuchen eine vom Heim organisierte Veranstaltung. Viele Heime bieten künftigen Bewohnern inzwischen ein befristetes „Probewohnen" an. Auch eine vielleicht ohnehin notwendige Kurzzeitpflege (→ Seite 85) kann für Pflegebedürftige und Angehörige eine sehr gute Gelegenheit sein, ein Heim besser kennen zu lernen und zu erproben, wie man sich dort aufgehoben fühlt.

Kriterien zur Auswahl eines Heimes

- **(Stand-)Ort des Heims:** Ideal ist eine stadtteilbezogene Lage, möglichst in der Nähe der alten Wohnung, damit Freundschaften und Nachbarschaften nicht aufgegeben werden müssen. Die Lage des Altenheims sollte es Verwandten, Freunden und Bekannten nicht erschweren, „auf einen Sprung" vorbeizukommen. Außerdem erleichtert es die Umstellung auf das Heimleben, sich nicht auch noch „draußen" in einer völlig neuen Umgebung zurechtfinden zu müssen.
- **Träger des Heims:** Wenn das Heim von einem privaten Träger geführt wird, erkundigen Sie sich, wie es finanziert wird und ob der Träger mit den Pflegekassen einen Kostenübernahmevertrag abgeschlossen hat. Dies ist die Voraussetzung dafür, dass die Pflegekosten von der Pflegeversicherung übernommen werden. Fragen Sie nach den Qualifikationen der Heimleiterin oder des Heimleiters. Oft sind Leiter privater Heime Kaufleute und führen ihr Heim vorwiegend nach wirtschaftlichen Kriterien. Wenn dann noch qualifizierte Fachkräfte fehlen, ist Misstrauen geboten.
- **Qualität der Betreuung:** Hier ist vor allem die Personalausstattung wichtig, das heißt die Anzahl und die Qualifikation der Altenpflegerinnen und Altenpfleger. Ein gutes Zeichen ist es, wenn eine Einrichtung mit möglichst vielen examinierten Vollzeitkräften arbeitet. Es ist gesetzlich vorgeschrieben, dass die Hälfte des Pflegepersonals eine abgeschlossene Ausbildung haben muss.
- **Architektur und Innenausstattung:** Gefallen Ihnen das Haus, die Zimmer und Gemeinschaftseinrichtungen? Hat es einen Garten, haben die Zimmer Balkone, gibt es einen Park in der Nähe? Ist die Anlage großzügig und freundlich gestaltet?

Größe und Bewohnerzahl

Die Größe und die Bewohnerzahl sagen zwar nicht viel über die Qualität der Versorgung aus, können aber je nach individueller Vorliebe über die Wahl eines Heims entscheiden. So gibt es private Mini-Heime, deren Bewohner in fast familienähnlich intimer Atmosphäre versorgt werden. Das andere Extrem sind große Heimanlagen, die zwar anonymer sind, ihren Bewohnern aber in der Regel vielfältigere Leistungen bieten können.

Lassen sich die Zimmer individuell möblieren? Kann man Ihnen ein Einzelzimmer anbieten?

- **Atmosphäre:** Eine angenehme, offene und lebendige Atmosphäre der Einrichtung sagt viel über die Lebensqualität im Haus. Achten Sie auf Ihr Gefühl: Wenn Sie sich aus irgendeinem Grund nicht wohl fühlen, sollten Sie das ernst nehmen.
- **Wahrung der Intimsphäre und Individualität:** Bekommen die Bewohner eigene Haus- und Zimmerschlüssel? Können sie über ihr Taschengeld verfügen? Ist der Tagesablauf flexibel und richtet sich nach den Bedürfnissen der Bewohner? Wenn es eine schriftlich verfasste „Heimordnung" gibt: Ist sie angemessen, in freundlichem Ton verfasst oder schränkt sie die Bewohner unnötig ein?

- **Therapeutisches Angebot:** Woraus besteht es, und wird es von entsprechend ausgebildeten Therapeuten geleitet? Wichtig sind Möglichkeiten, die körperliche und geistige Beweglichkeit zu erhalten, also zum Beispiel Angebote wie Schwimmen, Gymnastik oder Bewegungsspiele, Kreativkurse, regelmäßige Mobilisation bei Bettlägerigen. Die Betreuung Demenzkranker erfordert besondere Konzepte, wie zum Beispiel biografisch orientierte oder „erlebnisbezogene" Pflege.

Ärztliche Betreuung

Die freie Arztwahl sollte möglich sein, also zum Beispiel die Weiterbetreuung durch den gewohnten Hausarzt. Die zusätzliche Betreuung durch einen geriatrisch ausgebildeten Arzt ist jedoch sinnvoll. Fragen Sie nach dem Umgang mit Medikamenten. Wenn positiv hervorgehoben wird, dass versucht wird, möglichst wenig Medikamente zu geben, ist das ein gutes Zeichen dafür, dass Schwierigkeiten in diesem Heim anders gelöst werden als durch die Gabe von Beruhigungsmitteln.

- **Rehabilitation und aktivierende Pflege:** Ist die Pflege im Heim aktivierend und darauf ausgerichtet, verloren gegangene Kräfte wiederzuerlangen? Wird sie von ausreichend vielen Fachkräften durchgeführt? Wenn lediglich die Grundpflege gewährleistet ist, ist dies zu wenig. Können sich die Bewohner an alltäglichen, zum Beispiel hauswirtschaftlichen Tätigkeiten beteiligen, werden ihre noch vorhandenen Fähigkeiten gefördert? Stehen den Bewohnern genügend geeignete Hilfsmittel (→ Seite 79) zur Verfügung, um möglichst viele Alltagsverrichtungen selbst erledigen zu können?
- **Seelsorgerische Betreuung:** Gibt es persönlichen Beistand? Ist eine Sterbebegleitung gewährleistet, werden Angehörige einbezogen?
- **Qualität der Mahlzeiten:** Der Speiseplan im Heim sollte abwechslungsreich sein und viel frisches Gemüse und Obst bieten. Auswahlmenüs und einigermaßen flexible Essenszeiten sind wünschenswert, „Extrawürste“ wie das gewohnte Glas Bier zum Abend sollten möglich sein. Die Anwesenheit einer Diätassistentin lässt darauf schließen, dass für Diabetiker angemessen gesorgt wird.
- **Esskultur:** Die Mahlzeiten dienen nicht nur der Nahrungsaufnahme. Sie sind besonders im Heim ein wichtiges tages- und wochenstrukturierendes, aktivierendes und gemeinschaftsförderndes Element. Deshalb ist die Atmosphäre, in der gegessen wird, von großer Bedeutung: Ist der Speiseraum gemütlich und einladend, werden die Tische ansprechend gedeckt, ist das Essen appetitlich angerichtet?
- **Tierhaltung:** Ein Haustier ist für viele Pflegebedürftige eine wichtige Quelle der Freude und Anregung – die Möglichkeit, ein Haustier zu halten, spricht ebenfalls für das Heim.

- **Dienstleistungen:** Können Sie im Heim Dinge des persönlichen Bedarfs einkaufen, zum Friseur gehen oder zum Beispiel eine Fußpflege bestellen?
- **Telefon und Medien:** Ist das Zimmer mit einem Telefon-, TV-, eventuell auch Internetanschluss ausgestattet? Die Verbindung zur Welt außerhalb des Heims sollte so problemlos und vielfältig wie möglich sein.
- **Angehörigenarbeit:** Fördert das Heim das Engagement von Angehörigen? Gibt es beispielsweise einen Angehörigengesprächskreis oder -beirat, regelmäßige Angehörigenabende, Gästezimmer für entfernt wohnende Besucher? Werden Angehörige in die Pflege einbezogen? Gibt es feste Ansprechpartner unter den Pflegekräften für Bewohner und ihre Angehörigen?
- **Mitspracherecht:** Fragen Sie nach den Aktivitäten des Heimbeirats, nach Mitbestimmungs- und Beschwerdemöglichkeiten der Bewohner.
- **Ausprobieren:** Ist ein Probewohnen möglich, zum Beispiel im Rahmen einer Kurzzeitpflege (→ Seite 85)? Wie reagiert die Heimleitung auf kritische Fragen? Wenn sie sie detailliert beantwortet und sich entgegenkommend verhält, sodass Sie sich mit Ihrem Bedürfnis nach Information ernst genommen fühlen, können Sie davon ausgehen, dass die Qualitätsansprüche des Heims nicht nur auf dem Papier bestehen.
- **Heimvertrag:** Prüfen Sie den Heimvertrag. Der Kasten auf Seite 176 leistet Ihnen dabei Hilfestellung. Der Vertrag sollte klar und nachvollziehbar formuliert sein. In der Einleitung sollten das Selbstverständnis und die Grundlagen der Arbeit beschrieben sein, die Heimordnung dem Vertrag beigefügt sein.

Gemeinschaftseinrichtungen und Freizeitangebote

Fragen Sie ganz konkret nach den regelmäßig angebotenen Aktivitäten: Kurse, Gruppen, kulturelle Veranstaltungen, Gesprächskreise? Gibt es eine Bibliothek, einen Bewohnertreff wie zum Beispiel ein Café? Ist das Heim mit seinen Angeboten und Veranstaltungen auch für interessierte Besucher aus der Nachbarschaft offen? Auch wenn vielfältige Aktivitäten nicht für jeden Menschen gleich wichtig sind, sind sie doch ein guter Hinweis auf das Engagement des Heims für seine Bewohner.

Der Heimvertrag

Im Heimvertrag sind die Rechte und Pflichten von Heimträger und Heimbewohner festgeschrieben.

Wie sich bei Überprüfungen immer wieder zeigt, entsprechen viele Klauseln in Heimverträgen aber nicht den Anforderungen des Heimgesetzes, des Pflegeversicherungsgesetzes oder des Verbraucherschutzrechts. Ein häufiger Mangel ist eine wenig detaillierte Beschreibung der Heimleistungen. Alle Leistungen sollten möglichst präzise und übersichtlich aufgeführt sein – denn was nicht vereinbart wurde, kann später auch nicht eingefordert werden. Bei allzu kurzen Heimverträgen ist deshalb Misstrauen angebracht.

Um sicherzustellen, dass der Vertrag keine rechtswidrigen Klauseln enthält (→ Seite 176), ist es ratsam, sich von der Verbraucherzentrale (Adressen → Seite 207) oder einem Anwalt beraten zu lassen.

Oft beanstandete Klauseln aus Heimverträgen sind zum Beispiel:

- **Selbstbestimmungsrecht:** Klauseln wie „den Anforderungen der Heimleitung ist Folge zu leisten“ sind unzulässig, weil sie die Bewohner bevormunden.
- **Abwesenheit des Heimbewohners:** Bei einer vorübergehenden Abwesenheit des Bewohners müssen ersparte Aufwendungen des Heims wie zum Beispiel Verpflegungskosten angerechnet werden. Eine Begrenzung der anrechenbaren Abwesenheitstage (zum Beispiel auf maximal 28 Tage pro Kalenderjahr) von Seiten des Heims ist grundsätzlich unzulässig. Allerdings dürfen Heime vertraglich festlegen, dass Bewohnern die ersparten Kosten erst nach mehr als drei Tagen Abwesenheit erstattet werden (OLG Koblenz Az. 2 U 736/04).
- **Haftungsfragen:** Häufig versuchen Heimbetreiber, ihre Haftung einzuschränken, die der Heimbewohner dagegen auszudehnen. So sind Klauseln, wonach ein Heimbewohner für Schäden, die seine Gäste im Heim verursachen, Ersatz zu leisten hat, ungültig. Heimbewohner können nur für Schäden haftbar gemacht werden, die sie selbst verschulden. Eine Haftung für Dritte besteht nur in Ausnahmefällen.

  Ebenso unwirksam ist ein Ausschluss der Haftung für vom Personal verursachte Schäden durch „leichte Fahrlässigkeit“.
- **Verwaltetes Vermögen:** Wenn die Heimleitung auf Wunsch des Heimbewohners Geldbeträge verwaltet, ist eine „Aufrechnungsbefugnis“ unzulässig, das heißt, ausstehende Heimkostenforderungen dürfen nicht aus dem verwalteten Vermögen beglichen werden.
- **Überweisungs- oder Verlegungsklausel:** Klauseln, mit denen der Heimbewohner pauschal zustimmt, dass er „bei Bedarf auf ärztliche Anweisung in ein Krankenhaus überwiesen werden kann“, „bei Pflegebedürftigkeit mit einer Verlegung auf die dem Heim angeschlossene Pflegestation einverstanden“ ist oder „der Bewohner mit einem Umzug in einen anderen Raum einverstanden ist, falls dies nach begründeter Erklärung des Heims aus zwingendem be-

trieblichen Anlass erforderlich ist", sind unwirksam. Ausnahme: Wenn ein Ehepartner eines gemeinsam in einem Doppelzimmer/Apartment untergebrachten Ehepaars stirbt, kann das Heim eine Verlegung anordnen, wenn das Einzelzimmer den bisherigen Räumen hinsichtlich Lage und Ausstattung gleichwertig ist.

- **Kostendarstellung:** Die zu zahlenden Entgelte sollten aufgeschlüsselt sein nach Pflegekosten (Pflegestufen), Hotelkosten (Unterkunft, Verpflegung), Investitionskosten (bauliche Maßnahmen). Es muss deutlich werden, für welche Kosten der Bewohner selbst aufkommen muss.
- **Erhöhung des Entgelts:** Nach der für alle Heimverträge verbindlichen Vorschrift des Heimgesetzes (§ 4 c I 1 HeimG) kann das vertraglich vereinbarte Entgelt nur erhöht werden, wenn sich die bisher geltenden Berechnungsgrundlagen dafür geändert haben und das erhöhte Entgelt „angemessen" ist.

  Eine Erhöhung muss vom Heimträger schriftlich geltend gemacht und begründet werden. Als Begründung reicht der pauschale Hinweis auf „allgemeine Kostensteigerungen" nicht aus. Es muss genau begründet und auf Verlangen auch nachgewiesen werden, welche Einzelleistungen sich in welchem Maße verteuert haben.
- **Ende des Vertragsverhältnisses:** Nach § 4 b VIII 1 des Heimgesetzes endet das Vertragsverhältnis grundsätzlich mit dem Tod des Bewohners, spätestens aber zum Ende des Monats danach (wenn der Heimbewohner zum Beispiel am 15. August stirbt, am 30. September).

  Eine Vertragsverlängerung über den Tod des Heimbewohners hinaus darf nicht zu finanziellen Vorteilen des Heimträgers führen. Ersparte Aufwendungen (entfallende Pflege-, Ernährungs- und Behandlungskosten) müssen dann auf jeden Fall gutgeschrieben werden.

  Die Mietkosten für das Zimmer und die Personalkosten dürfen weiterberechnet werden. Wird das Zimmer des Verstorbenen aber vor Ablauf der Vertragszeit anderweitig vermietet oder genutzt, dürfen ab diesem Zeitpunkt keine Kosten mehr in Rechnung gestellt werden.
- **Räumung des Zimmers:** Eine Räumung des Zimmers nach dem Tod des Bewohners ist erst „nach Beendigung (nicht: ‚zum Ende') des Vertragsverhältnisses" zulässig, wenn für die Räumung des Zimmers durch Verwandte oder Freunde eine angemessene Frist abgelaufen ist.

Im Normalfall unterschreibt der zukünftige Heimbewohner den Vertrag selbst. Wenn er dazu aus gesundheitlichen Gründen nicht mehr in der Lage ist, darf nur sein Bevollmächtigter oder sein gesetzlicher Betreuer an seiner Stelle unterschreiben (→ Seite 80).

Kosten der Pflege im Heim

Die Pflegeheimsätze liegen im Bundesdurchschnitt mittlerweile bei monatlich um die 3 000 Euro. Viele Pflegebedürftige müssen deshalb damit rechnen, dass bei einem Umzug ins Heim ihre gesamte Rente verbraucht wird und sie vorhandenes Vermögen zur Deckung der Heimkosten einsetzen müssen. Die Gesamtkosten schwanken je nach Pflegestufe, Standort und Ausstattung des Heims.

Die Pflegeversicherung übernimmt nur die Kosten für die allgemeine und die medizinische Pflege.

Die Pflegeversicherung bezuschusst nur die pflegebedingten Kosten des Heims, je nach Pflegestufe also monatlich bis zu 1 432 Euro. Bei der Heimpflege schließen die pflegebedingten Kosten auch die für die medizinische Behandlungspflege ein, im Gegensatz zur Vergütung bei der ambulanten Pflege. Die Kosten für die Unterbringung und die Verpflegung müssen selbst getragen werden. Sie belaufen sich auf etwa 15 bis 30 Euro pro Tag. Dazu kommen in manchen Bundesländern ein Beitrag zu den Investitionskosten des Heims sowie die Kosten für eventuelle Zusatzleistungen wie zum Beispiel ein größeres Zimmer.

Bei einer Höherstufung, also erhöhtem Pflegebedarf, berechnen die Heime meist auch höhere „sonstige" Kosten. Höhere Zahlungen der Pflegekasse senken dann also den Eigenanteil an den Heimkosten in der Regel nicht.

Wenn die Pflegekosten den Betrag übersteigen, den die Kasse bezahlt, und der Restbetrag zusammen mit den „Hotelkosten" höher ist als die Rente, springt das Sozialamt ein, wenn kein eigenes Vermögen eingesetzt werden kann und auch die Kinder des Pflegebedürftigen den fehlenden Betrag nicht übernehmen können. Die Kinder können nur bis zu einem maximalen Betrag herangezogen werden, der sich nach ihrem Einkommen bemisst. Ihre Belastung muss „zumutbar" sein. Bereits bestehende Unterhaltsverpflichtungen anderen gegenüber, zum Beispiel geschiedenen Partnern und Kindern, senken die Unterhaltspflicht gegenüber den Eltern. Da sich die Unterhaltspflicht von Angehörigen nur auf Kinder und Eltern bezieht, kann das Sozialamt gut verdienende Schwiegertöchter oder -söhne nicht heranziehen.

Die Kassen und das Sozialamt übernehmen die Heimkosten nur in den Fällen, in denen eine ambulante Pflege nicht mehr möglich ist. Übernimmt das Sozialamt die Kosten, wird die gesamte Rente monatlich an das Sozialamt abgeführt. Den Heimbewohnern bleibt lediglich ein Taschengeld. Vorhandene Vermögenswerte können bis zu einer bestimmten Grenze zur Zahlung des Heimplatzes eingefordert werden. Sparbeträge bis zu 2300 Euro sind geschützt, ebenso Familienerbstücke.

Einstufung des Pflegebedarfs im Heim

Wer in einem Pflegeheim lebt, gilt nicht automatisch als pflegebedürftig im Sinne des Pflegeversicherungsgesetzes.

Die Pflegebedürftigkeit wird im Heim genauso wie zu Hause oder in einer ambulant betreuten Wohngemeinschaft durch ein Gutachten des Medizinischen Dienstes der Krankenkassen (MDK) festgestellt und eingestuft.

Die Mitarbeiter des MDK besuchen die oder den Pflegebedürftigen im Heim. Die Situation unterscheidet sich formal kaum vom Hausbesuch. Auch im Heim überprüft der MDK neben dem Grad der Pflegebedürftigkeit die Bedingungen der Pflege, eben das „häusliche Umfeld" der Einrichtung. Für die Beurteilung der Pflegestufe zieht er auch die Pflegedokumentation der Station heran.

Durch den Umzug in ein Pflegeheim ändert sich zunächst auch nichts an einer vorher bereits erfolgten Einstufung. Eine eventuell notwendige Höherstufung muss stets neu beantragt werden. Lediglich bei Pflegebedürftigen der Pflegestufe III zahlt die Pflegekasse die Sätze für die stationäre Pflege ohne besondere Prüfung.

Damit die Sätze für eine stationäre Pflege bewilligt werden, muss der MDK auch feststellen, dass eine stationäre Versorgung notwendig ist. Dabei spielen die persönliche Situation des Pflegebedürftigen und die seiner Angehörigen eine entscheidende Rolle.

Kriterien für eine stationäre Versorgung sind,

- wenn die oder der Betreffende alleinstehend ist (beziehungsweise niemanden hat, der sie oder ihn pflegen kann), und auch mit ambulanter Unterstützung nicht mehr in der Lage, sich selbst zu versorgen;
- wenn eine häusliche Pflege von vornherein nicht möglich ist, weil sich die Wohnung dafür nicht eignet;
- wenn es Anzeichen von Verwahrlosung oder Selbst- und Fremdgefährdung gibt;
- wenn die bisherige Pflegeperson nicht mehr in der Lage ist, die Pflege zu Hause weiterzuführen.

Pflegebedürftige, die in ein Pflegeheim ziehen wollen, obwohl sie ambulant zu Hause versorgt werden könnten, haben lediglich Anspruch auf einen Zuschuss zu den Kosten der Heimpflege in Höhe der Sätze für Pflegesachleistungen ihrer jeweiligen Pflegestufe (→ Seite 78).

Möglichkeiten und Grenzen eines Heims

Gute Pflegeheime sollten eine umfassende persönliche Betreuung in freundlicher Atmosphäre und Umgebung bieten. Auch wenn die Situation auf den Pflegestationen vielerorts noch weit vom Ideal entfernt ist: Die berüchtigte „Satt-und-sauber"-Pflege in nüchterner Krankenhausatmosphäre gehört zunehmend der Vergangenheit an.

Die größten Probleme ergeben sich nach wie vor aus dem Personalmangel. Die Sparzwänge im Gesundheits- und Pflegebereich erschweren eine engagierte und aktivierende, an den persönlichen Bedürfnissen der Heimbewohner orientierte Pflege. Vor allem die so wichtige psychologisch-soziale Betreuung bleibt auf der Strecke, wenn zu wenig Personal zu viele Pflegebedürftige versorgen soll.

Angehörige von Heimbewohnern sollten weiterhin für ihre pflegebedürftigen Nächsten da sein, sich für sie verantwortlich fühlen, sie möglichst oft besuchen und sich für ihr Wohlergehen einsetzen.

Die Zeitknappheit durch Personalmangel macht es den Pflegekräften oft unmöglich, wirkliche Ansprechpartner für die Bewohner zu sein, für Sorgen und Nöte ein offenes Ohr zu haben, Beistand leisten zu können. Wo nur das Nötigste erledigt werden kann, bleibt keine Zeit mehr für persönliche Zuwendung und Gespräche.

Umso wichtiger ist es, dass Angehörige weiterhin für ihre pflegebedürftigen Nächsten da sind, auch wenn sie im Heim leben. Für sie da zu sein bedeutet, sich weiterhin verantwortlich zu fühlen, sie oft zu besuchen und sich für ihr Wohlergehen einzusetzen: aufmerksam zu beobachten, wie es ihnen geht und bei Missständen beherzt einzugreifen. Darüber hinaus können sich Angehörige auch im Heimbeirat engagieren (→ Seite 182).

Überforderung der Pflegenden kann nicht nur in der Familie, sondern auch im Pflegeheim zur „gefährlichen Pflege" führen (oder gar zu Gewalthandlungen), einer Unterversorgung, die den Pflegebedürftigen schadet. Einige derartige Fälle haben als „Heimskandale" traurige Berühmtheit erlangt.

Der Umgang mit dem Tod sagt viel über ein Pflegeheim aus. Noch immer wird der Tod im Pflegeheimalltag häufig ausgeblendet, obwohl er hier doch so nah ist. So ist das Pflegepersonal nur selten wirklich darauf vorbereitet, seelischen Beistand zu leisten oder Schwerkranken ihre letzten Tage durch eine angemessene Schmerzbehandlung zu erleichtern. Es kommt immer noch vor, dass Sterbende aus Zeitmangel oder Hilflosigkeit allein gelassen werden.

Statt Sterbende von den anderen Bewohnern zu isolieren, wäre es wichtig, diese über den nahen Tod eines Mitbewohners zu informieren, damit sie von ihm Abschied nehmen können. Rituale wie Andachten oder Abschiedszeremonien für verstorbene Bewohner helfen, der Trauer Ausdruck zu geben.

Allein unter vielen

Viele Menschen, die ins Heim umziehen, tun sich – nach oft jahrelangem Alleinleben oder in der vertrauten Nähe des Partners oder der Familie – anfangs schwer damit, relativ eng mit vielen anderen und zunächst fremden Menschen in einem Gebäude zusammenzuleben. Die Alltags- und Freizeitaktivitäten im Heim bieten zwar Gelegenheiten, erste Kontakte zu knüpfen und mit der Zeit vielleicht sogar neue Freundschaften aufzubauen. Doch nicht immer gelingt es, persönliche Beziehungen zu anderen Heimbewohnern herzustellen, und auch unter vielen anderen Menschen ist man vor Einsamkeitsgefühlen nicht unbedingt gefeit. Erschwerend kommt hinzu, dass viele Bewohner von Pflegeheimen an Demenzerkrankungen leiden oder bettlägerig sind, sodass sie kaum ansprechbar und nicht in der Lage sind, auf andere zuzugehen.

Besuche von „draußen", von Verwandten, Freunden und Bekannten, bleiben besonders wichtig. Sie sind die Verbindung zum Leben außerhalb der ganz eigenen Welt des Heims und zum normalen Alltag. Gespräche mit und Zuwendung von vertrauten Menschen sind niemals zu ersetzen, auch nicht durch eine noch so gute professionelle Betreuung.

Das Pflegeheim nimmt den Angehörigen die Sorge um die Versorgung ihrer hilfebedürftigen Nächsten ab. Das setzt Kräfte und Zeit frei, die für Besuche genutzt werden können. Wer als

Pflegebedürftiger im Heim immer seltener Besuch bekommt, wird sich zu Recht „abgeschoben“ fühlen. Jeder, der Verwandte oder Freunde hat, die in einem Heim leben, sollte deshalb möglichst häufig bei ihnen vorbeischauen, sie vielleicht auch zu sich nach Hause einladen oder mit ihnen etwas außerhalb des Heimes unternehmen.

Rechte und Mitbestimmung im Heim

Alle Heime, ob staatlich, freigemeinnützig oder privat, unterliegen dem Heimgesetz. Das Gesetz soll die Interessen der Heimbewohner schützen und ihre Selbstständigkeit, Selbstverantwortung sowie Mitwirkung wahren und fördern, und es soll sicherstellen, dass der Heimträger seinen Pflichten nachkommt. Es enthält außerdem gesundheitspolizeiliche, gewerbe- und ordnungsrechtliche Bestimmungen. Die Heimmindestbauverordnung regelt bauliche Anforderungen, die ein Heim erfüllen muss, die Heimpersonalverordnung enthält Vorschriften zur Qualifikation der Beschäftigten und der Heimleitung. Das Heimgesetz regelt auch die Ausgestaltung der Heimverträge und schreibt ein angemessenes Preis-Leistungs-Verhältnis vor.

Für die Beachtung des Heimgesetzes sind die Heimaufsichtsbehörden der Länder zuständig. Kontrollen einzelner Heime finden jedoch eher selten statt. Auch die Pflegekassen sind gehalten, Qualitäts- und Wirtschaftlichkeitsprüfungen durchzuführen. Da es Abrechnungsmanipulationen nicht nur im Bereich der ambulanten Pflege, sondern auch bei den Pflegeheimen gibt, sollten auch Angehörige von Zeit zu Zeit prüfen, ob das Heim korrekt abrechnet.

Laut Heimgesetz (Heimmitwirkungsverordnung) soll in jedem Heim aus den Reihen der Bewohner ein Heimbeirat gewählt werden, der die Interessen der Heimbewohner gegenüber der Heimleitung vertritt und beispielsweise Verbesserungsvorschläge macht, was die Freizeitgestaltung, das Essen oder die pflegerische Versorgung anbelangt. Er kann auch Veranstaltungen organisieren oder an Umgestaltungen mitwirken.

Der Heimbeirat hat allerdings keine wirklichen Mitbestimmungsrechte. Das im Gesetz definierte Recht zur „Heimmitwirkung" bewegt sich zwischen Informations- und Anhörungsrecht und Mitbestimmung. In der Praxis hängt es vom Wohlwollen und der Kooperationsbereitschaft der Heimleitung ab, wie viel Mitgestaltungsmöglichkeiten dem Beirat zugestanden werden – und vom Engagement der Beiratsmitglieder, wie sie diese Möglichkeiten nutzen. Wenn sich in einem Heim keine aktiven Bewohnerinnen und Bewohner finden, die ein solches Amt ausüben möchten oder können, besteht die Möglichkeit, einen externen „Heimfürsprecher" vom jeweiligen Heimaufsichtsamt berufen zu lassen.

Lesetipp

Das Bundesministerium für Familie, Senioren, Frauen und Jugend (BmFSFJ) hat die Broschüre „Ihre Rechte als Heimbewohner" herausgegeben. Sie kann dort kostenlos bestellt werden:

BmFSFJ
11018 Berlin
Service-Telefon: 0 180 1/90 70 50
oder im Internet unter www.bmfsfj.de

Engagement als Angehöriger

Versuchen Sie, Ihre Besuche im Heim aktiv zu gestalten, also die Besuchszeit nicht nur passiv „abzusitzen" – es sei denn, Ihr Angehöriger zieht es ausdrücklich vor, in Ruhe mit Ihnen zusammenzusein und vielleicht einfach zusammen zu schweigen. Bringen Sie andere Besucher mit, animieren Sie Verwandte, Freunde und Bekannte immer wieder zu Besuchen. Über den Besuch von Kindern freuen sich viele Pflegebedürftige besonders.

Abgesehen von Gesprächen, gemeinsamen Spaziergängen, Spielen und Besuchen im Café können Sie sich vielleicht an der Pflege beteiligen, zum Beispiel beim Essen helfen oder zusammen Bewegungsübungen machen. Sprechen Sie mit den Pflegekräften darüber, was Sie tun können – über das ehrlich gemeinte Engagement von Angehörigen freuen sich diese in der Regel.

Das Verhältnis zwischen Angehörigen und Pflegekräften in Heimen gestaltet sich nicht immer spannungsfrei. Häufig bestehen gegenseitige Vorurteile, kennen die Angehörigen nicht den Arbeitsalltag im Pflegeheim, und die Pflegekräfte nicht die Situation der Angehörigen. Manche Angehörige kämpfen zum Beispiel mit Schuldgefühlen, weil sie ihre pflegebedürftige Mutter oder ihren Ehemann nicht selbst zu Hause betreuen (können). Sie stellen daher an die Pflegekräfte höchste Ansprüche, die von diesen gar nicht erfüllt werden können, und reagieren überkritisch auf deren „ungenügende“ Bemühungen.

Manche Pflegekräfte wiederum fassen die Sorge der Angehörigen um ihre Nächsten als unbegründete Nörgelei und Undank auf. Berechtigte Kritik anzunehmen, Missverständnisse offen miteinander zu klären und gegenseitiges Verständnis aufzubringen, fällt dann schwer. Im Interesse des Pflegebedürftigen ist es jedoch wichtig, dass sich beide Seiten um ein gutes Verhältnis zueinander bemühen.

Als Angehörige sollten Sie vorschnelle Urteile und Besserwisserei vermeiden. Fragen Sie bei Problemen freundlich und sachlich nach, bewahren Sie sich Offenheit und Anteilnahme gegenüber der Situation und den vielfachen Belastungen der Pflegenden. Wenn Sie spüren, dass diese Ihnen mit Vorbehalten begegnen, prüfen Sie auch Ihr eigenes Verhalten selbstkritisch.

Gehen Sie Konflikten nicht aus dem Weg. Klären Sie diese in offenen Gesprächen mit der Pflegekraft, mit der Sie Meinungsverschiedenheiten haben. Wenden Sie sich erst an Dritte, wenn keine Einigung gelingt.

Manche Heime tun von sich aus etwas für eine gute Zusammenarbeit und Verständigung mit Angehörigen: Sie bieten zum Beispiel regelmäßige Angehörigenabende an, in denen auch Probleme angesprochen werden können und gemeinsam nach Lösungen gesucht wird.

Quartiersbezogene Wohnkonzepte

Was sind quartiersbezogene Wohnkonzepte?

Das Wohnquartier der Zukunft, in dessen Mitte auch alte und pflegebedürftige Menschen sicher und gut betreut leben können, ist eine Vision, die machbar und an wenigen Orten sogar schon verwirklicht ist. Zukunftstaugliche Wohnmodelle für ältere Menschen können nirgendwo anders angesiedelt sein als „mitten im Leben“, mitten im Wohnviertel – ob in der Stadt oder in einer dörflichen Gemeinde. Alte Menschen leben heute länger, bleiben länger gesund, wohnen länger selbstständig zu Hause als früher. Wenn sie hilfebedürftig werden, können sie auch länger ambulant betreut werden. Je besser das soziale Netz mit seinen Versorgungsstrukturen innerhalb eines Wohnquartiers funktioniert, desto selbstverständlicher wird es sein, dass auch stark pflegebedürftige Menschen in ihrer vertrauten Umgebung wohnen bleiben können.

Im Unterschied zu Wohnformen, in denen ältere (und jüngere) Menschen in einem Gebäude zusammenleben und dort bei Bedarf auch betreut werden, beziehen sich die quartiersbezogenen Wohnkonzepte auf ganze Wohnviertel. Ihr Ziel ist es, die in einem überschaubaren Quartier vorhandenen Wohn- und Betreuungsangebote passend zur sozialen Struktur und den baulichen Gegebenheiten weiterzuentwickeln und zu vernetzen, soziale Kontakte und Nachbarschaftshilfe zu fördern.

Solche „kleinräumigen“ Konzepte binden die Wohnungen älterer Menschen in ein Versorgungsnetz ein und berücksichtigen damit, dass normale Wohnungen auch im Alter die wichtigste Wohnform bleiben. Dies entspricht sowohl dem Wunsch der meisten Menschen als auch den Erfordernissen der demografischen Entwicklung. Denn selbst wenn es zur Vollversorgung im Pflegeheim keine Alternativen gäbe, wäre es unmöglich, für die steigende Zahl hochbetagter und pflegebedürftiger Menschen genug Heimplätze zu schaffen. Nicht zuletzt sind Quartierskonzepte auch geeignet, auf den zunehmenden Hilfebedarf älterer Menschen aus anderen Kulturkreisen besser zu reagieren.

In gewachsenen Wohnvierteln leben die Generationen ohnehin zusammen. Hier Anstöße zu besseren sozialen Kontakten und gegenseitiger Unterstützung zu geben, hat eine nachhaltigere Wirkung als zum Beispiel der Bau von Alten-Wohnanlagen, wo die Kontakte zwischen Jung und Alt hauptsächlich durch professionelle Beziehungen geprägt sind. Neue Wohnformen wie betreute Wohngruppen als sicheres Zuhause für stark pflegebedürftige Quartiersbewohner lassen sich in Wohnvierteln mit funktionierendem Betreuungsnetz außerdem leicht integrieren.

Vernetzung auf kleinem Raum

Im Wohnquartier der Zukunft – ob Sozialbau- oder Eigenheimsiedlung, gewachsenes Altbau-Quartier oder Villenviertel – wird es nicht „die" Wohnform für ältere Menschen geben, sondern verschiedene, je nach Bedarf am besten geeignete. Eine bunte Mischung bietet viele Möglichkeiten: Barrierefrei umgebaute, altersgerecht angepasste Wohnungen im Bestand, Betreutes Wohnen zu Hause, ambulant oder stationär betreute Wohngruppen im Alt- oder Neubau, das Wohnprojekt für Jung und Alt mit Nachbarschaftscafé, die selbst organisierte Seniorenwohngemeinschaft in der Gründerzeitvilla und der Bürgertreff im Gemeindezentrum.

Beratungs- und Vermittlungsstellen koordinieren die Angebote der verschiedenen Hilfsdienste, Projekte und Träger des Quartiers. Nachbarschaftsvereine und ehrenamtliche Kräfte helfen mit, eine für alle Bewohner erschwingliche Betreuung anzubieten. Kurze Wege und aufeinander bezogene Angebote im Viertel entsprechen nicht nur dem mit zunehmendem Alter geringer werdenden Aktionsradius der Menschen, sie erleichtern auch den ambulanten Diensten und sozialen Einrichtungen ihre Arbeit.

In den letzten fünfzehn Jahren haben sich unterschiedliche Beispiele für quartiersbezogene Wohn- und Betreuungskonzepte entwickelt. Dabei ging die Initiative von Nachbarschaftsvereinen, Seniorenvertretungen, Kommunen, Wohnungsbaugesellschaften,

Wohlfahrtsverbänden oder Pflegediensten aus. Das Spektrum reicht von umfassenden Siedlungsprojekten, die viele Bereiche des Wohnens, des Gemeinschaftslebens und der Betreuung abdecken, bis hin zu kleinen, von Bürgern ehrenamtlich organisierten Hilfenetzen zur Unterstützung im Alltag.

Nach den bisherigen Erfahrungen sind die folgenden Bausteine wichtig, damit Quartierskonzepte auf Dauer gelingen:

- Bauliche Maßnahmen zur Verbesserung der Wohnsituation und der sozialen Infrastruktur im Viertel, Anpassung des Wohnungsbestands, Wohnberatung,
- generationsübergreifende Gemeinschaftsangebote (Gemeinschaftsräume, Freizeitaktivitäten),
- Förderung von Bürgerbeteiligung, Nachbarschaftshilfe und ehrenamtlichem Engagement,
- Angebot sozialer Hilfen (zugehende Beratung, Koordination und Vermittlung von Diensten),
- Angebot ambulanter Hilfe- und Pflegeleistungen,
- Integration von Angeboten für stark Pflegebedürftige wie betreute Wohngruppen.

Der Werkstatt-Wettbewerb Quartier

Mit dem „Werkstatt-Wettbewerb Quartier" endete die Studienphase des dreijährigen Gemeinschaftsprojekts „Leben und Wohnen im Alter" der Bertelsmann Stiftung und des Kuratoriums Deutsche Altershilfe (KDA). Der Wettbewerb sollte die Bedeutung von Quartierskonzepten als besonders wichtige Wohn- und Betreuungsform der Zukunft unterstreichen, die bisherige Arbeit der verschiedenen Projekte würdigen, bekannt machen und dadurch weiter befördern. Es ging also weniger um die Prämierung eines fertigen Projekts als darum, verschiedene Ansätze und Konzeptbeispiele aufzuzeigen – deshalb der Titel „Werkstatt-Wettbewerb".

Bei der Auswahl wurden nur Projekte berücksichtigt, die bereits praktische Erfahrungen gesammelt hatten. Insgesamt 85 Projekte beteiligten sich, ein Viertel von ihnen wurde von der Jury aus Vertretern des KDA, der Bertelsmann Stiftung und Experten der Fachöffentlichkeit hervorgehoben. Es gab drei Preise, sieben Anerkennungen, fünfmal „engere Wahl" und sechsmal „Belobigung". Den erfolgreichen Quartiersinitiativen – darunter auch viele, die keine Auszeichnung erhalten haben – ist eines gemeinsam: Sie beziehen sowohl die alten und jungen Quartiersbewohner als auch die vor Ort bereits aktiven Organisationen in die Planung und Umsetzung der Angebote mit ein.

Beispiele für Wohnen im Quartier

Die folgenden vier Beispiele zeigen, dass „Wohnen im Quartier“ ein sehr großes Spektrum umfasst und unter ganz unterschiedlichen Voraussetzungen erfolgreich umgesetzt werden kann. So finden sich Projekte in der Großstadt ebenso wie in ländlichen Gegenden. Die Initiatoren können Wohnungsbaugenossenschaften sein oder ein Verein, den Bewohner selbst gegründet haben.

Siedlungsfest der „Freien Scholle“

■ „Freie Scholle“ in Bielefeld

Die Wohnungsbaugenossenschaft Freie Scholle e.G. in Bielefeld hat seit 1988 eine eigene Altenhilfe für und mit den Bewohnern ihrer Siedlungen aufgebaut und zählt damit zu den Pionieren des Quartierskonzepts. Ein wichtiger Teil der Arbeit der „Freien Scholle“ ist das Projekt „Nachbarschaftszentrum Meinolfstraße“, mit dem sie ihr Betreuungs- und Sozialkonzept zusammen mit anderen Trägern auf ein städtisches Wohnviertel ausgeweitet hat. Das Projekt wurde im Mai 2005 mit dem 1. Preis des „Werkstatt-Wettbewerbs Quartier“ der Bertelsmann Stiftung/des Kuratoriums Deutsche Altershilfe ausgezeichnet (→ Kasten links).

Die Freie Scholle e.G. hat eine lange Tradition: 1911 gegründet, um in Bielefeld Turnhallen für Arbeitersportvereine zu bauen, rückte bald der Bau von guten und erschwinglichen Wohnungen in den Mittelpunkt der Genossenschaftsaktivitäten. Kurz nach dem Ersten Weltkrieg und in den 1920er-Jahren entstanden die ersten zwei von heute insgesamt 24 Siedlungen der Freien Scholle. Mittlerweile beheimatet die Genossenschaft über 7 000 Menschen in insgesamt gut 5 000 Wohnungen. Das Angebot in den Quartieren reicht von Kleinwohnungen, in denen besonders viele alte Menschen leben, bis zu Einfamilien-Reihenhäusern. In Gremien der Nachbarschaften und der Genossenschaft bestimmen die Bewohner über alle Belange ihrer Wohnviertel mit. Ob es um die Planung von Um- oder Neubauten geht oder um die Konzeption und Umsetzung sozialer Angebote – die Meinung und das Engagement der Mitglieder ist stets gefragt.

In den Siedlungen gibt es, abgesehen vom Zentrum Meinolfstraße, elf Nachbarschaftstreffs für jeweils etwa 600 Bewohner. Die Nachbarschaftstreffs bieten allen Altersgruppen Raum für selbst organisierte Aktivitäten, ob Kindernachmittage, Kaffeerunden für Ältere, gemeinsamer Mittagstisch oder Familienfeste. Hier finden auch Bildungs- und Gymnastikkurse statt, und sie dienen als Stützpunkte der Altenhilfe und -beratung.

■ *Betreuung im Quartier*

Die Altenbetreuung der Freien Scholle wurde auf Wunsch der Genossenschaftsmitglieder aufgebaut. Ende der 1980er-Jahre waren 45 Prozent von ihnen bereits über 60 Jahre alt. Mit dem Quartierskonzept von 1988 wollte man vermeiden, dass hilfe- und pflegebedürftige Bewohner wegziehen müssen. Gleichzeitig sollten die Siedlungen auch für jüngere Menschen und Familien mit Kindern attraktiver werden – getreu dem Genossenschaftsmotto „Sicher wohnen ein Leben lang“. Das Konzept sieht außer den vielfältigen sozialen Aktivitäten umfassende Instandhaltungs- und Modernisierungsmaßnahmen sowie Neubauten vor.

Seit 1990 organisiert der Verein „Freie Scholle Nachbarschaftshilfe e. V.“ die Gemeinschafts- und Hilfeangebote. Die Dienste der Altenbetreuung und zugehenden Beratung (Wohnberatung, Wohnungsanpassung, Vermittlung von Hilfsdiensten) sind den einzelnen Nachbarschaften zugeordnet. Für behinderte und für hilfebedürftige Bewohner wurden Teile des Wohnungsbestands barrierearm umgestaltet und durch barrierefreie Neubauten ergänzt. Wenn die Bewohner Unterstützung bei der Alltagsbewältigung brauchen, können sie den mobilen sozialen Dienst des Nachbarschaftshilfevereins in Anspruch nehmen. Dessen Mitarbeiter helfen im Haushalt, beim Einkaufen und begleiten bei Arzt- oder Behördengängen.

Neben den normalen Wohnungen gibt es besonders betreute Wohnformen als Alternative für Pflegebedürftige, die nicht mehr allein in ihren Wohnungen zurechtkommen. Hier werden die Bewohner bei Bedarf rund um die Uhr von ausgebildetem Pflegepersonal betreut.

■ *Nachbarschaftszentrum Meinolfstraße*

Das Nachbarschaftszentrum Meinolfstraße befindet sich in einem Stadtviertel mit 11 000 Einwohnern. Zur „Freien Scholle" gehören hier knapp 1 000 Genossenschaftswohnungen. Anfang der 1990er-Jahre war altengerechter Wohnraum im gesamten Wohngebiet Mangelware, und es gab zu wenige Altenhilfeeinrichtungen. Deshalb hatte ursprünglich ein Träger der Wohlfahrtspflege geplant, auf einem freien städtischen Grundstück ein Altenpflegeheim zu errichten.

Als Alternative entwickelte die Freie Scholle 1992 das Konzept eines Nachbarschaftszentrums. Statt eines stationären Angebots für Pflegebedürftige wollte die Genossenschaft mit den Einrichtungen des Zentrums allen hilfe- und pflegebedürftigen Bewohnern des Viertels Unterstützungsmöglichkeiten zur Verfügung stellen. Statt auf Rundum-Versorgung setzte man auf Hilfe zur

Selbsthilfe – die Abhängigkeit von organisierter Hilfe sollte möglichst gering gehalten werden.

Die Ziele des Projekts waren,
- das vorhandene Angebot an ambulanten pflegerischen und hauswirtschaftlichen Hilfen zu erweitern,
- die soziale, medizinische und gewerbliche Infrastruktur des Viertels für alle Altersgruppen zu verbessern,
- barrierefreie, flexibel nutzbare Wohnungen zu schaffen, auch (nicht nur) als Angebot für pflegebedürftige Menschen.

In Zusammenarbeit mit den bereits im Viertel aktiven Trägern (Arbeiterwohlfahrt, Kreisverband und Dienstleistungszentrum Bielefeld, Evangelischer Gemeindedienst) entstand das Konzept für ein Neubauprojekt mit Wohnungen und Raum für soziale und medizinische Angebote. Die Bewohner waren in die Planungen einbezogen. 1996 konnte das Nachbarschaftszentrum seinen Betrieb aufnehmen, Ende 1999 mit dem zweiten Bauabschnitt komplett fertiggestellt werden.

Das Zentrum bietet heute:
- 90 barrierefreie Wohnungen (2 bis 3 Zimmer, 55 bis 92 Quadratmeter) für ältere und jüngere Menschen,
- zwei Wohnungen für betreute Wohngruppen (je 220 Quadratmeter),
- mehrere Gästezimmer,
- ein Aktivitätenzentrum für das Quartier mit Raum für offene Altenarbeit, Fort- und Weiterbildungskurse, Therapiezentrum, Cafeteria,
- den Stützpunkt eines mobilen sozialen Dienstes,
- eine Sozialstation (häusliche Kranken- und Altenpflege) des evangelischen Gemeindedienstes,
- ein Hilfsmitteldepot, in dem Pflegehilfsmittel unter Anleitung erprobt und ausgeliehen werden können,
- die Altenberatungsstelle des Nachbarschaftsvereins Freie Scholle e. V. (Wohnberatung, zugehende Beratung, Koordination von Diensten),

- das Stadtteilbüro Jugend, Soziales, Wohnen der Stadt Bielefeld,
- eine Informations- und Wissensbörse,
- Einrichtungen der Gesundheitsversorgung: drei Arztpraxen, eine Praxis für Ergotherapie, eine Praxis für medizinische Fußpflege.

In der Nähe des Zentrums wurde außerdem ein Wochenmarkt etabliert, eine Bushaltestelle eingerichtet, und es eröffneten eine Bäckerei sowie eine Apotheke.

■ *Finanzierung*

Die Kosten für die Koordination des Projekts (Personalkosten) und die Baukosten der sozialen Einrichtungen des Nachbarschaftszentrums wurden aus öffentlichen Mitteln (Bundesministerium für Arbeit und Sozialordnung) und Stiftungsgeldern (Stiftung Wohlfahrtspflege) bezuschusst.

Die Beratungsleistungen und die Nutzung der offenen Gemeinschaftsangebote im Nachbarschaftszentrum finanzieren die verschiedenen Träger und die Freie Scholle, sie sind für die Bewohner zum großen Teil kostenlos. Für Bildungsangebote fallen Kursgebühren an, die Alltagshilfen des mobilen sozialen Dienstes kosten 18 Euro pro Stunde. Für das Betreute Wohnen bietet die Sozialstation einen Betreuungs- und Servicevertrag für 126 Euro monatlich an.

Die Kosten der Quartiersangebote in den Siedlungen der Freien Scholle tragen alle Mitglieder der Genossenschaft und des Bewohnervereins gemeinsam. Zur Hälfte werden sie auf die monatlichen Wohnungskosten umgelegt (etwa 5 Euro pro Monat). Die andere Hälfte finanziert der „Verein Nachbarschaftshilfe" zum Teil aus den Beiträgen seiner 1500 Mitglieder, zum Teil aus Spenden. Die Mitgliedschaft im Verein ist freiwillig.

Kontakt

Baugenossenschaft Freie Scholle eG
Jöllenbecker Straße 123
33613 Bielefeld
Tel. 05 21/98 88-0
baugenossenschaft@freie-scholle.de
www.freie-scholle.de

■ „Miteinander Wohnen“ in Berlin

Das Projekt „Miteinander Wohnen“ entstand Anfang der 1990er-Jahre in Berlin-Lichtenberg im Nordosten der Stadt. Die Architektur des Viertels um die „Passage Lichtenberg“ ist von Plattenbau-Wohnblocks geprägt. Fast die Hälfte der etwa 6 000 Bewohner ist älter als 55 Jahre. In drei zum Teil modernisierten Hochhäusern gibt es ausschließlich Ein-Zimmer-Wohnungen mit unter 25 Quadratmeter Wohnfläche, in denen überwiegend allein lebende ältere und hochbetagte Frauen wohnen.

Die Mitglieder des 1991 gegründeten Vereins „Miteinander Wohnen e. V.“ suchten nach Möglichkeiten, etwas gegen die drohende Vereinsamung der älteren Bewohnerinnen und Bewohner zu tun und dazu beizutragen, dass sie möglichst bis an ihr Lebensende im vertrauten Kiez bleiben können. So sind verschiedene Unterstützungs- und Freizeitangebote entstanden, die zu einem großen Teil von ehrenamtlichen Mitarbeitern getragen werden. Der Verein hat an die 400 Mitglieder, von denen sich etwa 100 aktiv engagieren. Über zwei Drittel von ihnen sind selbst mittlerweile über 70 Jahre alt.

Anders als die „Freie Scholle“ in Bielefeld ist das Berliner Projekt hauptsächlich aus bürgerschaftlichem Engagement und Nachbarschaftshilfe entstanden. Die Lichtenberger haben es durch

Bewohnerinnen der Kiez-Hochhäuser beim Ballspielen

Selbsthilfe, den Aufbau eines Freiwilligen-Netzes und die Zusammenarbeit mit anderen Trägern und Einrichtungen geschafft, die in ihrem Wohnviertel entstandenen Versorgungslücken größtenteils zu schließen. So schreibt der Verein auf seiner Homepage: „Durch Prävention, Hilfe und Begleitung bei der Rehabilitation sowie Unterstützung mit Dienstleistungen im täglichen Leben ist es uns in all den Jahren unserer Arbeit gelungen, dass 90 Prozent der in 13 Jahren verstorbenen Mitglieder bis zuletzt von stationären Einrichtungen unabhängig blieben."

„Miteinander Wohnen e. V." hat sein Projekt unter dem Namen „Sicherung präventiver Angebote bis ins hohe Alter" beim „Werkstatt-Wettbewerb Quartier" des KDA/Bertelsmann Stiftung eingereicht. Es wurde mit dem 2. Preis ausgezeichnet.

■ *Angebote im Quartier*

Im Vordergrund der Arbeit stehen Beratungsleistungen und praktische Hilfe zur Selbsthilfe. Der Verein organisiert kulturelle und informative Veranstaltungen, Besuchsdienste, tägliche Kaffeerunden und andere gesellige Treffen im Nachbarschaftszentrum sowie Angebote zur körperlichen, geistigen und sozialen Aktivierung der Kiezbewohner. Ein Beispiel ist der regelmäßig stattfindende Gesprächskreis „Club der aktiven 90-Jährigen", der den Hochbetagten die Möglichkeit gibt, aus ihren kleinen Wohnungen herauszukommen und Kontakte zu knüpfen.

„Miteinander Wohnen e. V." arbeitet auch mit anderen sozial-kulturellen Einrichtungen im Stadtteil zusammen. Seit 1994 engagiert er sich als Gesellschafter eines jüngst komplett modernisierten Pflege-Wohnheims mitten im Viertel. Im Februar 2002 wurde in einem der Hochhäuser der Kiez-Laden „Friederike" eröffnet. Hier finden die Bürger Ansprechpartner und können sich über alle Veranstaltungs- und Beratungsangebote der Vereine und Träger im Stadtteil informieren. Außerdem vermitteln die Mitarbeiterinnen Alltagshilfen: Reparaturdienst, Wasch- und Nähservice, Hol- und Bringdienste sowie einen Fahrservice mit Kleinbussen.

Kontakt

Miteinander Wohnen e. V.
Volkradstraße 8
10319 Berlin
Tel. und Fax 0 30/5 12 40 68
kontakt@miteinanderwohnen.de
www.miteinanderwohnen.de

Nicht vom Verein selbst, aber von Kooperationspartnern im Stadtteil angebotene Leistungen sind eine Wohnberatung, eine Anlage des Betreuten Wohnens sowie ambulante Pflege durch im Viertel ansässige Sozialstationen und private Pflegedienste. Für die Zukunft ist geplant, das „begleitete Wohnen" auszubauen und mehr professionelle Helfer der Kooperationspartner einzubinden. Die Betreuung soll als Grund- und Wahlservice angeboten werden.

Auch die ansässigen Wohnungsunternehmen sind in das lokale Versorgungsnetz einbezogen. Abgesehen von bereits durchgeführten Modernisierungen ist geplant, in den Hochhäusern „Concierge"-Stellen einzurichten. Solche Concierges, wie sie traditionell in vielen französischen Hauseingängen ihren Platz haben, sind eine Mischung aus Pförtner und Hausmeister. Sie kennen die Hausbewohner, haben im Blick, wer ein- und ausgeht und sind oft die ersten Ansprechpartner, wenn Hilfe nötig ist. Dies vermittelt besonders den älteren Mietern Sicherheit.

■ *Finanzierung*

Das Engagement der vielen ehrenamtlichen Mitarbeiter hält die Kosten der umfangreichen Hilfeangebote im Viertel niedrig. Die vom Verein angebotene offene Altenarbeit und das ehrenamtlich „begleitete Wohnen" wurde lange durch hauptamtliche, über ABM-Stellen (Arbeitsbeschaffungsmaßnahmen) finanzierte Mitarbeiter organisiert. Seit dem Wegfall dieser Finanzierungsmöglichkeit behilft man sich mit 400-Euro-Jobs.

Seit 2005 werden die Koordinations- und Beratungskosten zum Teil über eine Servicepauschale finanziert. Davor sicherten öffentliche Zuschüsse die laufenden Kosten (vor allem Personalkosten) zu einem großen Teil, der Rest kam aus Erlösen aus den Alltagshilfen, der Vermietung der Gemeinschaftsräume und den Veranstaltungen.

„Im Alter zu Hause" im Hunsrück

Die Initiatoren des Modellprojekts „Im Alter zu Hause leben" haben es sich zur Aufgabe gemacht, die Versorgung Älterer in ihrem ländlichen Kreisgebiet zu verbessern. Das dezentral angelegte Quartierskonzept wurde im Werkstatt-Wettbewerb Quartier mit einer Anerkennung ausgezeichnet.

In den zwölf zum Teil weit auseinander liegenden Orten der Verbandsgemeinde Rheinböllen im Hunsrück war die Versorgungssituation besonders der älteren Menschen sehr schlecht. Nur der Ort Rheinböllen (4 200 Einwohner) verfügt über eine nennenswerte Infrastruktur mit Geschäften, Ärzten und sozialen Einrichtungen. In den kleineren Orten mit nur wenigen hundert Bewohnern dünnt das Angebot immer mehr aus. Die Anbindung durch den öffentlichen Nahverkehr ist dürftig, die Dörfler sind also auf das Auto angewiesen.

Ausgangspunkt für das Modellprojekt war der Altenhilfeplan des Rhein-Hunsrück-Kreises von 1998, der eine Stärkung der ambulanten Versorgung im Gemeindegebiet vorsieht. Pflegebedürftigen Einwohnern sollte es dadurch möglich werden, zu Hause wohnen zu bleiben, auch wenn ihre Angehörigen die Pflege nicht vollständig übernehmen können. Eine Voraussetzung war, die professionellen Hilfeangebote des Landkreises sinnvoll und effektiv mit den vorhandenen Hilfestrukturen in den Dorfgemeinschaften zu verknüpfen. Das Konzept entwickelten das Ambulante Hilfezentrum (AHZ), die Sozialplanung des Landkreises und die Beratungs- und Koordinierungsstelle (BeKo) zusammen mit der Verbandsgemeinde Rheinböllen. Die verschiedenen Angebote werden von BeKo und AHZ koordiniert.

Fahrdienste sind in einem Landkreis besonders wichtig.

■ ***Angebote und Finanzierung***

Zur Umsetzung der Modellziele bietet das Ambulante Hilfezentrum zum Beispiel Schulungen zur Entlastung pflegender Angehöriger an (Pflegekurse, Gesprächskreise). Die vorhandenen Angebote an ambulanter Pflege und Beratung werden den Betroffenen durch gezielte Information besser bekannt und zugänglich gemacht. Um ehrenamtliche Helfer zu gewinnen und das Laienhilfe-Netz auszubauen, finden zahlreiche Infoveranstaltungen zu Themen rund um Pflege und Betreuung statt, aber auch Freizeitaktivitäten.

Die ehrenamtlichen Seniorenbeauftragten einzelner Gemeinden gründen Helferkreise für Besuchsdienste und Alltagshilfen, organisieren zusammen mit ortsansässigen Wirten „Mittagstische für Senioren", wirken bei kirchlichen Angeboten mit, organisieren Ausflüge und Veranstaltungen.

Die Angebote des Projekts sind leicht zugänglich und auch sehr kostengünstig. Die meisten Helfer und Referenten arbeiten ehrenamtlich, gemeindeeigene Räume können kostenlos genutzt werden. Aufwandsentschädigungen und Versicherungen für die Seniorenbeauftragten und Helfer werden vom Kreis und den Gemeinden finanziert. An der Finanzierung der Beratungs- und Koordinierungsstelle BeKo beteiligt sich das Land Rheinland-Pfalz. Den Bewohnern entstehen keine Kosten. Es wird lediglich erwartet, dass sie Alltagshilfen und Besuchsdienste „mit einem kleinen Obolus" entlohnen.

Aufgrund der guten Erfahrungen soll das Projekt längerfristig auf alle sieben Verbandsgemeinden des Rhein-Hunsrück-Kreises ausgedehnt werden.

Kontakt

Ambulantes Hilfezentrum Ingbert Ochs GmbH
Rheinstraße 4b/Marktplatz 3
55430 Oberwesel
Tel. 0 67 44/9 40 09 (BeKo)
www.ahz-ochs.de/im_alter_zuhause/iaz.php

Gemeindenahe Versorgung in Kusterdingen

Anlass für die Entstehung dieses Quartiersprojekts war der Mangel an Altenhilfeeinrichtungen und Betreuungsangeboten in den ländlichen Gemeinden Kusterdingen und Kirchentellinsfurt in der Nähe von Tübingen. In den Jahren 1996 und 1997 errichtete der gemeinnützige Träger „Evangelische Altenheime in Baden-Württemberg gGmbH“ deshalb in den Ortskernen der beiden Gemeinden je ein „Gemeindepflegehaus“. Die bereits bestehende Diakoniestation Härten und deren Informations-, Anlauf- und Vermittlungsstelle (IAV) unterstützte den Aufbau einer gemeindeeigenen Versorgung.

Nach der Fertigstellung der Gemeindepflegehäuser startete das Verbundmodell der beiden Gemeinden, in das auch die örtlichen Kommunen, Kirchengemeinden und Krankenpflegevereine einbezogen sind. Der Verbund wird demnächst um die Gemeinde Wannweil und ein drittes Pflegehaus erweitert. Finanziert wird das Projekt durch die beteiligten Partner sowie die Landkreise Tübingen und Reutlingen. Im Werkstatt-Wettbewerb Quartier wurde es mit einer Anerkennung ausgezeichnet.

Angebote und Ziele

Bei diesem Quartierskonzept bilden die beiden Pflegehäuser das Zentrum der Altenhilfeangebote in der Gemeinde. Die Häuser bieten zum einen stationäre Pflegeplätze für stark Pflegebedürftige, teilstationäre Pflege (→ Seite 81) und je 14 Wohnungen für Betreutes Wohnen an. Zum anderen stehen den Bürgern der Gemeinden hier Räume für Veranstaltungen und Gemeinschaftsaktivitäten zur Verfügung.

Die Informationsstelle der Diakoniestation hat in den Zentren ihre Stützpunkte. Sie arbeitet mit den Sozialdiensten der umliegenden Krankenhäuser zusammen, kümmert sich um die Koordination und Vermittlung der Beratungsangebote (zum Beispiel Wohnberatung), der Alltagshilfen und der ambulanten Pflege. Ein anderer Arbeitsschwerpunkt ist die Förderung und Or-

Kontakt

Diakoniestation Härten
Weinbergstraße 27
72127 Kusterdingen
Tel. 0 70 71/3 74 11
Diakonie@Diakoniestation-Haerten.de
www.diakoniestation-haerten.de

Gemeindepflegehaus Härten

ganisation von Nachbarschaftshilfe und die Einbindung ehrenamtlicher Helfer. Die ehrenamtliche Mitarbeit ist ein wesentlicher Bestandteil des Verbundmodells. Die Bewohner der Gemeinden beteiligen sich sowohl bei der Planung als auch über die Mitarbeit in den Fördervereinen der Gemeindepflegehäuser und in den Kirchengemeinden.

Der Verbund hat sich mit dem Quartiersprojekt die folgenden Ziele gesetzt:

- Den Erhalt des sozialen, familiären, kirchlichen und partnerschaftlichen Umfeldes älterer und pflegebedürftiger Menschen,
- die Förderung und Unterstützung eines gemeindenahen Netzwerks für ältere und pflegebedürftige Gemeindebewohner, für Demenzkranke sowie für ältere Migranten,
- die Unterstützung und Förderung des bürgerschaftlichen Engagements sowie der Zusammenarbeit von ehren- und hauptamtlichen Mitarbeitern,
- die Vernetzung der Angebote in der Altenhilfe und im Gesundheitswesen,
- das Angebot von gemeindenahen Ausbildungsplätzen in der Altenhilfe sowie die Sicherung von Arbeitsstellen im Quartier,
- die Schaffung eines sozialen Lernfelds für Jugendliche (Freiwilliges Soziales Jahr), junge Erwachsene (Zivildienst) sowie Erwachsene (Ehrenamt).

Service

Adressen und Informationen

Bertelsmann Stiftung
Carl-Bertelsmann-Straße 256
33311 Gütersloh
Tel. 0 52 41/8 18 12 05
info@bertelsmann-stiftung.de
www.bertelsmann-stiftung.de
www.aktion2050.de/cps/rde/xchg/aktion/hs.xsl/6594.html

Kuratorium Deutsche Altershilfe (KDA)
An der Pauluskirche 3
50677 Köln
Tel. 02 21/93 18 47-0
info@kda.de
www.kda.de

Wohnungsanpassung, Wohnberatung

Bundesarbeitsgemeinschaft Wohnungsanpassung e. V.
c/o Koordinierungsstelle rund ums Alter
Mühlenstraße 48
13187 Berlin
Tel. 0 30/47 53 17 19
Fax 0 30/47 53 18 92
info@wohnungsanpassung.de
www.wohnungsanpassung.de
Unter www.wohnungsanpassung.de/adressen/rahmenkontakt.htm finden Sie die Adressen der regionalen Ansprechpartner der BAG Wohnungsanpassung sowie eine Adressenliste aller bekannten örtlichen Wohnberatungsstellen.

Arbeitsgemeinschaft Wohnberatung e. V. (AGW)
Adenauerallee 113
53113 Bonn
Tel. 02 28/26 40 11
Fax 02 28/26 40 12
info@agw.de
www.agw.de

Fachstelle Wohnberatung in Bayern
c/o Beratungsstelle Wohnen
Korbinianplatz 5a
80807 München
Tel. 0 89/35 70 43-0
Fax 0 89/35 70 43 29
info@wohnberatung-bayern.de

Hessische Fachstelle für Wohnberatung HFW
AWO Bezirksverband Hessen-Nord e. V.
Wilhelmshöher Allee 32 a
34117 Kassel
Tel. 05 61/50 77-137
Fax 05 61/50 77-437
hfw@bvhessennord.awo.org
www.sozialnetz-hessen.de/wohnen

Landesarbeitsgemeinschaft Wohnberatung NRW
c/o Verein für Gemeinwesen- und Sozialarbeit Kreuzviertel e. V.
Kreuzstraße 61
44139 Dortmund
Tel./Fax: 02 31/12 46 76
kontakt@kreuzviertel-verein.de
www.wohnberatungsstellen.de

Niedersächsische Fachstelle für Wohnberatung
Scharnikaustraße 8
30625 Hannover
Tel. 05 11/3 88 28 95
Fax 05 11/3 88 28 97
info@fachstelle-wohnberatung.de
www.fachstelle-wohnberatung.de

Online Wohnberatung
c/o Barrierefrei Leben e.V.
Richardstr. 45
22081 Hamburg
Tel. 0 40/29 99 56-58
Fax 0 40/29 36 01
info@online-wohn-beratung.de
www.online-wohn-beratung.de

Wohnen für Hilfe

Lokales Projekt
Projektbüro „Wohnen für Hilfe"
Frangenheimstraße 4
50931 Köln
Tel. 02 21/4 70 79 33
Fax 02 21/4 70 79 34
wfh@hrf.uni-koeln.de

Lokales Projekt
Seniorentreff Neuhausen e. V.
Leonrodstraße 14 B
80634 München
Tel. 0 89/16 80 60
Fax 0 89/1 68 44 18
gf@seniorentreff-neuhausen.de

Überregionale Informationen mit weiteren Kontaktadressen
www.homeshare.org/deutsch/worldwide/germany.asp

Wohnprojektberatung

Forum Gemeinschaftliches Wohnen e. V. (FGW)
Bundesvereinigung
Brehmstraße 1 a
30173 Hannover
Tel. 05 11/4 75 32-53, -73
info@fgwa.de
www.fgwa.de
Unter www.fgwa.de/partner.html finden Sie eine Liste mit Regionalbüros und Partnerprojekten in anderen Bundesländern, unter www.fgwa.de/projekte.html finden Sie zahlreiche Links zu Projekten und Beratungsstellen (Kontaktbörse).

Neues Wohnen im Alter e. V.
Regionalbüro Rheinland
Marienplatz 6
50676 Köln
Tel. 02 21/21 50 86
NWiA.eV@t-online.de
www.nwia.de

WohnBund-Beratung NRW GmbH
Regionalbüro Westfalen
Herner Straße 299
44809 Bochum
Tel. 02 34/90 44 00
kontakt@wbb-nrw.de
www.wohnbund-beratung-nrw.de

Stattbau Hamburg
Neuer Kamp 25
20359 Hamburg
Tel. 0 40/43 29 42-0
post@stattbau-hamburg.de
www.stattbau-hamburg.de

Alt Werden in Gemeinschaft e. V. (AWiG)
Hohe Straße 102
01187 Dresden
Tel. 03 51/4 03 05 77
awigverein@web.de

Streitschlichtung

Bundesverband Mediation e. V.
Kirchweg 80
34119 Kassel
Tel. 05 61/7 39 64 13
info@bmev.de
www.bmev.de

Deutsche Gesellschaft für Supervision e. V.
Lütticher Straße 1–3
50674 Köln
Tel. 02 21/92 00 40
info@dgsv.de
www.dgsv.de

Betreutes Wohnen

Geschäftsstelle Qualitätssiegel Betreutes Wohnen Baden-Württemberg
Lindenspürstraße 39
70176 Stuttgart
Tel. 07 11/63 75-0
info@kvjs.de
www.kvjs.de

Projektbeispiel
Seniorenwohnanlage „Im Wiesengrund"
Ganzhornweg 9–9/1
73430 Aalen
Tel. 0 73 61/6 60 00
info@drk-aalen.de

Projektbeispiel
NOAH gGmbH
Berghäuschensweg 28 a
41464 Neuss
Tel. 0 21 31/1 24 73 00
NOAH-gGmbH@mail.isis.de

Betreutes Wohnen zu Hause

Projektbeispiel
SIMBA
Sozialdienst Germering e. V.
Planegger Straße 9/III
82110 Germering
Tel. 0 89/84 00 57 17
Bürozeiten: Mo. 15 bis 18 Uhr
Di bis Fr 9 bis 12 Uhr.
becker@sd-germering.de

Koordinierungsstelle Wohnen zu Hause Konzepte, Initiativen und Visionen fürs Alter (Bayern)
Spiegelstraße 4
81241 München
Tel. 0 89/20 18 98 57
Fax 0 89/89 62 46
www.wohnen-zu-hause.de
Gefördert durch das Bayerische Staatsministerium für Arbeit und Sozialordnung, Familie und Frauen.

Betreute Wohn- und Hausgemeinschaften

Bundesarbeitsgemeinschaft „Demenz-WGs“ Freunde alter Menschen e. V.
Hornstraße 21
10963 Berlin
Tel. 0 30/6 91 18 83
info@freunde-alter-menschen.de
www.freunde-alter-menschen.de

Verein für Selbstbestimmtes Wohnen im Alter (SWA) e. V.
c/o Annette Schwarzenau
Grunewaldstraße 56
10825 Berlin
Tel. 0 30/85 40 77 18
Verein@SWA-berlin.de
www.swa-berlin.de

Koordinierungsstelle Rund ums Alter Neukölln
Werbellinstraße 42
12053 Berlin
Tel. 0 30/68 97 70-0
neukoelln@rund-ums-alter.de
Zimmerbörse für betreute Wohngemeinschaften in Berlin

Projektbeispiel
ambet e. V.
Triftweg 73
38118 Braunschweig
Tel. 05 31/25 65 70
info@ambet.de
www.ambet.de

Projektbeispiel
Lebensbaum Soziale Hilfen e. V. Steinhagen
Bielefelder Straße 36
33803 Steinhagen
Tel. 0 52 04/89 05 60
lebensb@aol.com
www.lebensbaum-werther.de

Projektbeispiel
AWO-Bezirksverband Oberbayern e. V.
Edelsbergstraße 10
80686 München
Tel. 0 89/54 71 41 13

Quartierskonzepte

Projektbeispiel
Baugenossenschaft Freie Scholle eG
Jöllenbecker Straße 123
33613 Bielefeld
Tel. 05 21/98 88-0
baugenossenschaft@freie-scholle.de
www.freie-scholle.de

Projektbeispiel
Miteinander Wohnen e. V.
Volkradstraße 8
10319 Berlin
Tel. 0 30/5 12 40 68
kontakt@miteinanderwohnen.de
www.miteinanderwohnen.de

Projektbeispiel
Ambulantes Hilfezentrum Ingbert Ochs GmbH
Rheinstraße 4 b/Marktplatz 3
55430 Oberwesel
Tel. 0 67 44/9 40 09
www.ahz-ochs.de/im_alter_zuhause/iaz.php

Projektbeispiel
Diakoniestation Härten
Weinbergstraße 27
72127 Kusterdingen
Tel. 0 70 71/3 74 11
Diakonie@Diakoniestation-Haerten.de
www.diakoniestation-haerten.de

Bürgerschaftliches Engagement, Ehrenamtliche Hilfe

Bundesarbeitsgemeinschaft der Senioren-Organisationen
BAGSO e. V.
Eifelstraße 9
53119 Bonn
Tel. 02 28/24 99 93-0
kontakt@bagso.de
www.bagso.de

Bundesarbeitsgemeinschaft Seniorenbüros e. V. (BaS)
Graurheindorfer Straße 79
53111 Bonn
Tel. 02 28/61 40 74
bas@seniorenbueros.org
www.seniorenbueros.org

Informations- und Ideenpool für Initiativen älterer Menschen:
Internet-Datenbank der BaS im Auftrag des Bundesseniorenministeriums
www.senioren-initiativen.de

Bundesarbeitsgemeinschaft der Freiwilligenagenturen e. V. (bagfa)
Torstraße 231
10115 Berlin
Tel. 0 30/20 45 33 66
bagfa@bagfa.de

Bundesnetzwerk Bürgerschaftliches Engagement
Bundesgeschäftsstelle
Michaelkirchstraße 17-18
10179 Berlin
Tel. 0 30/62 98 01 10
info@b-b-e.de
www.freiwillig.de

Stiftung Mitarbeit
Bundesgeschäftsstelle
Bornheimer Straße 37
53111 Bonn
Tel. 02 28/60 42 40
info@mitarbeit.de
www.mitarbeit.de

NAKOS
Nationale Kontakt- und Informationsstelle zur Anregung und Unterstützung von Selbsthilfegruppen
Wilmersdorfer Straße 39
10627 Berlin
Tel. 0 30/31 01 89 60
selbsthilfe@nakos.de
www.nakos.de

Forum Seniorenarbeit NRW
www.forum-seniorenarbeit.de
Internet-Kommunikationsplattform für die gemeinwesenorientierte Seniorenarbeit (Kuratorium Deutsche Altershilfe in Kooperation mit dem Diakonischen Werk im Rheinland)

Projektbeispiel
Seniorengenossenschaft Riedlingen
Färberweg 20
88499 Riedlingen
Tel. 0 73 71/83 94
Josef.Martin.Riedlingen@t-online.de
www.martin-riedlingen.de/ senioren/ seniorenhomepage.htm

Allgemeine Informationen

Informationen über Angebote für ältere Menschen in mehr als 12 000 deutschen Städten finden Sie unter
www.meine-stadt.de
Geben Sie unter „lokale Suche“ das Stichwort „Senioren“ ein.

Viele Informationen, Tipps und Links rund um das Thema „Neues Wohnen im Alter“ sowie eine Kontaktbörse finden Sie auf der privaten Homepage
www.neue-wohnformen.de.

Der Internetratgeber „Hilfe und Pflege im Alter“ des Kuratorium Deutsche Altershilfe bietet unter
www.hilfe-und-pflege-im-alter.de einen informativen Überblick über wichtige Hilfs- und Dienstleistungsangebote für Ältere, von Beratungsstellen über ambulante Dienste bis zur Finanzierung der häuslichen Pflege.

Bundesinteressenvertretung und Selbsthilfeverband der Bewohnerinnen und Bewohner von Altenwohn- und Pflegeeinrichtungen (BIVA) e. V.
Vorgebirgsstraße 1
53913 Swisttal
Tel. 0 22 54/70 45
info@biva.de
www.biva.de

Deutsche Alzheimer Gesellschaft e. V.
Friedrichstraße 236
10969 Berlin
Tel. 0 30/25 93 79 50
info@deutsche-alzheimer.de
www.deutsche-alzheimer.de

Landesinitiative Demenz-Service Nordrhein-Westfalen Kuratorium Deutsche Altershilfe
An der Pauluskirche 3
50677 Köln
Tel. 02 21/93 18 47 27
www.demenz-service-nrw.de
Regionale Demenz-Servicezentren mit Beratung und Informationen für Betroffene und Angehörige

Verbraucherorganisationen

Verbraucherzentrale Baden-Württemberg e. V.
Paulinenstraße 47
70178 Stuttgart
Tel. 07 11/66 91-10
info@verbraucherzentrale-bawue.de
www.vz-bawue.de

Verbraucherzentrale Bayern e. V.
Mozartstraße 9
80336 München
Tel. 0 89/5 39 87-0
info@verbraucherzentrale-bayern.de
www.verbraucherzentralebayern.de

Verbraucherzentrale Berlin e. V.
Bayreuther Straße 40
10787 Berlin
Tel. 0 30/2 14 85-0
mail@verbraucherzentrale-berlin.de
www.vz-berlin.de

Verbraucherzentrale Brandenburg e. V.
Templiner Straße 21
14473 Potsdam
Tel. 03 31/2 98 71-0
info@vzb.de
www.vzb.de

Verbraucherzentrale des Landes Bremen e. V.
Altenweg 4
28195 Bremen
Tel. 04 21/1 60 77-7
info@vz-hb.de
www.verbraucherzentrale-bremen.de

Verbraucherzentrale Hamburg e. V.
Kirchenallee 22
20099 Hamburg
Tel. 0 40/2 48 32-0
info@vzhh.de
www.vzhh.de

Verbraucherzentrale Hessen e. V.
Große Friedberger Straße 13-17
60313 Frankfurt/Main
Tel. 0 69/97 20 10-0
vzh@verbraucher.de
www.verbraucher.de

Neue Verbraucherzentrale in Mecklenburg-Vorpommern e. V.
Strandstraße 98
18055 Rostock
Tel. 03 81/2 08 70 50
info@nvznv.de
www.nvzmv.de

Verbraucherzentrale Niedersachsen e. V.
Herrenstraße 14
30159 Hannover
Tel. 05 11/9 11 96-0
info@vzniedersachsen.de
www.vzniedersachsen.de

Verbraucherzentrale Nordrhein-Westfalen e. V.
Mintropstraße 27
40215 Düsseldorf
Tel. 02 11/38 09-0
vz.nrw@vz-nrw.de
www.vz-nrw.de

Verbraucherzentrale Rheinland-Pfalz e. V.
Ludwigstraße 6
55116 Mainz
Tel. 0 61 31/28 48-0
verbraucherzentrale-rlp@verbraucherzentrale-rlp.de
www.verbraucherzentrale-rlp.de

Verbraucherzentrale des Saarlandes e. V.
Trierer Straße 22
66111 Saarbrücken
Tel. 06 81/5 00 89-0
vz-saar@vz-saar.de
www.vz-saar.de

Verbraucherzentrale Sachsen e. V.
Brühl 34–38
04109 Leipzig
Tel. 03 41/6 88 80 80
vzs@vzs.de
www.verbraucherzentralesachsen.de

Verbraucherzentrale Sachsen-Anhalt e. V.
Steinbockgasse 1
06108 Halle
Tel. 03 45/2 98 03 29
vzsa@vzsa.de
www.vzsa.de

Verbraucherzentrale Schleswig-Holstein e. V.
Bergstraße 24
24103 Kiel
Tel. 04 31/5 90 99-0
info@verbraucherzentrale-sh.de
www.verbraucherzentrale-sh.de

Verbraucherzentrale Thüringen e. V.
Eugen-Richter-Straße 45
99085 Erfurt
Tel. 03 61/5 55 14-0
info@vzth.de
www.vzth.de

Wohlfahrtsverbände

Zentralstellen (die örtlichen Stellen finden Sie auf den jeweiligen Homepages)

Arbeiterwohlfahrt AWO
Arbeiterwohlfahrt Bundesverband e. V.
Marie-Juchacz-Haus
Oppelner Straße 130
53119 Bonn
Tel. 02 28/6 68 50
info@awo.org
www.awo.org

Volkssolidarität Bundesverband e. V.
Bundesgeschäftsstelle
Alte Schönhauser Straße 16
10119 Berlin
Tel. 0 30/27 89 70
bundesverband@volkssolidaritaet.de
www.volkssolidaritaet.de

Deutscher Paritätischer Wohlfahrtsverband
Oranienburger Straße 13–14
10178 Berlin
Tel. 0 30/24 63 60
info@paritaet.org
www.paritaet.org

Deutsches Rotes Kreuz
Carstennstraße 58
12205 Berlin
Tel. 0 30/85 40 40
drk@drk.de
www.drk.de

Caritas
Deutscher Caritasverband
Karlstraße 40
79104 Freiburg im Breisgau
Tel. 07 61/20 04 18
info@caritas.de
www.caritas.de

Diakonisches Werk der Evangelischen Kirche in Deutschland e. V.
Stafflenbergstraße 76
70184 Stuttgart
Tel. 07 11/21 59-0
diakonie@diakonie.de
www.diakonie.de

Zentralwohlfahrtsstelle der Juden in Deutschland
Hebelstraße 6
60318 Frankfurt am Main
Tel. 0 69/9 44 37 10
zentrale@zwst.org
www.zwst.org

Literaturempfehlungen

Ministerium für Arbeit, Gesundheit, Soziales des Landes NRW (Hrsg.): Neue Wohnprojekte für ältere Menschen. Gemeinschaftliches Wohnen in Nordrhein-Westfalen, Düsseldorf, MAGS NRW, 2005
Die Broschüre kann heruntergeladen werden unter: www.mags.nrw.de/publikationen/download/index.html

Ministerium für Gesundheit, Soziales, Frauen und Familie des Landes NRW (Hrsg.): Qualitätssiegel Betreutes Wohnen für ältere Menschen NRW, Düsseldorf, MAGS NRW, 2004
Diese Broschüre kann kopiert werden unter: www.mags.nrw.de/pdf/soziales/qualitaetssiegel_betreutes-wohnen.pdf

Ministerium für Bauen und Verkehr des Landes NRW (Hrsg.): Wohnen im Alter, Neue Wohnmodelle in Nordrhein-Westfalen, MBV NRW, Düsseldorf, 2005
Die Broschüre kann kostenlos mit Angabe der Veröffentlichungsnummer W-403 bestellt werden bei:
GWN GmbH
Betriebsstätten am Henselgraben
Am Henselgraben 3
41470 Neuss
Fax 0 21 31/923 46 99

Bundesministerium für Familie, Senioren, Frauen und Jugend (Hrsg.): „Ihre Rechte als Heimbewohner", Berlin, BmFSFJ, 2005. Die Broschüre kann kostenlos bestellt werden beim:
BmFSFJ
11018 Berlin
Service-Telefon: 0 18 01/90 70 50
oder im Internet unter www.bmfsfj.de.

Bayerisches Staatsministerium für Arbeit- und Sozialordnung, Familie und Frauen (Hrsg.): Betreutes Wohnen zu Hause. Ein Leitfaden für ambulante Dienstleister, soziale Einrichtungen und Kommunen. München und Basel, Ernst Reinhardt Verlag, 2006
Das Buch bietet zusätzlich Musterformulare, Checklisten sowie eine CD-Rom und ist im Buchhandel für 16,90 Euro erhältlich.

Auf den Seiten des *Sozialministeriums Baden-Württemberg* finden Sie
- eine Broschüre zum Thema Betreutes Wohnen (mit Checkliste und Informationen zum Qualitätssiegel) sowie
- eine Broschüre zu neuen Wohnformen im Alter. Kostenloser Download unter:

www.sm.baden-wuerttemberg.de/de/Senioren/80873.html

Stadtteilarbeit e.V. – Fachstelle Wohnberatung in Bayern (Hrsg.): Wohnen im Alter – am liebsten zu Hause. Wohnberatung für ältere und behinderte Menschen, München, Stadtteilarbeit e.V., 2. Auflage 2005.
Die Broschüre kann bestellt werden bei:
Fachstelle Wohnberatung in Bayern
Korbinianplatz 15a
80807 München
und steht zudem als Download zur Verfügung: www.wohnberatung-bayern.de

Barsuhn, A.: Häuser für mehrere Generationen. Planen, bauen, wohlfühlen: Wohnen unter einem Dach mit mehreren Generationen, Taunusstein, Eberhard Blottner Verlag, 2006

Deutsch, D.: Schöne Aussichten fürs Alter. Wie ein italienisches Dorf unser Leben verändern kann, München, Piper Verlag, 2006

Fuchs, D., Orth, J.: Umzug in ein neues Leben. Alternative Wohnkonzepte für die zweite Lebenshälfte, Heidelberg, mvg-Verlag, 2005

Gerngroß-Haas, G.: Anders leben als gewohnt. Wenn verschiedene Frauen unter ein Dach ziehen, Königstein, Ulrike Helmer Verlag, 2005

Giessler, F. J.: Planen und Bauen für das Wohnen im Alter. Ratgeber für Neubau, Umbau und Renovierung, Taunusstein, Eberhard Blottner Verlag, 2004

Klie, T.: Alter und Pflege im Heim. Heimvertrag, ARD-Ratgeber Recht, Frankfurt am Main, Suhrkamp Verlag, 2000

Osterland, A.: Nicht allein und nicht ins Heim. Alternative: Alten-WG, Paderborn, Junfermann Verlag, 2000

Pawletko K.-W.: Ambulant betreute Wohngemeinschaften für demenziell erkrankte Menschen, Bundesministerium für Familie, Senioren, Frauen und Jugend (Hrsg.), Berlin, 2004 (kostenlos bei der BmFSFJ Broschürenstelle erhältlich oder Download unter www.bmfsfj.de)

Stolarz, H.: Wohnungsanpassung – Kleine Maßnahmen mit großer Wirkung, Köln, Kuratorium Deutsche Altershilfe, 1998

Vincentz Verlag (Hrsg.): Altenheim-Adressbuch 2005. Alle Einrichtungen der stationären Altenhilfe. Hannover, Vincentz Verlag, 2005 (erscheint jährlich aktualisiert). Die Daten sind auch unter www.altenheim-adressen.de (Online-Suchservice) zu finden.

Winter, H.-P., Gennrich, R., Haß, P.: KDA Hausgemeinschaften. Projektdokumentation. BMG Modellprojekte 2001/2002, Band 9, Köln, Kuratorium Deutsche Altershilfe, 2004

Wüstenrot Stiftung (Hrsg.): Wohnen im Alter, Stuttgart u. Zürich Karl Krämer Verlag, 2004

Aus der Projektreihe *„Leben und Wohnen im Alter“* (Hrsg.: Bertelsmann-Stiftung und Kuratorium Deutsche Altershilfe):

Kremer-Preiß, U., Stolarz, H.: Neue Wohnkonzepte für das Alter – eine Bestandsanalyse, Zwischenbericht im Rahmen des Projektes „Leben und Wohnen im Alter“, Köln, Band 1, Kuratorium Deutsche Altershilfe, 2003

Kremer-Preiß, U., Narten, R.: Betreute Wohngruppen – Pilotstudie, Band 4, Köln, Kuratorium Deutsche Altershilfe, 2005

Kremer-Preiß, U., Stolarz, H.: Werkstatt-Wettbewerb Quartier, Dokumentation der ausgezeichneten Beiträge, Köln, Kuratorium Deutsche Altershilfe, 2005

Kremer-Preiß, U., Stolarz, H.: Ambulant betreute Wohngruppen – Arbeitshilfe für Initiatoren, Band 6, Köln, Kuratorium Deutsche Altershilfe, 2006

Diese Veröffentlichungen können beim Kuratorium Deutsche Altershilfe – auch online – bestellt werden und stehen zudem als Download zur Verfügung: www.kda.de

Stichwortverzeichnis

Q

R

S

T

U

V

W

Impressum

Herausgeber und Verlag STIFTUNG WARENTEST
Lützowplatz 11–13
10785 Berlin
Tel. 0 30/26 31-0
Fax 0 30/26 31-25 25
www.stiftung-warentest.de

Vorstand Dr. jur. Werner Brinkmann

Weitere Mitglieder der Geschäftsleitung Hubertus Primus (Publikationen)
Dr.-Ing. Peter Sieber (Untersuchungen)

Mitherausgeber **Bertelsmann Stiftung**
Carl-Bertelsmann-Straße 256
33311 Gütersloh
Tel. 0 52 41/8 18 12 05
Fax 0 52 41/81 68 13 96
www.bertelsmann-stiftung.de

Kuratorium Deutsche Altershilfe (KDA)
An der Pauluskirche 3
50677 Köln
Tel. 02 21/93 18 47-0
Fax 02 21/93 18 47-6
www.kda.de

Autorin Sabine Keller

Lektorat Uwe Meilahn (Leitung)
Ursula Rieth
Heike Plank

Projektbegleitung Ursula Kremer-Preiß, Sozialwissenschaftlerin, KDA, Projektbearbeiterin „Leben und Wohnen im Alter“
Birgit Ottensmeier, Bertelsmann Stiftung, Projektmanagement „Leben und Wohnen im Alter“
Holger Stolarz, Dipl.-Ing. Architekt, KDA, Projektbearbeiter „Leben und Wohnen im Alter“

Fachliche Beratung Ulrike Steckkönig

Titel	Sylvia Heisler
Bildauswahl	Sylvia Heisler
Layout	Sylvia Heisler, tiff.any GmbH, Berlin
Produktion und Bildbeschaffung	Lars Neupert, iade GmbH, Berlin
Fotos	Aalener Immobiliengesellschaft, Aalen S. 126; ambet, Braunschweig S. 135, 144, 152, 153; AWO Bezirksverband Oberbayern e. V., München S. 164; bild-werk, Dortmund S. 33, S. 38, S. 41, S.45; Caritas-Altenzentrum St. Josef, Köln S. 166; Peter Carle S. 200; epd-bild / LICHTBLICK /Guido Frebel S. 173; Freie Scholle Archiv, Bielefeld S. 189, 191; Nada Quenzel, Berlin S. 12, 15, 21, 29, 32, 50, 60, 64, 67, 83, 87, 88, 91, 96, 108, 114, 117, 121, 138, 143, 155, 159, 182, 185; Miteinander Wohnen e.V., Veit-Rainer Schmidt, Berlin S. 194; Sabine Keller S. 104; Thomas Meyer S. 131; Seniorenresidenz Elisa, Ludwigsburg S. 133; Sozialdienst Germering, S. 72, 197; wohn mobil, Köln, S. 46
Grafiken	Kati Hammling S. 35
Satz und Litho	tiff.any GmbH, Berlin
Verlagsherstellung	Rita Brosius, Kerstin Uhlig
Druck	Stürtz GmbH, Würzburg
Einzelbestellung	Stiftung Warentest Vertrieb, Postfach 81 06 60 70523 Stuttgart Tel. 0 180 5/00 24 67 (12 Cent pro Minute aus dem Festnetz) Fax 0 180 5/00 24 68 (12 Cent pro Minute aus dem Festnetz) www.stiftung-warentest.de
Redaktionsschluss	April 2006